INDICE

Introduzione alla seconda edizione

"Michela, dovresti scrivere un libro, così potresti far conoscere il tuo metodo a centinaia di parrucchieri in tutta Italia e farti conoscere ancor di più, perché lo meriti", questa è stata la classica frase, pronunciata da un collega con il quale stavo collaborando su un progetto, che ha fatto scattare in me la scintilla per lanciarmi in una nuova, entusiasmante, avventura professionale.

I mesi successivi furono molto intensi: da un lato avevo la mia vita di sempre, molto impegnativa e fatta di clienti titolari di saloni di acconciature e centri estetici che seguivo di persona, ma anche, e soprattutto, fatta da una figlia di 3 anni, una famiglia e una casa da mandare avanti e, dall'altro, avevo questo nuovo progetto: il mio libro!

Per scrivere un libro, ora l'ho capito, servono cose:

1. Tanta motivazione;
2. Tanto impegno;
3. Tanto coraggio;
4. Tante cose da dire.

Io le avevo, e le ho, tutte. Ciò che mi mancava, però, era il tempo. E ciò che mi frenava, spesso, era la paura. Ma davvero ci sarà chi acquisterà il mio libro? Un libro di marketing per i saloni di acconciature?

Io sono Michela Ferracuti da Fermo, torinese di adozione, che sì, certo, ha il suo giro di clienti soddisfatti e anche piuttosto importanti, ma che è, di fatto, una sconosciuta al di fuori della cerchia dei saloni di acconciature e dei centri estetici per i quali lavoravo.

Scrivere un libro, specie quando lo fai di notte, nei weekend, mentre hai un paio d'ore libere, è un impegno gravoso. E se non hai neanche la certezza che poi sarà davvero acquistato e letto, le cose si complicano ancor di più.

Ma poi è successo che ce l'ho fatta. Qualche mese di duro lavoro e poi il lancio...

Un lancio senza casa editrice alle spalle, e senza un seguito di migliaia di persone pronte all'acquisto. Niente di tutto ciò.

Il libro c'era, occorreva venderlo.

E allora, quale migliore occasione per applicare le strategie di marketing che ho appreso e applicato per anni?

E quindi, tanto materiale da far leggere ai miei potenziali clienti: articoli del blog, post su Facebook, guide gratuite, video, una trasmissione podcast (Hair Stylist di Successo, la puoi ascoltare qui: http://www.hairstylistdisuccesso.it/podcast/).

La prima edizione di "Da parrucchiere a Hairstylist di Successo" è stata lanciata a dicembre 2015.

Già dopo i primi giorni i report di vendita erano tali da farmi pensare ad un errore. 5, 6, 10 copie al giorno già dai primi giorni... sì, doveva trattarsi di un errore.

Ma poi i dati di vendita venivano confermati da Amazon e molte erano le copie in versione eBook che venivano scaricate da parte di parrucchiere e parrucchieri di tutta Italia.

Non solo, tempo poche settimane ed arrivavano le prime recensioni, entusiaste, tipo quelle qui di seguito:

Cliente Amazon

⭐⭐⭐⭐⭐ **SCRITTO IN ITALIANO PER TUTTI**
25 settembre 2017
Formato: Copertina flessibile | Acquisto verificato

Beh..che dire! Forse il primo libro che Inizio e finisco nel giro di un giorno..
Scritto in un linguaggio facilmente comprensibile..cosa che non sarà l'applicazione del libro alla vita reale!
Non è un libro per tutti penso sia un libro per i più intraprendenti e per quello che vogliono mettersi davvero in gioco!
Nel libro si sente e si percepisce il marketing dall'inizio alla fine..forse anche tropo.. ;)

UNA GUIDA PASSO PASSO BEN FATTA!

Una persona l'ha trovato utile

Utile	Commento	Segnala un abuso

 fabrizio falciani

⭐⭐⭐⭐⭐ **Un vero e proprio Saggio!**
13 aprile 2017
Formato: Copertina flessibile | Acquisto verificato

Nella giungla dei ciarlatani e dei "Ti svelo il segreto del successo" un vero e proprio saggio. Michela mette a disposizione la sua esperienza e le sue conoscenze di marketing. Semplice, chiaro, intuitivo. Al lettore prendere quello che c'è di utile, cioè tutto, e fare proprie le strategie insegnate da Michela. Grazie

Cliente Amazon

⭐⭐⭐⭐⭐ **Regalo "azzeccato"**
30 gennaio 2018
Formato: Copertina flessibile | Acquisto verificato

Ricevuto come regalo di compleanno lo scorso Settembre da chi mi conosce e sa a quanto tengo al mio salone.
Sorrevole, molto interessante e di facile lettura.
Lo consiglio vivamente a tutti coloro che hanno a cuore il proprio salone ed i propri clienti.
Ho iniziato a mettere in pratica i primi consigli letti già da ottobre con risultati positivi che mi hanno convinto ad approfondire il metodo di marketing proposto e per questo parteciperò all'incontro programmato con l'autrice che si svolgerà con un tour che toccherà anche la mia città.

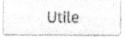 | Commento | Segnala un abuso

 Elisabetta

⭐⭐⭐⭐⭐ **Libro fantastico**
29 marzo 2017
Formato: Copertina flessibile | Acquisto verificato

Libro fantastico ho seguito molti corsi di marketing... Qualcosa di scritto così bene mi mancava.... Una vera e propria bibbia.... Io ho sempre fatto corsi di marketing ci credo fortemente... E Michela ha proprio ragione in quello che scrive..... Spero di cuore continui a scrivere soldi investiti divinamente

Una persona l'ha trovato utile

Utile | Commento | Segnala un abuso

 Alessia

⭐⭐⭐⭐⭐ **Stupendo!!**
10 luglio 2017
Formato: Copertina flessibile | Acquisto verificato

Peccato ci sia solo un 5 stelle!!!
Questo libro ti apre un mondo e la mente soprattutto!!!!
Michela ha un linguaggio chiaro e schietto!!!
I suoi consigli e strategie ti danno la carica giusta per cambiare vita al tuo salone!!!!
Consigliatissimo!!!!!

PS. puoi leggere molte altre testimonianze nel mio libro: "Diventerò un imprenditore, storie di parrucchieri che cambiano" che puoi scaricare gratuitamente da qui: http://www.michelaferracuti.it/testimonianze.pdf

Ogni recensione, ogni messaggio, ogni email ricevuta è un'emozione indescrivibile.

E' passato appena un anno e tutti i dubbi si sono dissolti.

Sapere che ci sono decine, centinaia di titolari di saloni di acconciature che si sforzano, ogni giorno, di applicare le mie strategie, mi riempie di soddisfazione.

E questa consapevolezza mi ha spinto a rimettermi al lavoro.

Dopo soli 6 mesi dalla pubblicazione della prima edizione del libro ho capito che era già il momento di iniziare a lavorare ad una seconda edizione.

Perché?

Beh, il motivo è duplice.

Da un lato, c'era la consapevolezza di avere acquisito, nel corso dell'ultimo anno, ulteriori conoscenze che volevo condividere con i miei lettori. Il marketing cambia, si evolve alla velocità della luce e io, esattamente come dico di fare a chi mi segue, studio costantemente la materia. Applico, nei saloni che seguo, nuove strategie e le adatto alla realtà (che, lo so benissimo, è diverso dalla teoria) che vivono i parrucchieri italiani, verificandone il funzionamento e la validità.

Ci sono un sacco di strategie nuove che ho collaudato con successo e che ho deciso di condividere con chi legge il mio libro.

Dall'altro, c'era la voglia di approfondire alcune tematiche.

Tra le poche, pochissime, critiche non positive che ho ricevuto ce n'è una ricorrente, quella che il mio libro si rivolgesse ad un target ben preciso: quello dei parrucchieri e delle parrucchiere che di marketing non sapevano nulla. Questa è stata una scelta consapevole, perché era proprio a loro che volevo rivolgermi. Volevo che la classica parrucchiera di provincia che lavora da sola e pensa che il marketing non serva o che, comunque, non faccia per lei, iniziasse a cambiare mentalità, iniziasse ad attirare nuovi clienti e a fidelizzarli senza troppa difficoltà.

Però qualche titolare di salone un po' più avanzato, mi ha detto che il metodo, così come è concepito, è molto valido anche per loro, ma il libro era un po' troppo basilare, semplice.

Bene, questa seconda edizione è ancora rivolta a chi di marketing non sa nulla e vuole, da zero e senza investire soldi di cui non dispone, far fare un salto di qualità al proprio salone, ma contiene anche degli approfondimenti che nella prima edizione non c'erano.

Ho riscritto completamente il libro e ho cercato di renderlo sempre comprensibile da chiunque e molto pratico, ma anche valido per chi si trova ad un livello un po' più elevato.

Quel che ho potuto rilevare in questi anni è che anche saloni molto importanti che operano nei centri storici delle grandi metropoli, come Milano, Torino, Genova o Roma, applicano solo una parte del marketing che potrebbe far decollare il proprio salone.

In questa seconda edizione ci sono le basi del mio metodo dell'hairstyslit di successo ma ci sono anche le strategie più innovative che possono essere applicate da chi ha un salone che va già molto bene.

Il successo del mio primo libro deve farti riflettere: significa che ci sono migliaia (sì, migliaia!) di titolari di saloni di acconciature che si stanno evolvendo, che stanno studiando il marketing e che stanno iniziando ad ottenere grandi risultati.

La conseguenza di ciò è che ci sarà sempre meno spazio per il classico negozio di parrucchiera o parrucchiere che vivacchia con la sua base di clienti storici. Molti saloni chiuderanno nei prossimi anni e questo non solo, e non tanto, per la crisi, quanto perché in un mondo che va veloce e progredisce, non c'è più spazio per chi resta fermo e spera che le cose cambino senza che siano loro stessi a cambiare.

Nota sull'autrice

Michela Ferracuti è un'imprenditrice ed esperta di marketing applicato al settore del beauty.

È autrice dei libri nel settore: "**Da parrucchiere a Hair Stylist di Successo**" e "**Da estetista a imprenditrice, manuale pratico per l'estetista di Successo**".

Ha inventato il metodo dell'Hair Stylist di Successo, applicato da centinaia di saloni di acconciature in Italia.

Questo libro, dalla prima edizione di gennaio 2016 ad oggi, è stato venduto in oltre 1200 copie ed è il libro di marketing per parrucchieri più venduto in Italia.

Conduce la trasmissione in podcast: "Hair Stylist di Successo", in cui racconta le strategie di marketing che utilizza per portare al successo i saloni di acconciature e i centri estetici con cui lavora.

Laureata nel 2004/2005 in **Comunicazione Pubblicitaria** a Perugia. Nel 2005/2006 si è anche laureata in **Comunicazione Internazionale**.

Nel 2007 ha preso il **Master** in Marketing e Comunicazione allo IED di Torino. Dopo aver lavorato come account in alcune agenzie ha deciso di aprire la sua agenzia, la **Kworks**.

Contattala scrivendo un'email a: michela@michelaferracuti.it

E' inoltre presente sui seguenti canali social:

Linkedin: https://it.linkedin.com/in/michela-ferracuti-50a9604

Twitter: https://twitter.com/michelaferracut

Facebook: https://www.facebook.com/profile.php?id=100011030596442

Introduzione

Due mesi fa ho ricevuto questa email:

"Cara *Michela*,

leggo sempre con interesse quel che scrivi e dici e ho acquistato e apprezzato il tuo libro. Ma non credo sia possibile applicare le tue strategie nella realtà quotidiana. Chiedi di avere un sito internet, e a me han chiesto 800 euro per realizzarlo; chiedi di creare campagne pubblicitarie su Facebook, ma io non ho i soldi per farlo né sono capace. Anzi, non posseggo neanche un computer! Infine, mi chiedi di raccogliere i dati dei clienti e di inserirli in un software... ma come imparo tutte queste cose? E, soprattutto, cosa c'entrano con il mio lavoro di parrucchiera? Sono sicura che qualcuno raccoglie dei risultati con il tuo metodo, ma la cosa non fa per me.

Ti ringrazio per l'attenzione,

Simona S."

Ieri, prima che iniziassi finalmente a scrivere la seconda edizione di questo libro, scopro dalla pagina Facebook di Simona, che erano iniziati i lavori di ristrutturazione del suo negozio. Non solo. Che siccome l'affitto dell'immobile le era stato nuovamente aumentato, ha deciso di acquistare i muri dello stesso!

Mi sono cadute le braccia!

Però ho anche capito che era opportuno partire proprio da qui, dall'email di Simona e dalla sua successiva decisione di dare una svolta alla sua attività ristrutturando i locali del suo salone e acquistandone i muri per non "sprecare i soldi dell'affitto".

E' opportuno cominciare da qui perché nell'email, e nella decisione successiva di Simona, c'è davvero tutto quel che di sbagliato non solo fanno, ma pensano, i titolari di piccole imprese e, ancor di più, dei saloni di acconciature.

Nella testa delle titolari dei saloni di acconciature continuano a far capolino convinzioni che ormai non hanno più nulla di attuale. Soprattutto, che le porteranno dritte dritte verso il triste epilogo della loro attività.

C'è, nella loro convinzione, ancora la teoria del: *lavoro bene, al prezzo giusto e i clienti arriveranno.* E, se proprio devo fare dei cambiamenti, allora devo, nell'ordine:

1. ristrutturare il locale;

2. acquistare un nuovo macchinario che mi consenta di fornire il nuovo servizio all'ultima moda;

3. frequentare nuovi corsi di aggiornamento tecnico;

4. comprare il negozio per non sprecare i soldi dell'affitto.

E se, nonostante la bravura tecnica del titolare, i nuovi locali ristrutturati, i nuovi macchinari presi a leasing e i nuovi costosissimi corsi frequentati, la cose continueranno a non andare per il verso giusto, allora non è colpa sua, lui ha fatto il massimo.

Sarà colpa della crisi. O della concorrenza. O dei clienti che non capiscono. O del Governo.

Nel 2017 questo modo di ragionare li porterà, nel migliore dei casi, ad avere un salone che si riempie in alcuni periodi dell'anno per restare inesorabilmente vuoto in altri; ad avere tanti clienti che usufruiscono dei servizi base ma che, non acquistando poi trattamenti speciali e prodotti di mantenimento, non garantirà loro sufficienti guadagni.

Il tutto, peraltro, lavorando tante ore e sacrificando affetti e famiglia.

Questo modo di ragionare è ormai vetusto, ma era del tutto valido fino a una ventina di anni fa.

Allora infatti, l'Italia era un paese differente.

Ci si trovava in una fase di espansione economica e la gente non solo spendeva, ma era felice di farlo proprio in quei servizi che, avendo a che fare con la bellezza e il benessere fisico, ne rafforzavano la consapevolezza di vivere una vita serena.

C'era quindi maggiore disponibilità economica.

Ma non solo.

Infatti, prima della liberalizzazione delle licenze attuata dall'allora ministro Bersani nel 1998, la situazione era la seguente: un quartiere, un'attività di estetista, un bar, un ristorante, un parrucchiere per uomo, una parrucchiera per donna, un negozio di abbigliamento. Se non era una, al massimo potevano essere due.

E se anche fossero state tre, c'era spazio per tutti. Chi era più bravo si prendeva la quota maggioritaria, chi era meno bravo abbassava i prezzi e andava a prendersi quei clienti che erano più attenti al costo rispetto alla qualità.

Serviva altro? No, non serviva altro. Nella tua professione, bastava essere capaci tecnicamente, avere i prezzi giusti e trattare i clienti con il dovuto rispetto. E il resto sarebbe venuto da sé.

Bene o male, si stava tutti in piedi. Le chiusure per fallimento erano così rare che era facile individuare nell'incapacità del titolare la causa della chiusura.

Poi però sono arrivate le liberalizzazioni ma non solo. E' arrivata la diffusione dei grandi centri commerciali. E, infine, la crisi economica.

Perché questi tre eventi hanno sconvolto il modo di lavorare delle piccole attività come la tua?

Con le liberalizzazioni chiunque poteva aprirsi un salone di acconciature. Bastava avere la qualifica professionale e avere qualcuno che che garantisse per il finanziamento da sostenere per l'acquisto dei macchinari e dell'arredamento.

I grandi centri commerciali hanno cambiato le abitudini delle persone. In un centro commerciale non si va solo a fare la spesa ma a trascorrere intere giornate. Si va a fare la spesa, sì, ma si va anche a fare shopping.

Si pranza, o si cena. Si va al cinema. E si va anche dal parrucchiere. Il tutto, senza problemi di parcheggio, senza doversi spostare più volte, senza patire il freddo in inverno o il caldo in estate.

Infine, è arrivata **la crisi economica**. A partire dal 2008 tutto è cambiato. L'italiano medio ha perso potere di acquisto se non addirittura il lavoro. I giovani fanno fatica a trovare un posto di lavoro e sono i genitori, con i loro risparmi, a doverli mantenere, talvolta anche quando i figli sono già genitori a loro volta.

Tutto questo ha stravolto il panorama commerciale di tutte le città e anche dei centri più piccoli.

Sintetizzando tutto il ragionamento, le persone hanno meno soldi, spendono con più attenzione e la concorrenza è anche più forte.

Non solo. La liberalizzazione delle licenze ha portato ad un'altra conseguenza nefasta: siccome i giovani non trovano più lavoro e c'è in giro tanta disponibilità di locali sfitti a buon mercato, i genitori finanziano l'apertura di quelle attività che, secondo la credenza popolare, "tanto vanno sempre".

E quindi: nuovi bar, nuovi ristoranti, nuove parrucchiere e nuovi centri estetici.

Ho detto qualcosa di sbagliato finora? Credo di no.

No, tutti sanno queste cose ancor di più chi, come te, ha il polso della situazione visto che la vive quotidianamente.

Quel che però non riesco a comprendere è perché i titolari di piccole attività continuino a concepire la loro professione come se nulla fosse accaduto.

La gente ha meno soldi? C'è più concorrenza? Ci sono i centri commerciali che attirano i clienti grazie alla completezza della loro offerta e alla loro comodità?

Beh, bisogna trovare una soluzione!

E qual è la soluzione che il 90% dei titolari di piccole imprese, quelle che non falliscono (perché ogni giorno, purtroppo, c'è qualche attività che chiude) mette in atto?

- ristrutturare il locale;

- frequentare nuovi corsi;

- acquistare nuovi macchinari;

- comprare il negozio.

Oppure:

- lamentarsi;

- scrivere post contro il Governo;

- dare la colpa agli immigrati e alla concorrenza sleale.

Soluzioni vecchie a problemi nuovi.

Non funziona. Mi spiace dirlo ma è così.

E qui torniamo all'email di Simona.

In quell'email c'è davvero tutto. C'è la titolare di un salone di acconciature che ha problemi e che cerca soluzioni. Allora, siccome ha sentito dire che: *"oggi ci sono degli esperti di marketing capaci di trasformare il tuo salone di acconciature in un salone di successo"*, si è decisa e ha chiesto una consulenza ad una delle migliori, cioè io (e perdonami la modestia...).

Peccato però che io non prendo in giro nessuno e non ho la bacchetta magica per cambiare le cose con un battere di ciglia o con un click. Quel che propongo è una strategia che richiede impegno e studio e tutto ciò fa alzare le difese di molte persone.

E la parola "studio", per gli italiani, è sempre qualcosa di poco tollerato. Si studia a scuola, poi stop. Purtroppo, anche se io preferisco dire per fortuna, non è così.

Ma in fin dei conti Simona ha detto no alla mia proposta perché non ci credeva. Mi ha contattato perché ha letto i miei post, perché ha visto dei video, perché gliene ha parlato qualche collega, ma in realtà non era davvero convinta. E la sua mossa successiva l'ha dimostrato.

In Italia c'è una resistenza culturale molto forte verso il modo di fare impresa che, invece, è oggi l'unico che funziona.

La scuola italiana forma futuri dipendenti. Anche l'università lo fa. Ci sono infatti facoltà di studio come la Scuola di Amministrazione Aziendale o di Economia e Commercio che formano futuri manager.

Ci sono poi i corsi di formazione professionale, che ti insegnano a "fare". Lì puoi imparare a fare l'idraulico, la parrucchiera, l'estetista.

Però tu sai, perché l'hai scoperto a tue spese, che avere un'attività non è solo fare pieghe, tagli e colorazioni. Ci sono le tasse, la burocrazia, le fatture, il registro dei corrispettivi, i fornitori, il commercialista eccetera eccetera.

Ma nessuno ti ha insegnato queste cose, perché in Italia nessuno forma degli imprenditori.

Così chiunque pensa che per aprire un'attività basta saper fare quel lavoro. Anzi, oggi tanti sono convinti che non serva neanche quello...

E se la gestione amministrativa e finanziaria di un'attività alla fin fine, volente o nolente, la devi imparare, perché altrimenti tempo un anno e ti vengono a mettere i sigilli al negozio, resta scoperta la parte più importante, quella relativa alla **vendita dei tuoi prodotti** o servizi, che è poi il tema di questo libro.

E, attenzione, per "vendita" non intendo affatto il processo in base al quale una cliente effettua un servizio e poi viene alla cassa e ti consegna i soldi. No, per vendita intendo le strategie che portano le persone a:

- diventare tuoi clienti;

- usufruire dei tuoi servizi base;

- acquistare prodotti e trattamenti;

- restarti fedele nel tempo.

E tutto ciò non ha nulla a che fare con quel che hai fatto finora, così come, e lo vedremo in seguito, non ha nulla a che fare con la "pubblicità".

La vendita del tuo servizio, quello di parrucchiere, rappresenta la terza componente del tuo business, così come di ogni altro tipo di attività.

Le tre cose, infatti, che sono necessarie affinché un'impresa di qualunque tipo possa andare avanti sono:

1. La gestione amministrativa e finanziaria;
2. La realizzazione del prodotto (o servizio);
3. La vendita.

Laddove per "vendita" si intende quell'insieme di procedure atte ad attirare le persone verso la tua attività al fine di convincerle ad acquistare il tuo bene o servizio.

Di fatto, il marketing è questo.

Il marketing è quell'insieme di strategie che portano le persone ad acquistare il tuo prodotto o servizio.

Non solo.

Il marketing attira persone nel tuo negozio, le convince ad acquistare un tuo servizio ma poi ti fornisce anche gli strumenti per fidelizzare i clienti aumentandone anche la spesa media.

Questo concetto lo elaboreremo in modo molto approfondito nel corso di questo libro, poiché in esso è concentrata tutta l'essenza del marketing.

Non solo quindi devi trovare nuovi clienti per il tuo salone di acconciature, ma devi anche sapere convincerli a restare fedeli nel tempo spingendoli ad acquistare non solo servizi di base ma anche trattamenti e prodotti di mantenimento.

Questo è quel che intendo per "vendita".

Peccato però che il 90% delle imprenditrici del settore non lo sappia.

Dì la verità: hai mai pensato che il marketing fosse importante tanto quanto la tua bravura a tagliare i capelli?

Sono sicura che la risposta è no.

Non solo: il marketing è talmente importante che non puoi assolutamente delegarlo ad agenzie esterne o consulenti. Chiariremo meglio questo punto nel corso del libro, però è bene che tu capisca una cosa:

l'unico modo per evitare fregature è quello di conoscere l'argomento.

Certo, ci potrà essere chi si occupa di realizzare il tuo sito perché di certo non puoi metterti ad imparare anche la programmazione informatica, ma dovrai essere tu a stabilire cosa occorre inserire in quel sito affinché sia funzionale per la tua attività.

Allo stesso modo, potrai non essere tu a occuparti direttamente delle campagne di acquisizione clienti, però sarai tu a coordinarle e a valutarne i risultati.

Così come sei in grado di valutare il lavoro delle tue collaboratrici, allo stesso modo dovresti poter giudicare il lavoro di chi si occupa delle strategie di marketing.

Io sono fortemente convinta del fatto che debba essere tu, in prima persona, ad occuparti del marketing. E' questo ciò che insegno e ciò che faccio nella vita.

So che starai pensando: *"ma io devo già occuparmi di un sacco di cose, come faccio ora a studiare e poi anche a gestire una cosa difficile come il marketing, che al momento non ho ancora neanche capito cosa significhi?"*.

Certo, devi impegnarti e non sarà facile. Però al termine della lettura, e dello studio, di questo libro avrai le idee molto più chiare rispetto a ciò che dovrai fare. E il tempo lo troverai. Perché puoi sicuramente trovare delle collaboratrici che possano sostituirti con i clienti, ma non potrai mai trovare chi sostituisca la tua figura, intesa come imprenditore che si occupa delle decisioni strategiche di un'azienda.

Il secondo capitolo di questo libro, infatti, si intitola: "**da parrucchiere a imprenditore**", perché questo è quel che devi fare se vuoi portare al successo la tua attività.

Di parrucchieri ce ne sono tanti, ma si tratta perlopiù di persone con una certa abilità manuale e tecnica che farebbero bene a farsi assumere in un salone di acconciature che sappia garantire loro uno stipendio adeguato. Senza altri problemi. Senza le tasse, la burocrazia, i controlli, le dipendenti, la crisi e ora, pure il marketing.

Vorrei portarti un attimo a fare due passi con me, uscendo dapprima dal mio portone di casa per proseguire lungo la via principale della mia piccola città in provincia di Torino. Appena attraversata la strada c'è un salone di acconciature. A 70 metri ce n'è un altro. Dopo ulteriori 40 metri eccone un altro ancora.

Ce ne sono a decine in una città di 50.000 abitanti!

La maggior parte di loro sopravvive a stento.

Proprio questo mese, e ti giuro che non è una balla, hanno chiuso 2 saloni a 100 metri da dove abito (tra l'altro, ironia della sorte, uno di questi lo avevo citato come esempio di parrucchiera che non sarebbe durata molto nella prima edizione di questo libro...). E ce ne sono almeno altri 3 o 4 che non mi sembra godano di grande salute...

Eppure, ci sono saloni che hanno un grande successo.

Ogni giorno passo davanti ad uno di questi che:

- Non fa parte di un franchising di successo;
- non si trova in una zona elegante o di forte passaggio;
- non ha prezzi popolari (anzi, è piuttosto caro);

eppure... ci lavorano in 6 persone ed è sempre pieno, dal mattino fino all'orario di chiusura, dal martedì al sabato!

Perché quel salone di acconciature ha successo?

E' solo perché sono particolarmente bravi?

Ne dubito. Raramente in un salone con molti dipendenti è possibile avere una qualità eccelsa da parte di TUTTI quelli che ci lavorano. Saranno, molto probabilmente, nella media. Sicuramente saranno professionali e gentili con i clienti.

Ma quel salone, come altri, va alla grande nonostante la crisi, la burocrazia, i controlli, i clienti con pochi soldi o maleducati perché è gestito da un imprenditore e non da un parrucchiere!

Una persona cioè che ha capito che ciò che porta al successo un'attività come la sua non è il lavorare tutto il giorno come pazzi senza dipendenti o quasi e neanche frequentare un nuovo corso l'anno oppure acquistare un nuovo macchinario.

No, si tratta di una persona che ha capito che sono le due dipendenti a fare le "parrucchiere", mentre lui (o lei) si occupa di gestire la propria attività da un punto di vista finanziario, organizzativo e... occupandosi in prima persona delle strategie di marketing!

Tutto qui? Sì, tutto qui!

Ma tu hai mai pensato al fatto che il tuo lavoro non dovrebbe svolgersi in postazione ma dietro la tua scrivania? Immagino di no, perché, come dicevamo prima, nessuno te l'ha mai detto.

L'italiano medio pensa ancora che se sei bravo a cucinare puoi aprirti un ristorante e portarlo al successo, che se sai tagliare bene i capelli diventerai un hair stylist con la fila di clienti e che se sei bravo a fare trattamenti per il viso e per il corpo potrai aprirti un centro estetico che sicuramente ti garantirà un sacco di soddisfazioni.

La realtà, come ormai credo tu abbia avuto modo di sperimentare in prima persona, è ben differente.

Tornando a Simona, devo dirle una cosa molto chiara: non è una scusa né una giustificazione accettabile quella di non possedere un computer! Siamo nel 2017 e, almeno in negozio un computer connesso a internet LO DEVI AVERE!

Ti serve per gestire le prenotazioni, le schede dei clienti, per rispondere alle email, per stampare le fatture e per cercare, su internet, video e articoli che possono esserti utili per la tua attività!

Se non possiedi un computer e non sai usarlo è molto semplice la soluzione: compralo e impara!

Posso assicurarti che non è così difficile. Ci è riuscita mia madre che, alla bellezza di 60 anni, senza alcun titolo di studio, è stata costretta ad acquistarne uno nonostante di professione facesse l'artigiana nel settore calzaturiero! Non puoi riuscirci tu?

Quanto ai soldi da investire... beh, posso dirti una cosa: hai appena speso non so quante migliaia di euro per acquistare il tuo locale e per ristrutturarlo... una spesa enorme che non ti porterà neanche un euro di guadagno in più!

Non è comprando il locale che cambierai, in meglio, la tua attività!

Non è ragionando da consumatore che diventerai una vera imprenditrice. Il consumatore ragiona pensando che i soldi spesi per l'affitto sono soldi sprecati. L'imprenditore sa che comprare i muri di un negozio NON è un buon investimento e che l'affitto mensile è, semplicemente, un costo necessario allo svolgimento dell'attività, come la luce, il telefono, l'acqua. Non penso allora tu debba crearti un impianto idrico autonomo per risparmiare sull'acqua, né che ti debba creare una piccola centrale elettrica per non pagare le bollette della luce.

Un buon investimento per la tua attività è quello di dotarti degli strumenti necessari per far crescere il tuo business.

Il tuo business cresce investendo nel marketing, nelle inserzioni su Facebook e in un computer con i software necessari a gestire meglio la tua clientela.

Ora, ti starai chiedendo: *"ma se affermi che dovrei essere io in prima persona ad occuparmi del marketing, quale sarebbe il tuo lavoro? Solo quello di insegnare?"*.

Domanda lecita, che mi consente di spiegarti, molto brevemente, chi sono e cosa faccio.

Sono una persona che ha iniziato a studiare convinta che il proprio futuro sarebbe stato quello di lavorare presso una grande agenzia pubblicitaria per seguire il marketing di aziende importanti. Anche io, pertanto, pensavo di dover fare la dipendente.

E infatti, ho studiato: laurea in Comunicazione pubblicitaria a Perugia e poi, presso la stessa facoltà, laurea in Comunicazione internazionale. Infine, master in Marketing e comunicazione allo IED di Torino.

Dopodiché, sono entrata nel mondo del lavoro, proprio come account presso una giovane e dinamica agenzia pubblicitaria di Torino.

Qui ho iniziato a capire che le cose non erano proprio come le avevo studiate all'università. Il modello stesso di agenzia che cerca di creare campagne creative per le aziende piccole e medie iniziava ad essere in crisi. E sai perché? Perché non funzionava!

Infatti, in quegli anni, la maggior parte delle piccole agenzie ha chiuso e quelle che sono rimaste in piedi lo hanno fatto perché lavorano per aziende molto grandi. Aziende che mettono a bilancio un tot di milioni ogni anno per il marketing e che non si preoccupano tanto dei risultati che ottengono.

A loro interessa spendere il budget e diffondere il proprio marchio, mentre alle agenzie interessa essere pagate e vincere qualche premio per addetti ai lavori.

Ma tutto ciò cosa ha a che fare con i milioni di piccole attività esistenti in Italia?

Niente. E, infatti, se oggi i piccoli imprenditori non hanno alcuna fiducia nei confronti del marketing è perché lo associano a quel modo di fare "pubblicità" che le agenzie hanno loro propinato, a caro prezzo, nel corso degli ultimi decenni.

La pubblicità creativa, quella fatta di volantini, manifesti, grafica curata nei minimi dettagli (dove per un logo ti chiedevano anche 2 o 3 mila euro...), può essere utile (ma nutro forti dubbi al riguardo) per le grandi aziende, ma rappresenta un'inutile spreco per chi ha un'attività piccola quale può essere un salone di acconciature.

Forte di questa consapevolezza, ho sentito l'esigenza di studiare quella forma di marketing che non solo è più indicato per le piccole attività, ma che è in grado di portare loro dei risultati eccezionali.

Per farlo, mi sono rimessa a studiare a fondo e a mettere in pratica le teorie lavorando per una quantità enorme di piccole attività operanti nei più svariati ambiti.

Sono stati anni duri e difficili ma anche molto formativi. Il titolare di una piccola attività è esigente e, spesso, anche poco propenso a bersi le parole ad effetto che i miei colleghi sono soliti utilizzare: lead generation, brand positioning, content marketing, eccetera eccetera. Inoltre, egli pretende risultati concreti e reali.

Così, ho imparato a utilizzare un linguaggio semplice, comprensibile da tutti e a farmi giudicare solo dai risultati che ottenevo.

Non ti nascondo il fatto che all'inizio, per ottenere i lavori, proponevo di essere pagata solo sulla base dei risultati che portavo.

Entrambe queste cose, l'utilizzo di un linguaggio semplice, e la necessità di portare risultati reali ai miei clienti, sono state fondamentali nel successo che, per fortuna, ho ottenuto negli anni successivi.

Dopo qualche anno nel corso del quale ho lavorato per tutti i tipi di attività ho capito che, procedendo di quel passo, non sarei mai diventata un punto di riferimento per chi cercava un consulente di marketing.

Potevo essere brava quanto volevo, ma subentrano sempre due problemi:

1. Le regole del marketing per la piccola attività si possono applicare, appunto, ad ogni tipo di attività, ma ogni professione ha le sue specificità che devono essere studiate con attenzione al fine di poter garantire risultati all'altezza delle aspettative;

2. Se fai tutto per tutti, non sarai mai percepito come lo specialista, il più bravo in quel determinato settore della tua professione e, soprattutto, non potrai emergere rispetto alla concorrenza. Se non sei il più bravo, devi lavorare allo stesso prezzo degli altri, e man mano che la concorrenza aumenta, i tuoi prezzi devono diminuire...

Così ho deciso di focalizzarmi su un settore specifico, quello della cura per la persona e, quindi, centri estetici e saloni di acconciature.

L'ho fatto perché si tratta di un settore per il quale nutro da sempre interesse e perché sapevo che avrei trovato terreno fertile nell'applicare le teorie che avevo studiato e applicato negli altri settori.

Nel corso degli anni ho seguito decine di attività di estetiste e saloni di acconciature, divenendo un'esperta in questi settori. Quando qualcuno, con sospetto, mi chiede: *"ma tu hai mai lavorato dentro un salone di acconciature?"* io rispondo che *"no, non l'ho mai fatto, perché non è il mio lavoro. Il mio lavoro è portare clienti a chi mi paga e questo ti assicuro che so farlo benissimo. Tra l'altro, anche il tuo lavoro dovrebbe essere quello, visto che pieghe e colorazioni li può fare chiunque abbia frequentato qualche corso...Vuoi mettermi alla prova?"*.

Oggi conosco le problematiche tipiche di un salone di acconciature, so come ragionano i titolari e i dipendenti anche se non so come si fa una piega in modo professionale. So però come risollevare le sorti di un salone di acconciature.

Grazie a questa scelta oggi non sono più un'esperta di marketing generica ma sono una delle maggiori esperte del marketing applicato ai saloni di acconciature e ai centri estetici.

Oggi chi ha un salone di acconciature avrà probabilmente letto la prima edizione del mio libro o un mio articolo del blog. Per questo ricevo, ogni giorno, richieste di consulenze e contatti.

Ho applicato una regola di marketing molto importante, che peraltro ti spiegherò in dettaglio nel corso di questo libro: **focalizzarsi** in un determinato servizio (o settore, nel mio caso), **fino a diventarne la specialista**, ti consente di essere percepita come vera esperta e di distinguerti rispetto alla massa di concorrenti generalisti.

Prima ero una delle tante consulenti di marketing italiane e pativo la concorrenza. Oggi, per fortuna, sono conosciuta come l'esperta di marketing per il settore della cura della persona e posso permettermi di scegliere i clienti, lavorando ai prezzi che voglio.

Come vedremo in seguito, anche tu potrai diventare la specialista in un determinato servizio per poterti differenziare dalla concorrenza smettendo di combattere la guerra dei prezzi più bassi.

Ma torniamo alla tua domanda, ossia quella: *"ma se hai detto che devo studiare le strategie di marketing e imparare ad applicarle da sola, perché tu fai la consulente? Qual è, di fatto, il tuo lavoro?"*.

Ti confermo che devi imparare a conoscere il marketing. E ti confermo che continuo a seguire alcuni clienti che fanno il tuo stesso lavoro. Però non potrò seguire te neanche se me lo chiedessi. Non si tratta di presunzione ma di un dato di fatto, che ora vado a spiegarti.

Quando ho iniziato a lavorare per i primi centri estetici e i primi saloni di acconciature dovevo "farmi le ossa", dovevo comprendere le dinamiche che regolano queste professioni, le loro problematiche, i punti di forza e quelli di debolezza. E, non avendo una credibilità da spendere, non essendo conosciuta, accettavo praticamente qualunque commessa.

Poi però le cose sono cambiate ed essendomi costruita una "fama" derivante dalla mia specializzazione nel marketing per i servizi della cura per la persona, ho deciso di cambiare prospettiva e metodologia.

Mediamente, un piccolo salone di acconciature è disposto a spendere non più di 200 euro mensili nel marketing della propria attività. Si tratta di una cifra molto bassa, ma è anche ovvio che, per iniziare, non si voglia esagerare.

La commissione che un consulente si prende per ogni lavoro è relativa al 30% circa del budget. Pertanto, se un salone di acconciature mi affida la gestione del suo budget di spesa per il marketing, la mia commissione equivale a 60 euro. Al mese. Certo, a me è sempre capitato che già dopo il primo mese la cliente, entusiasta, abbia poi portato il budget a 500 euro per arrivare anche a 1000 euro in meno di un anno. Questo perché se con 200 euro ne ottieni il doppio in termini di ulteriori guadagni, è logico che spendendone 500 se ne possono ricavare 1000... e questo lo comprendono tutti.

Però si tratta comunque di cifre basse. A 60 euro per ogni azienda seguita, quanti clienti devo seguire, in un mese, per fatturare una cifra che mi garantisca una dignitosa sussistenza? Tanti... troppi!

Così, oggi, mi trovo a lavorare soltanto con attività che hanno budget importanti da dedicare al marketing. Solo così posso seguirle con la dovuta attenzione guadagnando cifre interessanti.

Inoltre, le aziende per le quali lavoro sono guidate da titolari che conoscono già le strategie di marketing che applico. Le conoscono perché le hanno studiate e perché le hanno imparate collaborando con me.

Ma le conoscono soprattutto perché guidano dei saloni che sono delle vere e proprie aziende e le gestiscono come tali.

Loro non sono dei parrucchieri o delle parrucchiere ma sono degli imprenditori nel settore della bellezza e della cura della persona. E non avrebbero mai potuto trasformare il loro piccolo salone di acconciature in un'impresa di successo se non avessero studiato le strategie di marketing necessarie.

Spesso si tratta di titolari di più di un salone di acconciature che hanno molto da fare e si vogliono anche godere i frutti del loro successo viaggiando, passando del tempo con la propria famiglia e, per questo, si affidano a dei professionisti per la gestione del marketing così come assumono dei consulenti fiscali per la gestione finanziaria...

Ti scrivo queste cose per dimostrarti che anche io applico in prima persona i principi di marketing che insegno. Pertanto, ciò che ho fatto io è stato:

1. Studiare e formarmi (e lo faccio ancora!);
2. Specializzarmi e focalizzarmi in un determinato settore;
3. Smettere di vendere solo servizi base ma lavorare solo con aziende che hanno budget importanti.

Tutte cose che devi fare anche tu nel tuo piccolo salone di acconciature.

Devi studiare e formarti non solo da un punto di vista tecnico (come vedremo, i corsi di formazione tecnici li puoi fare frequentare alle tue dipendenti) quanto da un punto di vista gestionale e di marketing.

Devi specializzarti in determinati servizi in modo da sfuggire alla massa di saloni indifferenziati che fanno tutti per tutto allo stesso prezzo (perché se poi uno abbassa i prezzi anche gli altri lo devono fare).

E devi smettere di fare solo servizi base tipo piega, taglio e colore perché avere l'agenda piena di clienti che pagano solo per questi trattamenti a basso margine di guadagno ti farà lavorare per tante ore ogni giorno senza poi avere guadagni sufficienti; dovrai invece fare in modo che un numero elevato di tuoi clienti acquistino prodotti di mantenimento e trattamenti specifici perché è su questi che otterrai i guadagni necessari a portare al successo la tua attività.

Anche di questo parleremo in seguito.

Come vedi, ho fatto io per prima quel che voglio che tu faccia nella tua attività.

Il segreto delle attività di successo, perché esistono attività di successo anche nel tuo settore e anche nella tua città, è questo:

> un'attività di successo è quella in cui il titolare lavora il meno possibile al prodotto per occuparsi delle decisioni strategiche che riguardano la gestione amministrativa e finanziaria, lo sviluppo del servizio e il modo in cui viene fornito ai clienti, la gestione e la selezione del personale e le strategie di marketing finalizzate all'acquisizione di nuovi clienti che diventino fedeli nel tempo e che acquistino non solo servizi base ma anche e soprattutto quelli a valore aggiunto.

Questo concetto si applica alla perfezione anche al tuo salone di acconciature.

Devo però chiudere parlando di Simona e della sua email. Simona, appunto, ha scritto che secondo lei investire nel marketing non è necessario perché lei deve occuparsi di mantenere le sue clienti difendendosi dalla concorrenza lavorando in modo impeccabile e ai prezzi di mercato.

Poi, dopo qualche mese, si è invece convinta di fare un investimento.

Solo che anziché attuare delle strategie per acquisire nuove clienti e fidelizzarne quante più possibile ha deciso di ristrutturare il locale.

Cosa otterrà? Niente di positivo.

Ancora oggi, nel 2017, i titolari di piccole attività non battono ciglio quando si tratta di acquistare un nuovo macchinario o ristrutturare i locali all'ultima moda spendendo decine di migliaia di euro ma poi decidono che investirne qualche centinaia in strategie che davvero portano clienti e, quindi, denaro nelle casse della loro attività è uno spreco. E' inutile.

Puoi credere o meno che le strategie che insegno siano ciò che ti serve per portare al successo il tuo salone di acconciature, ma ti assicuro che Simona, purtroppo, continuerà a lavorare 12 ore al giorno facendosi un mazzo assurdo e trascurando la famiglia, gli affetti e anche sé stessa senza guadagnare cifre che ne ripaghino i sacrifici mentre chi ha comprato questo libro e metterà in pratica anche solo una parte delle strategie in esso contenute, potrà finalmente ottenere il successo che merita, guadagnandoci in salute e serenità.

Te lo posso garantire.

1: Le basi. Parti da qui per avere un salone di acconciature vincente

Nonostante questo sia, principalmente, un libro di marketing applicato ai saloni di acconciature, è bene intendersi su una cosa:

puoi assumere il più importante guru del marketing a livello mondiale ma se il tuo salone di acconciature non è impostato in modo ottimale, prima o poi la situazione tornerà ad essere quella di partenza.

Se la tua attività non è strutturata bene potrai anche applicare tutte le strategie contenute in questo libro e, nel breve periodo, goderne i risultati positivi ma, alla lunga, la situazione tornerà ad essere quella di partenza.

Certo, a parità di organizzazione, qualità fornita (e percepita) dei servizi e dei prodotti e prezzi, un salone di acconciature che sa come:

- fare un uso ottimale delle public relations e dei canali social;
- creare campagne di acquisizione clienti;
- standardizzare procedure per la vendita di trattamenti e prodotti;
- fidelizzare un numero elevato di clienti;

avrà un fatturato molto, ma molto, più elevato rispetto a chi, pur lavorando secondo standard elevati, si limita ad aspettare che il passaparola svolga il suo compito.

Questo te lo posso garantire, mettere per iscritto e anche scommetterci del denaro.

Ma un salone di acconciature a cui mancano le basi prima o poi soccomberà.

Il marketing NON risolve i problemi di un'attività.

I tempi sono cambiati, come dicevamo nell'introduzione, e la concorrenza è tale per cui non puoi permetterti di non garantire quegli standard qualitativi che, un tempo, sarebbero bastati per portare al successo la tua attività.

Se, infatti, un tempo bastava garantire "qualità, convenienza e cortesia", oggi questi aspetti non bastano più. Ma non bastano più non significa che non siano più necessari!

La clientela, ormai li pretende! E se non li trova, va a cercarseli da un'altra parte!

Se nel tuo salone di acconciature la pulizia lascia un po' a desiderare, se tu tratti con arroganza i tuoi clienti o alcune di essi, se il livello tecnico dei tuoi servizi non è elevato e se il tuo personale è poco preparato, clienti si rivolgeranno altrove. E, a differenza di qualche anno fa, "altrove" non significa prendere la macchina e farsi 30 chilometri ma, semplicemente, allontanarsi di qualche centinaio di metri.

So che starai pensando: *"ma il mio negozio è pulitissimo, io sono gentilissima, lavoro bene, le mie dipendenti fanno altrettanto, eppure tutto questo non basta"*.

So bene che non basta, anche perché altrimenti io mi occuperei di altro nella vita piuttosto che insegnare il marketing...

Però nessuno è in grado di accorgersi che sta trascurando la pulizia o le buone maniere. Altrimenti, sono convinta che nessuno lo farebbe!

Ma fin qui sarebbe tutto davvero troppo semplice.

Se "qualità, convenienza e cortesia" sono aspetti di facciata, che possono essere percepiti subito, a prima vista, dalla clientela, ciò che un salone di hairstylist di successo deve possedere sono le basi organizzative tipiche di un'azienda di successo.

Un'impresa di successo è quella nella quale il suo titolare sa occuparsi dei seguenti aspetti:

- della gestione amministrativa;

- della gestione finanziaria;

- della gestione del personale;

- dei rapporti con i fornitori;

- della gestione dell'agenda;

- della vendita di prodotti e trattamenti;

- della gestione del marketing;

e molte altre cose ancora.

Di fatto, al termine della lettura di questo libro dovrai comprendere come, per avere finalmente il successo che meriti devi **trasformarti da parrucchiere a imprenditore nel settore delle acconciature e della bellezza**.

Prima di passare al capitolo nel quale ti spiego come deve cambiare il tuo modo di lavorare per poterti trasformare da parrucchiere a imprenditrice, è bene soffermarci su altri aspetti che riguardano soprattutto il tuo approccio mentale alla professione.

Si tratta di alcuni principi di base che devi assolutamente conoscere e comprendere prima di poter iniziare a trasformare la tua piccola attività di parrucchiere o parrucchiera in un salone di acconciature di successo.

Analizzeremo questi aspetti in questo capitolo.

Perché hai scelto di aprire un'attività tutta tua?

Per una persona che svolge un'attività autonoma sembra normale la propria routine di vita. Una routine fatta di 10 o 12 ore di lavoro, stress, sacrifici e, in fin del conti, una soddisfazione solo parziale da un punto di vista economico.

Eppure non era questo ciò che ti immaginavi quando sognavi di aprire il tuo salone di acconciature. Quando studiavi per diventare un parrucchiere e quando lavoravi come apprendista in qualche salone avviato.

Immaginavi di coronare il tuo sogno, di avere tanti clienti e di poterli accogliere sempre con il sorriso sulla bocca nei tuoi locali arredati secondo il tuo gusto e le tendenze del momento. E immaginavi, soprattutto, di guadagnare abbastanza da sentirti gratificato e felice. E con abbastanza tempo libero da poter dedicare a te stesso e alla tua famiglia.

Sbaglio?

Sono certa di no.

La realtà però è completamente diversa.

Non solo il lavoro è stressante e impegnativo, ma vengono a mancare anche le adeguate soddisfazioni economiche. Senza considerare poi ciò che ti aspetta una volta tornato a casa.

Se sei una donna, per te il lavoro, anche se impegnativo, è solo una parte dei tuoi compiti. Ci sono i figli da seguire. C'è la spesa da fare. C'è da cucinare, da pulire. E non sempre troviamo compagni e mariti che ci aiutano davvero.

Se sei un uomo, spesso devi pensare a tutta una serie di incombenze che ti spettano, dai conti correnti al pagamento di bollette e rate, dall'assicurazione ai piccoli lavori di manutenzione della casa, del garage, del giardino, della macchina.

Per entrambi c'è l'educazione dei figli, i problemi vari, magari genitori anziani da accudire... ed è inutile che vada oltre perché tanto tutti questi aspetti fanno parte della vita quotidiana di tutti noi.

E allora, la tua professione, che spesso serve a mantenere tutta la tua famiglia o comunque a dare un contributo rilevante, diventa ancor più responsabilizzante, impegnativa.

Per questi motivi, apportare anche solo un piccolo cambiamento nella propria professione spaventa, e molto. Si tratta a volte di pigrizia e spesso di mancanza di coraggio e di impegno.

Ci sono troppe cose da fare e a cui pensare, per potersi permettere anche di rivoluzionare il proprio modo di lavorare.

Come uscire, dunque, da questa situazione?

Purtroppo è praticamente impossibile. O meglio, lo è se non sei davvero convinto del fatto che tu debba cambiare. Cambiare il modo in cui concepisci la tua professione.

Non è facile. E' molto più semplice imparare nuove tecniche di lavoro, oppure cambiare completamente i servizi che vengono svolti nel proprio salone di acconciature piuttosto che cambiare il proprio modo di pensare.

Perché ognuno di noi ha delle convinzioni che sono difficili da scardinare perché hanno un'origine culturale e perché, in fin dei conti, si adattano al nostro carattere.

Se, ad esempio, io sono una persona poca propensa al cambiamento tenderò a pensare che sia inutile fare delle rivoluzioni se tanto non porteranno a niente di positivo.

Nel corso di questi 10 anni circa di esperienza a contatto con i titolari di saloni di estetica o di acconciature ho accumulato tutta una serie di casistiche che spiegano al meglio il concetto che ti sto esponendo.

C'è la persona che ti dice che "*è tutta una truffa perché mi costringi a imparare cose nuove e difficili e magari anche a leggere dei libri*" e quella che "*io non ci credo a questo marketing*" o, ancora quella che: "*Si tratta di fare degli investimenti e io non me li posso permettere*" e poi, come abbiamo visto nell'introduzione, magari dopo due mesi ristruttura tutto il locale; e quella che: "*se lavori bene, sei pulita, gentile e hai i prezzi giusti le clienti non ti mancheranno mai*" e poi in realtà ti hanno contattato proprio perché di clienti non ne hanno abbastanza.

Per tutte queste tue colleghe si tratta di un problema di approccio mentale. Per loro, di fatto, la professione si limita a mettersi in postazione e lavorare sulla testa del cliente o della cliente, mentre tutto il resto (la gestione amministrativa e finanziaria, i fornitori, le promozioni, l'ottimizzazione dell'agenda eccetera) è soltanto un male necessario.

Ma soprattutto il loro limite più grande è quello di doversi convincere della necessità di un cambiamento totale del proprio modo di concepire la professione, un cambiamento che non è di poco conto.

Perlopiù gli italiani soffrono della sindrome da "gratta e vinci", che consiste nello sperare che il cambiamento possa venire da un evento, da un colpo di fortuna o, nel nostro caso, da una sorta di miracolo che viene effettuato dalla maga, che dovrei essere io. Una maga che, come nei gratta e vinci, tu la paghi (poco, per carità, che non ci sono soldi!) e risolve tutti i problemi.

In realtà **il successo è sempre un processo, mai un evento**. L'evento è, appunto, un episodio singolo che stravolge tutto. E' il biglietto vincente della lotteria ed il motivo per cui milioni di persone giocano, ogni giorno, a forme più o meno legali di giochi di azzardo.

Il processo, invece, è un lavoro lungo anni che non si interrompe mai.

Un qualcosa che inizia alle scuole elementari e procede per tutto il tuo percorso di studi, fino ad arrivare a quello di formazione professionale che ti fa diventare una professionista. Ma non finisce qui.

Non finisce qui perché dopo aver ottenuto la qualifica ci sono i corsi di aggiornamento costanti e continui. E poi c'è l'apprendistato. Poi ancora l'apertura dell'attività con tutte quelle cose che non si immaginava nemmeno che facessero parte del proprio lavoro (tasse, burocrazia, dipendenti, controlli, commercialista, fornitori, eccetera).

Ma non è finita neanche qui. Il processo prosegue ulteriormente, perché il mondo cambia e occorre sempre restare al passo con i tempi. Non soltanto da un punto di vista tecnico ma di conoscenza in generale.

Pensa ad internet. Ancor oggi ci sono parrucchieri che mi dicono: "*eh, ma io non so usare internet*". E mi dispiace, ma oggi internet per te è fondamentale, pertanto, molla quel cellulare che usi solo per chattare con le amiche e impara a usarlo in modo che sia utile per la tua attività.

E impara le strategie e le tecniche di vendita, perché senza di queste, come vedremo nel corso del libro, la tua attività non potrà mai decollare.

Come vedi, **si tratta di un processo lungo anni**. E che non termina mai.

Pertanto, quando pensi di ingaggiare un'esperta di marketing non pensare che questa arrivi e ti sistemi tutto senza che tu debba fare altro che pagare (poco, come sempre...).

Un ciarlatano fa così, e il nostro paese, specie di questi tempi, ne è pieno. Quelli che arrivano e ti propongono soluzioni semplici che ti faranno:

- essere primo su Google;

- presente su Facebook;

- essere pieno di nuovi clienti grazie al nuovo sito.

No. Questo sarebbe, appunto, un evento, esattamente come acquistare un gratta e vinci e sperare di vincere per cambiare la tua vita.

Una professionista seria ti dice che se vuoi davvero portare al successo il tuo salone di acconciature devi cambiare. Lei ti insegnerà cosa fare e come, però tu dovrai lavorare in modo diverso. Dovrai essere pronta a stravolgere il tuo modo di lavorare, di organizzare il tuo salone di acconciature, di pensare alla tua professione.

Si tratta di un processo. Lungo e faticoso. Non adatto a tutti. Però chi va fino in fondo ottiene grandi risultati.

E questi risultati, in definitiva, si riducono ad una cosa sola: riuscire a realizzare davvero il tuo sogno, quello di avere un salone di acconciature che ti dia soddisfazioni professionali ed economiche e che ti lasci anche del tempo libero per te e per la tua famiglia.

Non è impossibile, te lo assicuro.

Chi tra i miei clienti, nel corso degli anni, ha davvero apportato questo cambiamento mentale è riuscito a raggiungere questo obiettivo. E quelle che del tempo libero non sapevano cosa farsene, anziché godersi i risultati ottenuti, hanno aperto un secondo negozio. E un paio di loro anche il terzo...

Ti chiedo quindi di entrare nel giusto modo di pensare: quel che leggerai in questo libro potrebbe sconvolgerti, potrebbe farti pensare di non potercela fare o che si tratta solo di fandonie.

Magari resterai anche delusa: ti aspettavi che, comprando questo libro, miracolosamente le cose sarebbero cambiate.

Ma tu non hai comprato un biglietto del gratta e vinci. Hai acquistato uno strumento che ti darà grandi risultati ma solo se li vorrai davvero e se avrai la forza per stravolgere la tua esistenza.

L'origine di tutti i mali: dare la colpa a fattori esterni

Purtroppo l'essere umano in generale, e l'italiano in particolare, ha un'attitudine innata nel cercare all'esterno le cause dei propri problemi.

Non c'è notizia, evento, tragedia anche molto grave per la quale non si cerchi una causa nascosta, una trama oscura, una verità che non ci è stata svelata per mantenere lo status quo. Fino ad arrivare, ma questo non riguarda solo gli italiani, alle presunte (ma non dimostrabili), vere cause degli attentati dell'11 settembre 2001.

Ma se questo modo di interpretare i fatti esterni che accadono quotidianamente è in qualche modo anche normale e naturale per le persone che hanno scelto di fare i lavoratori dipendenti, di certo non porta a nulla di buono se, invece, si è dei lavoratori autonomi.

Il lavoratore dipendente, infatti, sa che il suo futuro professionale è solo in parte determinato da sé stesso. Egli dovrà lavorare con etica, impegno e cercando di migliorarsi sempre più, ma con la consapevolezza che, in ultima istanza, il suo futuro in quella determinata azienda dipende dalle scelte di un consiglio di amministrazione o di un titolare.

Se l'azienda chiude, lui potrà ovviamente prendersela con i titolari, con le banche, con il mercato, con la globalizzazione, con il Governo per giustificare la propria momentanea perdita di occupazione.

Ma un imprenditore, a tutti i livelli, non può avere questa impostazione mentale. Certo il mercato, la burocrazia, la globalizzazione, la crisi sono tutti fattori importanti e che condizionano ognuno di noi.

Ma una cosa è bene comprenderla una volta per tutte:

> se nella tua stessa città o quartiere esistono delle attività come la tua che non hanno i tuoi stessi problemi, significa che il tuo business non si è esaurito. Semplicemente, quelle attività sono guidate da imprenditori più scaltri di te.

Insomma, la colpa non è, sempre, dei fattori esterni.

Certo, chi oggi si ritrova con un negozio di rivendita di sigarette elettroniche può certamente prendersela con il mercato, la crisi e la fine di una "moda" che si è esaurita con la stessa velocità con la quale si è imposta sul mercato.

Ma, a ben guardare, la colpa ricade comunque su chi ha scelto quel tipo di business senza valutarne le potenzialità.

Una regola importantissima e molto trascurata del mondo degli affari è quella che sconsiglia gli imprenditori di entrare in dei business che non hanno una soglia di ingresso abbastanza elevata.

Questo significa che se un business, qualunque business, è troppo "facile", ossia richiede bassi investimenti iniziali, nessuna preparazione o quasi, significa che occorre starne alla larga.

Perché? Perché i business di successo sono quelli per i quali sono richiesti investimenti importanti e non alla portata di tutti.

Attenzione: quando parlo di investimenti importanti non intendo solo quelli economici. Si possono aprire attività di successo anche con pochi soldi. L'importante è che si tratti di un business non alla portata di tutti.

Aprire una lavanderia a gettoni è alla portata di tutti (e infatti ne stanno aprendo a centinaia), aprire invece uno studio dentistico è cosa ben diversa perché richiede che ci lavorino dei medici dentisti i quali hanno studiato anni per ottenere le competenze necessarie.

Sai perché la maggior parte dei ristoranti chiude entro pochi anni dall'apertura e perché tanti bar soffrono la crisi più di altre attività?

Perché si tratta di attività piuttosto semplici da aprire (basta avere il denaro sufficiente a farlo ma spesso basta qualcuno che garantisca in banca per il finanziamento) e perché si pensa che non servano particolari competenze per fare il ristoratore piuttosto che il barista.

E infatti poi i risultati sono quelli che tutti conosciamo: le attività chiudono e le persone restano con i debiti per anni.

Se apri un salone di acconciature in una zona dove ce ne sono già a decine ti poni in una condizione non proprio ottimale. Non hai effettuato una corretta analisi di mercato per verificare il potenziale bacino di clientela cui intendi vendere i tuoi servizi.

Nel mio palazzo, hanno aperto due saloni di acconciature nel giro di pochi mesi. E non ti sto parlando di un grattacielo, ma di un complesso residenziale di una trentina unità immobiliari. Al piano terra ha aperto un salone. Al piano superiore, un altro.

Questi due saloni hanno aperto senza effettuare un'accurata analisi di mercato (Ah, di fronte a questi due saloni, a 30 metri in linea d'aria, c'è un altro salone...) e senza differenziarsi rispetto ai concorrenti.

Pertanto, se prima il giro di affari potenziale annuo per la zona in questione era di 100.000 euro, che si suddivideva in modo più o meno equo tra le attività esistenti, con l'arrivo della altre due attività l'unico reale cambiamento sarà quello che ognuna di queste andrà a prendersi una parte di quei 100.000 euro, togliendone un po' ai rivali.

E' positivo per qualcuno?

Non è lo è di certo per i titolari dei saloni che già presidiavano la zona, che vedranno ridursi il loro fatturato, ma non lo è nemmeno per i nuovi arrivati, perché, esaurito l'effetto novità e non avendo alcuna forma di differenziazione e di specializzazione rispetto agli altri, quasi sicuramente dovranno accontentarsi di una quota minoritaria di fatturato rispetto alla concorrenza.

La torta è sempre delle stesse dimensioni e se anziché in 2 la si mangia in 3 è inevitabile che nessuno ne trarrà vantaggio.

Come altro esempio, sempre nella mia zona, recentemente hanno chiuso altri due saloni per donne, e il salone più vicino, che è rimasto in piedi, rivolgendosi allo stesso target (le vecchiette di zona, le cui uniche richieste sono una discreta professionalità, la simpatia della titolare e i prezzi bassi), sta godendo dei frutti di questa restrizione della concorrenza.

Ora, per lei, si pone la scelta di assumere personale per fa fronte alle maggiori richieste. C'è un problema, però: se dovesse aprire un altro salone nei dintorni, che si rivolge allo stesso target, lei si ritroverà daccapo e con maggiori spese in più.

Ma se ogni zona della tua città o quartiere è ben coperta da un salone di acconciature allora bisogna rinunciare al proprio sogno?

Per niente!

Ma occorre farlo con intelligenza.

Qualche paragrafo più in alto ho usato un'espressione che è fondamentale per comprendere il modo in cui si entra in un mercato saturo e fortemente concorrenziale quale quello delle acconciature: **con la differenziazione e la specializzazione**.

Due concetti molto importanti di cui parleremo con dovizia di particolari in seguito.

Qui ti basta comprendere il concetto:

> se la tua attività fa qualcosa per essere percepita come differente rispetto alle altre, allora potrai ritagliarti il tuo spazio proteggendolo dalla concorrenza.

E, attenzione, questa differenza non può e non deve essere quella del prezzo più basso.

Tornando dunque all'argomento di questo paragrafo, è evidente come il fatto di aprire un salone di acconciature in una zona a forte concorrenza senza introdurre alcuna forma di specializzazione e differenziazione rappresenta un errore.

Un errore la cui unica responsabilità è da attribuire al titolare del salone di acconciature e non sicuramente alla crisi, al governo, alle tasse o alla concorrenza.

La concorrenza, in un mercato saturo, è forte e anche talvolta scorretta. Perché se non ci troviamo in presenza di un business fortemente specialistico e con una soglia di ingresso non molto alta, è inevitabile che decidano di entrare nel mercato anche figure poco corrette che punteranno tutto sui prezzi più bassi potendo contare magari su manodopera meno qualificata e prodotti meno validi.

Se ci pensi, è facile che aprano saloni di acconciature o centri di estetica cinesi con i loro prezzi stracciati piuttosto che centri ortopedici fortemente specializzati oppure studi di medicina specialistica.

Il perché è semplice: con due soldi e una persona che abbia una qualifica si apre un salone di acconciature mentre uno studio ortopedico con servizio di diagnostica richiede la presenza di medici preparati e attrezzature costosissime.

E' inutile dunque che te la prendi con i fattori esterni se c'è la concorrenza. **Sei tu che hai scelto un settore fortemente concorrenziale** e un mercato saturo come forma di business.

E sei tu che hai scelto di aprire un locale uguale a quello di tutti i tuoi concorrenti, senza alcun elemento che ti differenzi da loro.

Ma a prescindere dall'errore di base di attribuire alla concorrenza la colpa di una scelta sbagliata già in fase di creazione del tuo business, ciò che qui voglio spiegarti è un qualcosa di più complesso e che ha a che fare con le tue motivazioni psicologiche.

Ci sono due modi di affrontare la vita:

1. lasciare che le cose accadano;

2. farle accadere.

Tutto questo è ancor più evidente nel mondo del lavoro autonomo.

Ci sono titolari di attività che **aspettano che accada** loro qualcosa di positivo che rappresenti una svolta limitandosi, nel frattempo, semplicemente a lavorare nel modo che ritengono quanto più professionale possibile; e ce ne sono altri che, invece, non si accontentano di aspettare ma sono costantemente **alla ricerca di soluzioni** per migliorare le cose.

Inutile dire che i primi non sono disposti a cambiare qualcosa nel loro modo di agire, secondo la convinzione che: "*si è sempre fatto così...*" mentre i secondi sanno che in un mondo in costante evoluzione e cambiamento restare fermi significa perdersi...

Ho conosciuto e avuto a che fare, nella mia esperienza professionale, con titolari di saloni di acconciature di entrambe le specie e mi spiace davvero tanto dover constatare che i primi, gli immobili, sono decisamente superiori in numero rispetto ai secondi, gli innovatori.

Gli immobili sono quelli che ti contattano perché cercano la soluzione istantanea ed esterna. Vogliono una sorta di mago che, dietro pagamento, ti porti qualche cliente in più.

Vogliono che tu risolva i loro problemi ma non sono disposti a cambiare nulla nel loro modo di pensare e agire. E sai perché? Perché ritengono che sia tutto ciò che è esterno a loro a causarne sia gli insuccessi che i successi.

Siccome ci sono la crisi e la concorrenza all'origine di ogni problema professionale (ma non solo, se indagassimo nel loro privato scopriremmo che il loro approccio è il medesimo anche in tutti gli altri aspetti della loro vita) allora non potrà che essere una soluzione esterna a invertire la rotta. Ecco perché queste persone contattano un'esperta di marketing piuttosto che un'agenzia pubblicitaria.

Ormai ho talmente fatto il callo a questa tipologia di persone che so già che il mio metodo, che le soluzioni che propongo, non saranno accettate. Perché **il mio metodo presuppone il cambiamento nel modo di lavorare** e pensare alla propria professione da parte di estetiste e parrucchieri.

Io non faccio miracoli. Sono sprovvista di bacchetta magica. Io non ti dico: dammi 5.000 euro e trasformo il tuo salone di acconciature che arranca in un salone di grande successo.

Io ti dico: il mio metodo, il metodo dell'Hair Stylist di Successo, è assolutamente vincente, ma richiede la tua disponibilità a stravolgere completamente il tuo modo di lavorare e di concepire la tua professione.

E qui, dopo aver comunicato questa cosa, mi perdo (per fortuna) un buon 50% delle potenziali clienti. La parola "cambiamento" spaventa.

Il restante 40% me lo perdo quando spiego in cosa consiste il mio metodo, ossia:

- organizzare il tuo negozio in modo che funzioni senza che tu debba occuparti di ogni cosa;
- assumere e formare le collaboratrici;

- specializzarsi per un determinato tipo di servizio differenziandosi dalla concorrenza generalista;

- imparare e standardizzare un metodo di vendita relativo a trattamenti e prodotti di mantenimento;

- mettere a budget almeno un 10-15% del fatturato da dedicare al marketing;

- impostare e gestire delle campagne di acquisizione clienti su Facebook;

- mettere a punto strategie di partnership e di marketing basato sulle public relations;

- creare un sistema per la gestione dei clienti in modo che siano tutti catalogati secondo gusti, preferenze, servizi maggiormente utilizzati e iniziando a comunicare con loro in modo differenziato per convincerli ad incrementare la loro spesa media (meglio se con un gestionale);

- comunicare attraverso email e telefonate con i vecchi clienti in modo da convincerli a tornare nel centro stimolandoli con promozioni e nuovi servizi;

- eliminare la maggior parte dei servizi e trattamenti che sono poco utilizzati specializzandosi solo in quelli più utilizzati;

- comunicare con costanza con il mercato evidenziando la tua specializzazione e i tuoi punti di forza che ti differenziano rispetto alla concorrenza.

Dopo aver ascoltato queste parole e chiarito eventuali dubbi, mi ritrovo solo con un 10% di risposte positive. Ma questo, per me, non rappresenta affatto un problema perché non ho alcun interesse a lavorare con clienti che pretendono di cambiare i risultati che ottengono senza però cambiare nulla nel loro modo di pensare e lavorare.

Il mio metodo richiede un cambiamento che parte da te stesso. Non dall'esterno.

Se vuoi avere più clienti per il tuo salone di acconciature senza cambiare nulla nel tuo modo di lavorare e concepire la tua professione ti conviene chiamare l'agenzia che ti promette i miracoli senza che tu debba fare altro che pagare.

Prova pure, a tuo rischio e pericolo.

In genere, non funziona.

Ciò che capita è che si sprecano soldi inutilmente senza risultati e quando anche qualche risultato si dovesse vedere, sarebbe effimero e molto limitato nel tempo.

Se non crei un sistema la tua attività non avrà grandi benefici da nessuna strategia di marketing.

Se, viceversa, crei e standardizzi un metodo a 360°, quello di cui parlo in questo libro, metterai il pilota automatico al tuo salone di acconciature.

Certo, è faticoso, all'inizio. Per te che hai sempre sognato di fare il parrucchiere o la parrucchiera, scoprire di dover fare un altro lavoro, ossia l'imprenditrice nel settore della bellezza, può rappresentare un duro colpo.

Ma capirai anche che è l'unico sostenibile e possibile.

Le alternative per chi si limita a fare il parrucchiere sono due:

1. tanto lavoro, poco guadagno;

2. la chiusura

Se ti guardi attorno è così. Vedrai attività come la tua che lavorano ma senza regalare ricchezza e felicità ai loro titolari ed altre che, nel giro di qualche anno, hanno chiuso (o chiuderanno).

Te la metto giù dura una volta per tutte, in modo che tu capisca questa cosa in modo definitiva:

In Italia ci sono troppi saloni di acconciature! Non c'è spazio per tutti! Non appena il marketing ed una visione imprenditoriale della professione di parrucchiere si diffonderanno, tutti gli altri chiuderanno!

Se oggi uno dei titolari di saloni di acconciature della mia zona (almeno 15 in pochi km quadrati), decidesse di seguire al 100% il mio metodo, lui farebbe il pieno di clienti e, al massimo, resterebbero in piedi altri 2 saloni, magari uno low-cost e uno che si accontenta di lavorare tanto con margini ridotti al minimo.

Per tutti gli altri, la chiusura sarebbe inevitabile.

Poi ci sono gli altri, una minoranza di titolari di saloni che stravolge completamente il proprio modo di concepire la professione e ottiene un successo travolgente.

Ma, ricorda, il cambiamento deve avvenire per prima cosa nella tua mente.

Arrivato a questo punto del libro, dovrai fare una scelta.

Se hai comprato questo libro sperando che bastasse acquistarlo e leggerlo (magari distrattamente e nemmeno per intero) per avere un sacco di nuovi clienti felici e spendenti, allora credo sia meglio che lo riponga nella tua libreria o in una cartella del tuo PC.

Se invece sei pronto a diventare un imprenditore di successo, continua a leggere, ci divertiremo!

A cosa serve il marketing

L'errore più grande che commettono gli imprenditori italiani è quello di considerare come "marketing" tutto ciò che riguarda la distribuzione di volantini, manifesti, le inserzioni su giornali e riviste, gli spot in radio.

Quella è, semplicemente "pubblicità". In genere, essa diffonde il "nome" di un'attività senza però riuscire a portare reali benefici.

Un tempo, sicuramente, il mostrare il nome del tuo salone di acconciature sui giornali, nei settimanali locali, nei manifesti, o inviando dei volantini nelle buche, portava qualche vantaggio. Laddove c'erano due barbieri e due parrucchiere in tutta la città, era ovvio che il ricordare la tua esistenza alle persone potesse essere sicuramente utile.

Ma questo funzionava, seppur in modo limitato e non misurabile, solo perché le persone non avevano internet!

Internet ha cambiato tutto.

Con la diffusione di internet le persone non leggono più i giornali ma si informano attraverso i siti web e la diffusione della posta elettronica ha praticamente fatto scomparire la posta cartacea. In particolare per quanto riguarda la pubblicità, le persone hanno sviluppato un senso di intolleranza nei confronti dei volantini.

Pochissimi volantini vengono almeno guardati (che non significa che siano letti) dalle persone, specie quelle non troppo anziane. Gli unici volantini che si leggono sono quelli con le offerte dei supermercati, e questo non fa che rafforzare il senso di quel che ti sto spiegando, e te lo mostrerò a breve.

Internet ha cambiato il modo di vivere delle persone e la proliferazione di negozi e attività tutte uguali causata dall'assenza di vincoli al numeri di licenze ha scatenato una concorrenza senza limiti.

La concorrenza ha quindi contribuito ad accelerare il processo di inefficienza delle pubblicità tradizionale:

> la pubblicità tradizionale non funziona più perché ci sono troppe attività uguali che si vogliono mettere in evidenza, bombardando le persone in ogni luogo e modo.

Dal tuo punto di vista, pertanto, è del tutto inutile sprecare denaro per far vedere la tua pubblicità sui volantini, sui manifesti o nelle inserzioni sui settimanali locali. La gente non se ne accorge nemmeno.

Ma questo non significa che tu debba rinunciare a promuovere la tua attività cercando costantemente nuovi clienti. Significa solo che devi :

1. fare "pubblicità" dove la gente è più attiva e attenta;
2. farla in modo adeguato al mezzo.

Oggi la gente si è abituata a cercare informazioni su internet e trascorre gran parte del proprio tempo libero tra siti web, blog, Facebook, Twitter, Instagram eccetera eccetera. Pertanto, è lì che occorre agire.

Non solo, certo. Come vedremo nel corso del libro, non è solo "online" che si trovano nuovi clienti e che si esaurisce il marketing per la tua attività. Quel che, oggi, troppi pseudo guru ed esperti ti dicono, cioè che è solo su internet che devi fare pubblicità, è del tutto falso. Ma lo vedremo successivamente.

Però occorre agire nel modo più corretto. La "pubblicità" su internet ha un linguaggio diverso da quella tradizionale e purtroppo questo non è ben compreso.

Quando parleremo nel dettaglio di come creare delle inserzioni su Facebook per trovare nuovi clienti ti spiegherò perché tantissimi titolari (ma anche agenzie) pur avendo capito che devono usare Facebook per il loro business, non hanno però capito come devono fare.

Promuovere su Facebook un salone di acconciature mostrando un'immagine degli interni del tuo centro, con un titolo del tipo: "Hair Stylist Maria" e una descrizione che recita: "Acconciature dal 1992, taglio uomo, donna, bambino e bla bla bla" NON SERVE A NULLA!

Chi utilizza queste forme di promozione pensa di trovarsi ancora negli anni 90 e di produrre uno spot per la tv o per un volantino.

Chi è su Facebook sta pensando a ben altro che al tuo salone di acconciature. Sta curiosando tra gli stati degli amici o sta cercando occasioni per parlare con qualcuno. Se vede una promozione come quella descritta la sua attenzione non sarà mai catturata.

Il vantaggio della pubblicità su internet è quello di poter misurare i risultati ottenuti e, per farlo, occorre catturare l'attenzione di un utente che è lì per fare altro (a meno che non stia proprio cercando su Google un salone di acconciature, ma questo è un altro discorso e lo vedremo in seguito) dandogli qualcosa.

E, quel qualcosa, è una forma di vantaggio che egli potrà avere interagendo con l'inserzione.

Se, restando all'esempio che abbiamo utilizzato prima, lo stesso salone di acconciature creasse in un'inserzione nella quale:

1. si mostra una parrucchiera che sta facendo un servizio base tipo una piega;

2. si scrive come titolo: Taglio e piega a 10 euro!;

3. si descrive l'offerta con una frase del tipo: "Solo fino al ... per chi aderisce all'iniziativa prenotando online"...

allora ti assicuro che i risultati saranno ben diversi.

E la cosa fantastica è che puoi sapere *quanto* saranno diversi! Puoi cioè sapere quanto hai incassato ogni 10 euro spesi in pubblicità! Questo è rivoluzionario!

Poco fa ti ho scritto che gli unici volantini che hanno successo sono quelli relativi alle offerte dei supermercati. Se ci pensi, questo accade proprio perché quelle forme di pubblicità danno qualcosa di concreto a chi le diffonde. Chi riceve il volantino vuole sapere quali prodotti sono in offerta e, spesso, va poi a fare la spesa proprio con il volantino.

Si tratta della stessa cosa che abbiamo visto nell'inserzione della parrucchiera. Inviare un'email con un coupon da mostrare poi nel salone di acconciature per usufruire della promozione è la versione moderna dell'andare a fare la spesa con il volantino delle offerte del supermercato. Non credi?

Concludendo, ciò che devi assolutamente comprendere è che il fatto che tu abbia speso già centinaia se non migliaia di euro in pubblicità senza ricavarne praticamente alcun vantaggio, non significa assolutamente che tu possa farne a meno.

Ciò che devi fare è, semplicemente, fare pubblicità nel modo giusto e nel posto giusto.

Una forma di pubblicità che ti porta dei risultati misurabili non può essere una truffa, per il semplice motivo che se una campagna dovesse andare male allora ti basta fermarla prima di sprecare altro denaro. Se, invece, a fronte di una spesa di 100 euro ne incassi 120, allora potrai benissimo decidere di spenderne 200 per poi incassarne 240. E così via.

E questo è ciò che in genere accade ai clienti che seguo personalmente...

Ma sarebbe fuorviante e ingannevole farti pensare che il marketing si riduca a fare pubblicità con l'unica differenza che oggi questa si fa su Google, Facebook o Instagram mentre un tempo la si faceva attraverso volantini o manifesti.

Il marketing è una cosa ben diversa dal fare pubblicità.

Il marketing non è solo il trovare nuovi clienti.

Il marketing non serve solo a questo e non si fa solo su internet!

Il marketing consiste nello sviluppare una serie di strategie a 360° finalizzate alla crescita e allo sviluppo della tua attività.

Vedremo nel capitolo ad esso dedicato in cosa consiste il marketing e come utilizzarlo per ottenere grandi vantaggi per la tua attività.

Qui è importante rispondere alla domanda: **a cosa serve il marketing?**

Come abbiamo detto, il marketing non è solo pubblicità.

Il marketing serve a rendere la tua attività vincente, ad assicurarti utili in costante ascesa e, in ultima analisi, a realizzare quello che era il tuo sogno fin da ragazzo/a, ossia essere titolare di un salone di acconciature molto frequentato, che funziona alla perfezione e nel quale tu ti occupi delle attività strategiche e più importanti delegando tutto il resto, ottenendo in cambio guadagni importanti e anche un po' di tempo libero da dedicare a te stesso/a e alla tua famiglia.

I fornitori NON fanno i tuoi interessi

La figura del fornitore è piuttosto ambigua, e spesso tendiamo a dimenticarci che il suo principale obiettivo è quello di vendere a te, indipendentemente dagli effettivi benefici che ne avrai come titolare di un salone di acconciature.

Il principio secondo il quale: *"se vendi tu, vendo anche io, se ti vendo prodotti che non si vendono, ci rimetto io per primo"* non è affatto veritiero, nonostante te lo raccontino spesso i tuoi fornitori.

Infatti, lui ti avrà venduto la sua merce, lui incasserà eventuali bonus per il raggiungimento dei budget, mentre a te i prodotti resteranno sul groppone per chissà quanto tempo.

E tanto, se pure non vendi i prodotti, loro sono così bravi e preparati (per fare i propri interessi), da riuscire poi a rifilarti altri prodotti e altri ancora, con la promessa che questi... *"si vendono da soli!"*.

No, **nessun prodotto si vende da solo,** a nessun livello.

I prodotti si vendono se hai un metodo di vendita. Se non ce l'hai, non demordere e non preoccuparti, perché in questo libro ti spiegherò come adottarne uno. Se ce l'hai e non ottieni una percentuale rilevante del tuo fatturato derivante dalla vendita dei prodotti, allora significa che non funziona.

Nel business i numeri hanno sempre ragione...

Ma i fornitori non fanno i tuoi interessi neanche quando cercano di rifilarti l'ennesimo macchinario per fare trattamenti all'ultima moda. Le loro percentuali sono sicure e fanno felici non solo il loro portafogli, ma anche quello dell'azienda produttrice e quello dell'agenzia di leasing o di finanziamento.

Stai attento: il fatto che un macchinario ti venga venduto praticamente senza anticipo e con comode rate non significa affatto che si tratti di un affare!

Io lo capisco che quando ti trovi in difficoltà, quando il tuo salone continua a stentare, quando hai solo alcuni giorni e alcuni periodi dell'anno in cui incassi cifre decenti per poi ritrovarti ferma nei restanti periodi... allora si rende necessario un cambiamento.

Il problema è che il cambiamento non deve avvenire a livello di nuovi macchinari, nuovi servizi, nuovi arredamenti, nuovi colori delle pareti!

Sì, ti hanno insegnato che è così che funziona, che quando le cose non vanno bisogna darsi da fare, magari lavorare di più e introdurre degli elementi di novità nel tuo salone, ma tutto ciò è sbagliato.

Non funziona.

Gli unici cambiamenti che devi apportare nella tua professione avvengono dentro di te, nel tuo modo di pensare e di ragionare. Inizia a pensare che i servizi che proponi sono già sufficienti e che il problema non è nel loro numero. Anzi, come vedremo in seguito, forse è anche il caso di eliminarne alcuni...

E nessun nuovo trattamento alla moda, che ovviamente ti è stato consigliato dal tuo fornitore, che te ne ha decantato le lodi garantendoti risultati eccellenti ti porterà nulla di più. Certo, se sarai bravo a far sapere ai tuoi clienti dell'esistenza di questo nuovo trattamento allora, nei primi mesi, qualche risultato lo otterrai. Ma non sarà sufficiente a farti "svoltare" perché, esauritosi l'effetto novità, tutto tornerà come sempre.

E il motivo è piuttosto semplice: *il tuo modo di lavorare è sempre lo stesso e questo ti porterà sempre agli stessi risultati.*

Il tuo problema non è nel numero di servizi e trattamenti che puoi proporre, perché le persone spesso sono confuse quando si trovano a leggere il tuo listino prezzi o anche solo quando passano davanti alla tua vetrina e fanno fatica a distinguere un trattamento da un altro; il tuo problema è sempre lo stesso: non conosci e non applichi le strategie di marketing che applicano i saloni di maggior successo.

Tutto qui.

Quando avrai compreso questo, allora saprai riconoscere i tentativi astuti con cui i fornitori cercando di estorcerti nuovi ordini, di venderti nuovi macchinari e di organizzare, nel tuo salone, delle giornate "*porte aperte*" che in realtà porteranno più vantaggi a loro che a te.

Smetti, da subito, di credere che ti servano nuovi corsi, macchinari, prodotti, trattamenti, volantini, tessere fedeltà o arredamenti a cambiare le sorti del tuo salone, e inizia a ragionare in modo del tutto differente.

Se oggi il tuo salone stenta è perché il mercato non ti riconosce come un elemento forte e riconoscibile nel settore dei saloni di acconciature. E quando parlo di mercato non mi riferisco all'Italia ma al tuo quartiere.

E' lì che devi agire, è li che devi farti conoscere.

La svolta per il tuo salone avverrà quando capirai di dover iniziare a comunicare con l'esterno, con i tuoi clienti potenziali, quelli attuali e quelli che ormai non lo sono più, spiegando loro la tua specializzazione, raccogliendo i loro dati, proponendo in modo adeguato trattamenti e prodotti di mantenimento.

Tutto questo però non è indolore, e questo è il motivo per cui, inconsciamente, sei portato a sperare che io mi stia sbagliando e che davvero ti basterà azzeccare l'acquisto del macchinario giusto per svoltare.

No, ciò che ti serve per ottenere il successo che meriti è faticoso e impegnativo.

- Devi studiare, perché le cose che insegno non si possono apprendere in un paio d'ore;

- devi avere il coraggio di cambiare, perché se continuerai a fare le cose di sempre otterrai i risultati di sempre;

- devi rischiare, perché dovrai rinunciare all'idea di fare tutto per tutti e, viceversa, specializzarti e differenziarti dalla concorrenza;

- devi progredire e crescere, perché solo se riuscirai a delegare parte del lavoro sulla testa dei clienti alle tue collaboratrici allora potrai coordinare il tuo salone come fanno le titolari dei negozi di maggior successo;

- devi iniziare a ragionare da imprenditore e non più da parrucchiere o parrucchiera.

Tutte queste cose non hanno nulla a che fare con quel che ti raccontano i fornitori ogni volta che vengono a farti visita...

Non ti servono nuovi corsi, ti servono delle strategie di marketing!

Estremamente collegato al discorso appena sviluppato, è quello relativo ai corsi.

Così come non ti serve alcun nuovo macchinario per risollevare le sorti del tuo salone, allo stesso modo non hai bisogno di frequentare alcun nuovo corso tecnico.

I servizi, i trattamenti e le attività che svolgi nel tuo salone vanno già benissimo o, comunque, non è questo il momento per pensare ad innovazioni "tecniche".

Quel che oggi ti serve è altro e nessun corso tecnico te lo può fornire.

In futuro, quando avrai applicato almeno una parte delle strategie di cui ti parlo in questo libro, potrai, anzi, dovrai investire nuovamente del denaro in corsi per nuovi servizi o trattamenti, ma non dovrai frequentarli tu, in prima persona.

Ci manderai i tuoi collaboratori perché tu, nel frattempo, avrai ben altre cose di cui occuparti, cose per le quali non puoi essere sostituito da nessuno.

Ci sono, invece, dei corsi che puoi e devi frequentare e sono quelli relativi alla tua formazione per poter applicare le strategie di marketing necessarie allo svolgimento e allo sviluppo della tua attività.

Nessun nuovo corso porterà benefici al tuo centro mentre un libro, un ebook, un corso di marketing potranno far decollare la tua attività!

Avendo acquistato questo libro hai già compiuto un passo importante, poiché hai dimostrato di voler davvero risollevare le sorti del tuo salone. Ovviamente averlo comprato non basta (ti stupiresti se sapessi quante persone pensano che basti acquistare un libro, magari senza neanche leggerlo tutto, per avere grandi cambiamenti); ora devi leggerlo con attenzione, poi leggerlo un'altra volta, poi iniziare a mettere in pratica le strategie che vi sono contenute.

Alcune di queste, come vedrai, hanno a che fare con il marketing.

Il marketing è fatto di strategie che puoi mettere in pratica a costo zero, soltanto facendo lavorare il cervello e dando libero sfogo alla tua fantasia e di altre che, invece, devi imparare da zero e impegnartici per qualche tempo.

Le strategie di vendita di prodotti e trattamenti le puoi sviluppare anche senza studiare altri libri o corsi, così come la messa in pratica delle public relations e delle partnership con aziende affini.

Ma le strategie più importanti, quelle per l'acquisizione di nuovi clienti e per la loro fidelizzazione, richiedono dello studio.

Nel corso di questo manuale ti consiglierò alcune risorse indispensabili per imparare a utilizzare quella parte di marketing che ti serve davvero per fare crescere il tuo salone di acconciature.

Ti risparmierò i corsi dal vivo (che sono impegnativi e molto costosi) e anche i libri tutta teoria e poca pratica. Tu non devi diventare un esperto di marketing, devi solo imparare a fare alcune cose.

Molte di queste te le insegnerò io personalmente in questo libro, altre le potrai apprendere con risorse esterne e, se vorrai fidarti, potrai andare a colpo sicuro scegliendo quelle che ho selezionato per te.

In questo modo ti risparmierai fregature e perdite di tempo perché non c'è niente di peggio che acquistare prodotti di formazione, o frequentare costosi corsi dal vivo o online, che non mantengono le promesse. E ce ne sono tanti, te l'assicuro!

Però voglio che entri nell'ordine di idee che non sarà un evento a trasformare il tuo salone in un salone di acconciature di successo, ma sarà un **processo**. Non basterà, come magari hai sempre pensato, frequentare un corso, acquistare un macchinario, o rifare il sito web, a cambiare davvero le cose.

Ma se ti impegnerai nel processo di trasformazione del tuo modo di intendere la professione, allora ti garantisco che i risultati arriveranno.

Non sarà facile, perché dovrai cambiare modo di pensare e di agire e perché dovrai imparare ad usare con professionalità il computer, il tablet, Facebook, le email, il blog, anche se, fino ad ora, hai sempre pensato di poterne fare a meno.

Però davvero ti basterà poco tempo e poche risorse investite per vedere i primi, incoraggianti, risultati.

Quindi, inizia a rifiutare le proposte di nuovi corsi che provengono dai tuoi fornitori e a rimandare qualunque investimento pubblicitario come, ad esempio, il rifacimento del tuo sito internet; rimanda tutto fino a quando non avrai terminato la lettura, e magari la ri-lettura, di questo libro.

Riconosci il tuo target

Per poter risolvere i problemi della tua clientela devi innanzitutto conoscerla e riconoscerla.

Sembra una banalità ma non lo è affatto.

Il più grosso errore che commettono i titolari di saloni di acconciature è quello di pensare di rivolgersi a tutti. I loro clienti, cioè, sono sia donne che uomini, giovani e anziani, ricchi e poveri.

Se anche è vero che la tua clientela è ampia e diversificata, tu devi avere piena conoscenza di come essa è formata.

Vedrai che, studiandola in modo attento, imparerai a conoscerne e riconoscerne le caratteristiche tipiche, i pregi, i difetti, gli interessi, le capacità di spesa, i gusti eccetera.

Soprattutto, dovrai imparare a selezionare quelli che sono i tuoi **clienti target**.

I clienti target sono quelle persone che tu maggiormente ami e che contribuiscono a far funzionare il tuo salone di acconciature, garantendoti i maggiori guadagni.

I clienti target sono quelli che fanno i servizi base ma anche i trattamenti. Che comprano i prodotti che consigli loro e che sono talmente contenti di come li tratti da consigliarti ad amici e colleghi.

Dovrai imparare a riconoscerli, a coltivarli, a coccolarli, in modo che loro siano a lungo *"felici e spendenti"*.

E dovrai scoprire quali sono i passaggi che li hanno portati a diventare tuoi clienti target dopo aver a lungo fatto ricorso solo ai servizi base.

Quando lo capirai, non dovrai fare altro che trasformare altri clienti comuni in clienti target.

Questo non significa, ovviamente, che dovrai pensare solamente a loro.

Infatti, il cliente target non è solo quello con maggiore capacità di spesa, anzi! Ci sono donne che magari rinunciano a viaggi, auto e vestiti ma non alla cura dei loro capelli! E uomini che piuttosto acquistano una giacca in meno ma che vogliono avere sempre capelli, e barba, in ordine.

E, tu mi insegni, non è assolutamente vero che i clienti "ricchi" sono quelli che accettano senza battere ciglio le tue proposte di effettuare trattamenti molto costosi. Anzi, spesso sono i più diffidenti, quelli che richiedono maggiori informazioni tecniche e quelli che ti devi conquistare con maggiore fatica.

Ma, una volta che avrai scardinato le loro resistenze, allora il tuo compito sarà più facile.

Per esperienza so che anche i clienti più benestanti ricorrono alle promozioni e alle offerte. Spesso usufruiscono di una promozione riservata ai nuovi clienti proprio perché vogliono mettere alla prova il tuo modo di lavorare.

I clienti target sono quelli che spendono con maggiore entusiasmo ma solo in presenza di determinate condizioni. Vogliono essere coccolati e viziati, vogliono che siano loro riservate delle prove dei nuovi trattamenti a costo zero o aderire a promozioni esclusive.

Non pensare mai che i tuoi clienti "migliori" sono quelli da spremere il più possibile, perché corri il serio rischio di perderli per sempre!

I tuoi clienti target dovranno sentirsi parte di un circolo privilegiato ed esclusivo. Vogliono conoscere le tue offerte prima degli altri e vogliono provare i servizi prima di pagare per il trattamento completo.

Sono quelli ai quali regalare i campioncini e prodotti omaggio e con cui provare le strategie del tipo "porta un'amica".

Nel modo di fare impresa tipicamente italiano questo concetto non è quasi mai applicato mentre esso rappresenta un modo quantomai efficace di ottenere risultati davvero rilevanti.

Il cliente target non va trattato come gli altri. Deve sentirsi migliore. Un privilegiato.

Come detto nel titolo di questo paragrafo devi però imparare a conoscere alla perfezione le caratteristiche dei tuoi clienti target.

- Che età hanno?
- Che gusti hanno?
- Cosa gli piace? Cosa non gli piace?
- Come amano sentirsi trattati?
- Quali sono le strategie più efficaci per convincerli a comprare?

Con il tempo imparerai a riconoscere queste caratteristiche e a coltivare i tuoi clienti target nel modo migliore, così come imparerai a convincere sempre più persone "non target" ad entrare nel circolo esclusivo dei tuoi clienti VIP.

Non esagero affatto quando ti dico che questo è un concetto fondamentale da comprendere:

non ti servono 1000 clienti normali ma te ne possono bastare 100 in target per ottenere dei risultati fenomenali.

Certo, dovrai attirare i nuovi clienti con i servizi base ma poi dovrai concentrarti sul riconoscimento delle potenziali clienti target e riuscire a far loro effettuare il passaggio da un livello all'altro.

Lavorare con i clienti target, oltre a garantirti guadagni superiori, ti consente anche di lavorare meglio, in modo più tranquillo, efficace e sereno, organizzato.

Chi lavora solo con i servizi base sperimenta la classica situazione dell'imprenditore che, in realtà, è solo dipendente della sua stessa impresa, ossia lavorare tanto e male e guadagnare poco.

2: Da parrucchiere a imprenditore

Il grande dramma del mondo imprenditoriale italiano è quello di considerarsi, fondamentalmente, delle persone che svolgono un lavoro. Il che, nel tuo caso, si traduce in *"fare il parrucchiere"* o la parrucchiera.

Purtroppo, o per fortuna, essere titolari di un salone di acconciature ha poco a che fare con l'essere un parrucchiere. Una parrucchiera è la tua collaboratrice, è una persona alle dipendenze di un salone di acconciature, regolarmente assunta, che si occupa in modo professionale ed esclusivo di svolgere manualmente i servizi richiesti dai clienti.

A me sembra incredibile, nel 2017, dover ancora ripetere questi concetti, eppure mi rendo conto che, nella maggioranza dei casi, i titolari di saloni di acconciature continuano a ritenersi dei semplici parrucchieri. E, purtroppo, i risultati che ottengono non fanno che confermare questo loro limite.

Perché sì, si tratta di un grande limite quello di definirsi solo un parrucchiere. Il pensare di doversi occupare soprattutto dei servizi da svolgere con i clienti e di vedere solo come mali necessari tutti gli altri aspetti del lavoro di imprenditrice nel settore delle acconciature.

La gestione finanziaria, quella amministrativa, la selezione e il coordinamento delle collaboratrici, i rapporti con fornitori e banche, le strategie di marketing... questi non sono aspetti secondari del tuo lavoro ma rappresentano, invece, i pilastri fondamentali che devi sapere sviluppare e ottimizzare al fine di portare al successo il tuo salone.

Il prodotto, che nel tuo caso è l'insieme di tutti i servizi che proponi ai tuoi clienti, è fondamentale, ma è solo una parte della tua professione. Peraltro, è la parte più delegabile dal punto di vista dell'applicazione pratica!

Certo, la scelta del tipo di servizi da proporre, i relativi prezzi, le procedure, i prodotti da utilizzare, le tecniche di realizzazione, la cura del cliente e la comunicazione con esso, i corsi di aggiornamento... sono tutte cose fondamentali e non trascurabili.

Nessun salone di acconciature avrà mai successo se non è guidato da una titolare, o un titolare, che sappia come fare in modo che i servizi che vengono proposti ai clienti siano realizzati nella maniera più professionale possibile.

Ma il compito della titolare non è quello di mettersi, in prima persona, a realizzare i servizi con le proprie mani! Il suo compito è fare in modo che tutto funzioni alla perfezione.

Che male c'è, mi starai chiedendo, nello svolgere in prima persona i trattamenti?

Nessun male, solo che, svolgendo i servizi, pulendo, rispondendo al telefono, andando in banca e dal commercialista, controllando e coordinando il lavoro delle collaboratrici e cercando anche di piazzare qualche prodotto o trattamento... la titolare rischia di impazzire, lavora come un mulo e... il suo centro comunque non potrà MAI svoltare!

E non potrà farlo per due, fondamentali, motivi:

1. Perché fare tutto da solo significa non fare tutto nel migliore dei modi;

2. Perché non avrà il tempo necessario per prestare attenzione agli altri aspetti fondamentali del proprio lavoro.

Un titolare che deve interrompere un trattamento per rispondere al telefono farà un danno alla propria attività in ogni caso: se andrà a rispondere al telefono infastidirà il cliente; se non ci andrà, perderà un possibile nuovo cliente o un nuovo appuntamento (perché, non ti illudere, non sei così bravo e insostituibile da riuscire a non infastidire chi chiama per prendere un appuntamento e non trova nessuno o, peggio ancora, ascolta il messaggio di una segreteria telefonica).

Allo stesso tempo, se oltre a svolgere il servizio dovrai poi preparare la postazione per l'appuntamento successivo, rispondere ad un'email, telefonare al fornitore, richiamare il commercialista, fare accomodare la cliente successiva e chissà cos'altro ancora, non avrai il tempo necessario per applicare il metodo che insegno in questo libro (e che vedremo in seguito), che prevede la vendita di prodotti di mantenimento e trattamenti in più appuntamenti.

E non poter vendere prodotti e trattamenti significa doversi limitare ai servizi di base, quelli sui quali hai minori margini di guadagno.

Ho parlato con decine di parrucchieri titolari di saloni che, quando spiegavo loro il metodo per vendere trattamenti e prodotti mi dicevano: ma io non ho tempo per farlo!

La stessa risposta l'ho ricevuta quando ho provato a convincere molti di loro riguardo agli altri aspetti fondamentali per fare prosperare il proprio business, quelli che riguardano la gestione finanziaria e amministrativa dell'attività, lo studio dei sistemi di acquisizione clienti e di quelli per la fidelizzazione degli stessi.

Certo, è ovvio che non hai tempo, se devi occuparti in prima persona dello svolgimento di quei lavori manuali che, in realtà, potrebbero svolgere in modo adeguato delle persone alle tue dipendenze!

Ricorda: di bravi parrucchieri e brave parrucchiere è pieno il mondo (e se una non lo è... o lo diventa, oppure cambia lavoro...) mentre di titolari di Saloni di Acconciature di Successo ce ne sono ben pochi.

E la cosa che può sembrare assurda è che, in realtà, i saloni di maggior successo non sono affatto quelli che sono su piazza da più tempo o che possono godere di maggiori capitali per permettersi un negozio più grande in una via di passaggio.

> I saloni di maggior successo sono, semplicemente, quelli organizzati come delle imprese e non come dei "negozi" e nei quali i titolari non sono dei parrucchieri ma degli imprenditori nel settore della cura della bellezza.

Sembra tutto troppo facile? Pensi che io siccome non sono una parrucchiera allora non ho la competenza per insegnarti come si gestisce un salone di acconciature?

Può essere. In effetti, io non ho un salone di acconciature e non sono una parrucchiera. Però credo che, alla fin fine, ciò che conta sono i risultati e i risultati sono i seguenti: io sono una consulente di successo, ho scritto libri e realizzato corsi che vanno alla grande (e ogni giorno ricevo email e messaggi di estetiste ed hair stylist che mi ringraziano per quel che ho fatto per loro), tu, forse, non stai avendo abbastanza successo nel tuo lavoro.

Non voglio apparire arrogante e insensibile, però non sopporto chi accampa sempre scuse. Certo, c'è la crisi, c'è la concorrenza, c'è la burocrazia, ci sono le tasse, le clienti sono str...e e tutto quel che vuoi, però se ci sono, anche nella tua città, nel tuo quartiere, dei saloni di acconciature che, a differenza del tuo, vanno alla grande, allora significa che il problema non sono io con la mia arroganza né la crisi e tutto il resto. Il problema sei tu.

Ora, se vuoi, puoi anche chiudere il libro e scrivermi un'email di insulti.

Oppure continuare a leggere e cercare di capire cosa scrivo.

Perché anche tu puoi portare al successo il tuo salone di acconciature ma solo se lo vorrai veramente e se sarai disposto a cambiare.

Perché è il cambiamento la base di ogni successo.

Anni fa, quando iniziai la mia carriera di esperta di marketing, ho attraversato momenti molto difficili. Lavoricchiavo, ma non come desideravo. E, soprattutto, non riuscivo a farmi un nome.

E me la prendevo con la concorrenza, con la crisi, con internet e, talvolta, anche con il governo e col fidanzato. Ma non ero disposta a cambiare, non ne vedevo la necessità! Io ero già brava. Io avevo già studiato. Io ottenevo già la soddisfazione dei miei clienti. Io lavoravo già con impegno e andavo già ai vari corsi di aggiornamento. Ma allora, perché non avevo successo?

Poi, un bel giorno, lessi un articolo su un blog americano di marketing e mi si aprì un mondo. Finalmente compresi dov'era il problema. Il problema era nel mio **voler essere per tutti.** Il mio non essere specializzata in nessun vero campo. Solo una volta diventata esperta in un settore ne sarei potuta diventare un'autorità.

Fu un cambiamento di prospettiva e non fu indolore. Dovetti rimettermi in gioco. Dovetti accettare di lavorare per mesi senza guadagnare perché dovevo lavorare su me stessa, sulla mia credibilità come esperta in un settore e dovevo, appunto, lavorare con quanti più possibili clienti nel settore che avevo scelto in modo da farmi un nome e per conoscere tutti i problemi che i miei clienti avevano e come poterli risolvere.

Accettai di lavorare gratis per molti centri estetici e saloni di acconciature e solo quando sono riuscita a conoscere alla perfezione quel mondo e a portare risultati importanti ai miei clienti ho ripreso a guadagnare.

Mi sono messa in gioco, ho accettato la sfida e, per ora, l'ho vinta.

Se tu pensi di non avere nulla da imparare, se pensi che non ti serva a nulla scoprire come altri tuoi "colleghi" hanno portato al successo il loro salone, se, infine, credi che il tuo lavoro sia quello di fare il parrucchiere, mi spieghi come speri di cambiare le cose? Come speri di cambiare il tuo destino?

Le cose, mettitelo bene in testa, non cambieranno DA SOLE. Non finirà mai la crisi. Non chiuderanno mai tutti i tuoi concorrenti. I clienti non torneranno mai più a spendere soldi che non hanno oppure a spenderli sempre e solo da te perché sei più bravo.

Se accetti la sfida, io sono pronta ad aiutarti.

Ma devi impegnarti in modo costante ed essere disposta a cambiare. Perché a cambiare deve essere la definizione di quello che è il tuo lavoro: non dovrai più vederti come un parrucchiere ma come un'imprenditrice nel settore della cura per la persona.

Sei pronto al cambiamento?

Di cosa ti devi davvero occupare

Giunti a questo punto, dovresti avere compreso il fatto che tu debba cambiare il modo che hai di concepire la tua professione. Non sei (più), un parrucchiere, ma sei, o devi diventare, un imprenditore nel settore della bellezza.

Ma, nella sostanza, di cosa ti devi occupare? Che cosa devi fare, di diverso, da quel che hai fatto finora?

Vediamo, nel dettaglio, quali sono gli aspetti di cui devi imparare ad occuparti. Possiamo sintetizzarli in questi punti:

1. La gestione finanziaria del tuo centro;
2. la gestione amministrativa;
3. il marketing e le vendite.

La **gestione finanziaria** del tuo centro è davvero importante, poiché essa non riguarda, soltanto, tasse e adempimenti fiscali, ma quell'insieme di decisioni strategiche che riguardano ogni aspetto del tuo centro, dai prezzi dei servizi al budget da destinare al marketing e alle promozioni, dalla gestione della liquidità alle retribuzioni da assegnare ai tuoi dipendenti.

Mettiti in testa una cosa molto importante: dovrai essere TU a prendere le decisioni più adeguate che riguardano la gestione finanziaria del tuo salone di acconciature.

Certo, potrai avvalerti della consulenza di commercialisti e consulenti, ma in ultima istanza ogni decisione davvero importante che riguarda la tua attività spetta a te.

A te, e non a tuo marito, a tua moglie o a tuo padre.

Di che si occupa tuo marito? Di che si occupa tuo padre? Sono degli imprenditori? Sono imprenditori nel settore della cura della persona? Se non lo sono, tu ascolta pure i loro consigli (o le loro intromissioni), ma poi decidi con la tua testa.

Non sai quante volte mi sono scontrata con titolari di saloni che mi dicevano: *"eh, non posso fare questa cosa perché mio marito mi ha detto che non funzionerà"*. E, alla mia domanda: *"e di cosa si occupa, tuo marito?"*, ho ricevuto risposte del tipo: *"fa il postino, l'idraulico, il pompiere"*…

Ognuno faccia il proprio lavoro. So che non è facile, però non puoi accettare che sia tuo marito, o tua moglie, che nella vita fa tutt'altro che l'imprenditore nel tuo settore, a decidere su quali servizi puntare, quali prodotti acquistare, che strategie di marketing mettere in pratica eccetera eccetera.

Queste decisioni spettano solo a te, d'accordo?

L'unica cosa che dovrai fare è capire che, se le cose non dovessero andare per il meglio, ti troverai costretta ad ascoltare i loro: *te l'avevo detto, era meglio se continuavi a fare pieghe e permanenti alle vecchiette*...

Ma sono stra-sicura che se ti metterai d'impegno e se seguirai le strategie che insegno e che spiego in questo libro, potrai goderti la tua rivincita nei confronti di tutti coloro i quali non hanno mai davvero creduto in te.

Dipende tutto da te ed è ora che ne prendi atto.

Come ti ho detto in precedenza, devi smettere di dare la colpa ai fattori esterni. Se le cose andranno male per il tuo centro sarà colpa tua così come, se invece dovessero finalmente andare bene, il merito sarà tutto tuo. Ma dipende esclusivamente da te.

Entriamo, finalmente, nei dettagli ed iniziamo ad affrontare i vari aspetti che riguardano la gestione finanziaria del tuo centro.

La scelta del commercialista

Come hai scelto il tuo commercialista?

Lasciami indovinare: hai scelto lo stesso di tuo cugino, che ha una panetteria. Oppure te l'ha scelto tuo marito, perché è il fratello di un collega e costa poco. Oppure, hai chiesto a una tua amica che ha il marito idraulico e hai scelto il suo stesso commercialista.

Sono andata tanto lontana dalla realtà?

Non voglio offendere le tue capacità e neanche farti pensare che io credo che tu sia succube delle persone che ti stanno attorno. Dico solo, per esperienza, che il commercialista, in Italia, si sceglie così, indipendentemente dal fatto che tu sia uomo o donna.

Si pensa soltanto a scegliere quello che costa meno oppure ci si affida al cognato del cugino o a chi ci viene segnalato da una persona di conoscenza.

Si tratta di un grave errore perché il commercialista non è soltanto la persona che si occupa di chiamarti quando ci sono da pagare le imposte e da consegnare le fatture e i corrispettivi del trimestre.

> In un'attività che funziona bene, il commercialista è un partner molto importante nel proprio business.

Il commercialista è quel professionista che sa consigliarti le scelte finanziarie da effettuare, che ti invia periodici rendiconti e bilancini prima di chiudere i conti in modo definitivo, facendo sì che tu possa, ad esempio, aumentare o ridurre le scorte di magazzino oppure anticipare, o posticipare, la spesa per un nuovo macchinario o per delle strategie di marketing impegnative, a seconda di quella che è la situazione contabile della tua attività!

Quando è stata l'ultima volta che il tuo commercialista ti ha chiamato per parlare della tua situazione contabile? Ti ha mai suggerito di anticipare un investimento? O di posticiparlo poiché si ricordava che gliene avevi parlato?

Ti parlo, purtroppo, con cognizione di causa, perché anche il mio prima commercialista era di quelli che sentivi 4 volte l'anno e solo per sollecitarti la consegna delle fatture del trimestre e, la quinta, per parlarti del bilancio di fine anno e sollecitarti il pagamento della parcella...

Poi, quando mi sono trovata a pagare uno sproposito a causa dell'incremento di fatturato della mia attività da un anno all'altro, e senza aver mai ricevuto un avvertimento o la richiesta di un incontro per valutare eventuali provvedimenti prima che fosse troppo tardi, allora ho capito che dovevo rivolgermi altrove.

La mia attuale commercialista è una vera e propria partner del mio business. Ogni volta che ho un dubbio, la chiamo e lei mi dà una risposta. Quando voglio fare qualcosa di nuovo, le chiedo come mi devo comportare, se devo cambiare l'oggetto sociale, se devo chiedere dei permessi, quale regime di IVA utilizzare e qualunque altra cosa, trovando una puntuale risposta.

Inoltre, i suoi bilancini inviati nei momenti cruciali dell'anno mi sono molto utili per capire, ad esempio, se è il caso di anticipare delle spese in materiale, in pubblicità, in nuovi computer o accessori, a seconda della mia situazione.

L'importanza del conto economico

Se non hai frequentato specifici corsi di amministrazione aziendale, probabilmente non sai come leggere in modo adeguato un bilancio.

Per quanto mi riguarda, la vera svolta alla gestione finanziaria della mia attività è arrivata nel momento in cui ho imparato a leggere e interpretare i numeri che il commercialista mi inviava periodicamente.

Credo sarebbe molto utile anche a te imparare perlomeno i concetti basilari della gestione finanziaria di un'azienda.

Qui però partiamo dal presupposto che tu ne sappia poco o nulla e, pertanto, cercherò di spiegarti solo i principi più importanti e, soprattutto, più concreti, che ti servono da subito per migliorare la gestione della tua attività.

Ma, oltre a pagare meno tasse nei momenti di maggior liquidità e utile, anticipando magari degli investimenti o delle spese utili all'attività (ristrutturazioni, acquisto materiali, marketing), a cosa serve imparare a leggere il bilancio, e, ancor di più, il conto economico?

Come vedremo in seguito, questi numeri sono importantissimi per stabilire sia i prezzi dei tuoi servizi che il budget che dovrai destinare al marketing. Non solo, conoscendo alla perfezione il tuo guadagno marginale per ogni servizio e per ogni ora di lavoro, potrai decidere fin dove potrai spingerti nelle promozioni da diffondere attraverso le strategie di marketing che ti insegno in questo libro.

Come fai, infatti, a stabilire quale sia la giusta cifra a cui puoi proporre la promozione di un servizio base come, ad esempio, un colore? Immagino tu sia andato sempre un po' ad occhio, proponendo uno sconto del 30% tanto per incentivare i clienti ad aderire. Ma questa cifra è stata stabilita senza alcuna logica e questo può crearti dei problemi.

Ma procediamo con ordine.

Quando ero ragazza e ancora studente, non capivo come mai i miei genitori, titolari di una piccola attività, andassero in crisi totale, con tanto di scenate di disperazione e imprecazioni correlate, ogni volta che arrivava la fattura di un fornitore o quando si doveva pagare l'IVA.

Pensavo, tra me e me: certo, lavorare per conto proprio deve essere bello, perché non si hanno padroni, ma non mi sembra sia una gran cosa dal momento che, più volte durante l'anno, si deve andare in crisi a causa dei pagamenti da effettuare.

Poi, crescendo, iniziavo a fare domande e a cercare di capire. Se è vero che il momento del pagamento delle imposte non è mai bello e non può esserlo per principio, è pur vero che le cifre da corrispondere ai fornitori sono piuttosto prevedibili.

Se acquisto materiale per 1000 euro, significa che, da questo, ne ricaverò, detto molto alla buona, almeno 3000. So che di quei 3000 euro, un terzo non mi appartengono, perché mi serviranno per pagare il materiale senza il quale non potrei lavorare. Perché, dunque, andare in crisi quando è il momento di pagare quanto dovuto?

Ancor più scioccante, per me, fu la comprensione dell'IVA. Se quando faccio pagare una cliente, incasso una percentuale in più (oggi il 22%) che dovrò restituire allo Stato al termine del trimestre fiscale, perché la cosa dovrebbe crearmi dei problemi?

Non lo capivo.

L'ho capito però soltanto quando ho cominciato a lavorare a stretto contatto con i titolari di centri estetici e saloni di acconciature.

Molti di loro vivono la stessa situazione dei miei genitori: vanno in crisi ogni qualvolta è il momento di pagare le imposte, l'IVA, i fornitori e i contributi per i dipendenti e per loro stessi.

E perché accade questo?

Per un motivo molto semplice: questi titolari di imprese non hanno una gestione oculata delle loro risorse finanziarie.

Prendono ciò che incassano e lo utilizzano come flusso di cassa anche extra-attività, commettendo un errore madornale.

Quello che entra nelle casse dell'attività deve restare nella disponibilità dell'attività stessa!

Questo significa che se questo mese incassi 6000 euro, non puoi permetterti di fare un viaggio extra, di acquistare un vestito nuovo o di usare parte di quei soldi per pagare la rata del mutuo!

Ti starai chiedendo: ma allora, che lavoro a fare?

Semplice, lavori per portare al successo la tua attività!

Certo che puoi usare i proventi del tuo lavoro per contribuire al bilancio familiare e pagare i tuoi sfizi, ma questo deve avvenire in modo diverso rispetto a come hai fatto finora.

Non puoi ragionare giorno per giorno, non sei un dipendente, sei un imprenditore! Hai delle responsabilità nei confronti della tua attività, dei tuoi dipendenti, dei tuoi fornitori, oltre che, anche se faremmo tutti volentieri a meno, dello Stato.

Devi ragionare in modo differente, con oculatezza e programmazione.

Assegnati uno stipendio!

Quanto ti è necessario per vivere? Quanto ti serve per contribuire al bilancio familiare? E per pagarti i tuoi sfizi personali? 1.000 euro? 1.200 euro? Bene, fissa una cifra e, da ora in poi, questa rappresenterà il tuo **stipendio**!

Ogni mese dovrai effettuare un bonifico dal conto corrente della tua attività a quello personale. Immagino, e spero, sia inutile spiegarti che devi avere due conti correnti separati tra quello aziendale e quello personale, vero?

Non dovrai MAI sgarrare, a meno che non accada che, in un determinato mese, proprio non potrai pagarti lo stipendio pieno e ti toccherà fare un sacrificio.

Ma togliti dalla testa che puoi avere a disposizione per te tutto quel che incassi.

> Il denaro che hai nel conto della ditta NON ti appartiene, appartiene alla tua impresa!

So che probabilmente non è un concetto che ti piace prendere in considerazione, ma sappi che questo rappresenta il primo passo verso un'organizzazione aziendale seria.

Se proprio ancora non l'hai capito, questo non significa che dovrai lavorare come dipendente stipendiato della tua stessa attività!

Infatti, se anche percepirai uno stipendio fisso, ciò che ti renderà davvero felice accadrà quando, dopo aver iniziato a gestire il tuo salone come una vera impresa, a fine anno, una volta pagate senza alcuna ansia e fatica tutte le tasse, i contributi, gli stipendi e le spese, avrai un utile che sarà magari anche molto sostanzioso.

A quel punto, un imprenditore intelligente deciderà di lasciarne una parte a disposizione dell'impresa, magari destinando più risorse al marketing o facendo degli investimenti di altra natura e volti alla crescita ulteriore dell'attività, prendendosene però una parte per sé stesso.

Pertanto, se alla fine dell'anno, pagato tutto, avrai un utile di, supponiamo, 20.000 euro, potrai prenderne 10.000 e girarli sul tuo conto personale, lasciando gli altri nelle casse dell'impresa sia per ulteriori investimenti, sia per costituire una sorta di **fondo di sicurezza** che ti metterà al riparo da eventuali periodi poco fortunati.

Questo deve diventare il tuo obiettivo. Far funzionare un'attività significa proprio questo: creare reddito, creare occupazione e aumentare il tuo patrimonio.

Del resto, se è vero, come ti ho detto, che ciò che incassi appartiene alla tua attività e non a te stesso, è ancor più vero che l'attività appartiene a te...più la renderai solida, più la proteggerai da tasse, imprevisti e spese e più la farai crescere, più vedrai consolidare e aumentare il tuo patrimonio personale!

Abituati a ragionare in modo diverso.

Calcola i costi fissi

Prendi il tuo bilancio dell'anno passato.

Cerca di calcolare, in modo pressoché perfetto, i tuoi costi fissi e cioè:

- Le imposte relative alla tua attività (insegne, rifiuti eccetera);
- l'affitto e i costi delle utenze;
- stipendi e contribuiti tuoi e dei tuoi dipendenti;
- le probabili tasse (se l'anno attuale stai guadagnando come l'anno passato, potrai prevedere cifre simili);
- la spesa per il marketing (che ora non conosci ma che inizierai a comprendere al termine della lettura di questo libro), che deve corrispondere al 10% circa del fatturato totale;
- costi vari ed eventuali;
- costi per le forniture di materiali;
- costi per corsi di aggiornamento tuoi e dei dipendenti.

Dividi poi la somma ottenuta **per 12** e ricaverai il **costo fisso mensile** della tua attività. Se, ad esempio, il costo mensile sarà di 2.500 euro, significa che, ogni mese, per portare in utile la tua attività dovrai incassare oltre 2.500 euro.

Questo è un dato importante, perché fa sì che tu, ogni mese, saprai se hai ottenuto un utile dalla tua attività oppure no e questo prima di scoprirlo a fine anno, a bilancio chiuso, quando ormai sarà tardi per provare a cambiare il corso delle cose.

Conoscere questo dato, e avere sempre sotto controllo anche il dato parziale dell'anno in corso, significa poter, ad esempio, incrementare il budget destinato al marketing, effettuando delle promozioni finalizzate ad aumentare gli incassi e, come vedremo in seguito, anche la vendita di pacchetti di trattamenti.

Aumentare la vendita di trattamenti e prodotti rappresenta il modo migliore per incrementare gli utili della tua attività, ben più che il semplice "trovare nuovi clienti". Spesso, infatti, i nuovi clienti vengono raggiunti grazie a promozioni e servizi base che, per quanto necessari, ti portano dei margini di guadagno piuttosto risicati.

Ma un vero imprenditore sa come gestire le varie fasi dell'anno. Anzi, un vero imprenditore sa anche come gestire l'agenda giornaliera, distribuendo, nell'arco della giornata, il giusto tempo da dedicare allo svolgimento dei servizi e alle strategie finalizzate alla vendita di trattamenti e prodotti di mantenimento. Ma vedremo nel dettaglio più in là di cosa si tratta.

Un vero imprenditore sa, ed è bene chiarirlo subito, che il budget da destinare al marketing (per attività di promozione, inserzioni su Facebook Ads, articoli sul blog, materiale cartaceo per tessere fedeltà, volantini, scambio di buoni con attività contigue...) non si stabilisce con un generico: "quel che avanza..." ma, trattandosi di attività strategica, va deciso a priori.

Almeno il **10-15% di ciò che incassi** (e non di ciò che ti resta dopo aver pagato tutto il resto) **va investito nel marketing**. Il marketing è ciò che fa davvero crescere la tua attività e ciò che serve a rendere le persone che non sono tuoi clienti a diventarlo e poi a trasformarli in clienti fedeli che decidono di effettuare anche trattamenti e di acquistare prodotti.

Pertanto, non vi puoi rinunciare.

Per esperienza so che invece, purtroppo, si tende a ragionare in modo opposto, ossia: questo mese mi avanzano 200 euro, li posso "buttare" in una campagna di promozione. Al termine di quella campagna, niente più marketing fino a nuovo "avanzo" di 200 euro...

Questo non è ragionare da imprenditore, è ragionare da casalinga che va dal tabaccaio e "butta" 10 euro in gratta e vinci, nella speranza di fare il colpo che le faccia svoltare la vita.

Ti ricordo, ancora una volta, che ai fini del successo della tua attività è molto più importante investire nel marketing piuttosto che nel rifacimento dei tuoi locali o nell'arredamento degli stessi! Invece, come ho già detto in precedenza, spesso mi trovo a che fare con titolari che allibiscono dinanzi ai preventivi di spesa per attività promozionali (nell'ordine, magari, di 2 o 3 mila euro in un anno) e poi ne spendono, senza battere ciglia, 20 o 30 mila per ristrutturare il negozio...

I clienti li attiri con il marketing! Un locale più bello è sicuramente utile ed è necessario, di tanto in tanto, rinnovare gli spazi e gli arredamenti, ma non è con una ristrutturazione che cambierai le sorti della tua impresa!

Il calcolo del costo orario dei servizi

Una cosa che non puoi assolutamente permetterti di ignorare è il margine di guadagno che hai su ogni tipo di servizio. E' indispensabile che tu lo conosca, perché esso ti serve per comprendere meglio il valore di ogni singolo servizio e perché su di esso devi basare il tuo listino prezzi. E, ancor di più, solo conoscendo il margine di guadagno che hai su ogni servizio potrai decidere che tipo di promozioni fare.

Come vedremo infatti nel capitolo dedicato alle campagne marketing, puoi scegliere di guadagnarci un minimo, di andare a pari o di perderci anche qualcosa quando crei una promozione: esistono svariate strategie che hanno tutte un loro fondamento, ma è indispensabile avere la consapevolezza di quel che si sta facendo.

Con molti miei clienti, infatti, attuiamo delle strategie per l'acquisizione clienti in leggera perdita: partiamo da un servizio base che viene offerto a un costo leggermente inferiore alla cifra che serve per ripagarti le spese, con la consapevolezza però di guadagnarci poi successivamente, una volta che il cliente sarà acquisito in modo definitivo e tornerà per un secondo appuntamento e poi un terzo, ovviamente a prezzo pieno, e ancor di più con la vendita di prodotti di mantenimento e di trattamenti.

Ma, per fare questa scelta, occorre poterselo permettere. Infatti, solo i saloni già avviati e senza grandi problemi di liquidità possono permettersi di fare le promozioni in perdita.

Per gli altri titolari è comunque possibile creare delle promozioni vantaggiose per i clienti ma che consentano di ottenere un guadagno immediato, seppur contenuto.

In entrambi i casi è necessario conoscere la **marginalità di ogni servizio**.

E, per calcolarla, bisogna, come prima cosa, saper conoscere alla perfezione i **tempi di realizzazione** di ogni servizio.

Pertanto, prendi il tuo listino prezzi, crea una tabella nella quale, accanto ad ogni servizio, scriverai il tempo di realizzazione totale, che consideri anche i tempi di preparazione.

Ora occorre **calcolare il costo orario** di ogni servizio.

Tu non ci crederai, ma ci sono molti parrucchieri che lavorano in perdita per alcuni servizi... senza saperlo!

Per calcolare il costo orario devi riprendere in mano il **costo fisso mensile** della tua attività, quello che hai calcolato prima e che comprende tutti i costi fissi che devi sostenere, compreso il tuo stipendio.

Prendi la cifra relativa al costo fisso mensile e dividila per il numero di ore lavorate in un mese.

Facciamo un esempio per capirci meglio:

Costo fisso mensile: 6.000 euro.

Giorni della settimana in cui lavori: 5. Ore giornaliere: 8. Totale ore settimanali: 40 (5*8 =40). Totale ore mensili: 160 (40*4= 160).

Costo orario: 6.000/160 = 37,5 euro

Questo significa che, per essere produttivo, ossia per conferirti un "utile", il tuo salone deve renderti più di 37,50 euro all'ora.

Quel che devi ora fare è prendere il listino prezzi di ogni servizio e calcolarne la marginalità. Per fare questo calcolo, devi calcolare il tempo necessario a svolgere ogni servizio e verifica qual è il tuo costo.

Se per un colore, ad esempio, impieghi 40 minuti, il costo del servizio è di:

37,50 / 60 = 0,625 (il costo al minuto) * 40 (i minuti del servizio) = 25 euro

Pertanto, un colore a te costa 25 euro. Per guadagnarci devi farla pagare almeno 30 euro, altrimenti lavoreresti in perdita o per andare in pari.

Prova a rivedere il tuo listino sulla base di questi calcoli, potresti scoprire due cose molto interessanti:

1. che magari i prezzi dei tuoi servizi sono troppo bassi;

2. che sono piuttosto alti e, quindi, potresti praticare una politica di prezzi aggressiva per quanto riguarda i servizi base.

Qui subentrano dei ragionamenti che sono da imprenditore e non da barbiere o parrucchiera.

Il parrucchiere valuta, ad occhio, quanto far pagare ogni servizio, magari basandosi sui prezzi dei saloni concorrenti.

L'imprenditore, invece, calcola il costo di ogni orario e la sua marginalità, e poi decide se adeguarli alla concorrenza, se aumentarli per far percepire una maggiore qualità complessiva del centro o se, ancora, abbassarli ancora un po' per quanto riguarda i servizi base in modo da sottrarre clienti alla concorrenza e guadagnare poi in modo più rilevante con i trattamenti e con la vendita dei prodotti di mantenimento.

Come puoi vedere, si tratta di due modi di ragionare completamente diversi.

Ma questo calcolo deve farti comprendere un altro aspetto molto importante del tuo essere un imprenditore nel settore della bellezza.

Se, infatti, i tuoi costi sono del tutto calcolabili, puoi arrivare a calcolare anche i tuoi probabili incassi, ragionando sulla tua agenda e sul tipo di servizi che vanno per la maggiore.

Si tratta di un passaggio molto delicato e, pertanto, ti invito a concentrarti, magari facendo una pausa.

Come guadagnare davvero di più ottimizzando l'agenda

Abbiamo visto che il costo che il tuo salone deve sostenere ogni ora, ogni giorno, ogni mese e ogni anno è del tutto prevedibile. Nell'esempio precedente, abbiamo visto che ogni ora il costo che il salone in questione deve sostenere è di 37,5 euro.

Ma anche i tuoi guadagni sono del tutto calcolabili e, attraverso la comprensione del ragionamento che segue, potrai comprendere, una volta per tutte, il modo in cui devi impostare il tuo salone di acconciature per trasformarlo in un'impresa di successo.

Prendi la tua agenda relativamente al mese passato. Calcola quanti servizi hai realizzato e a che tipologia appartengono.

Come ben sai, o dovresti sapere, i servizi base hanno per te dei margini di guadagno piuttosto bassi. Se il tuo costo orario è di 37,5 euro e i servizi che vanno per la maggiore sono quelli base, i tuoi guadagni sono limitati.

Per assurdo, immagina se la tua agenda anziché essere piena di servizi base fosse ricca di appuntamenti relativi a trattamenti ad alto valore aggiunto. Immediatamente i tuoi guadagni mensili si impennerebbero vertiginosamente!

So che si tratta di un ragionamento per assurdo, poiché i servizi base sono necessari e nessun salone di acconciature può permettersi di non eseguirli.

Ma quel che voglio che tu apprenda è il fatto che se vedrai i servizi base come una tappa, un modo per attirare i clienti, farti conoscere e poi vendere anche trattamenti e vendere prodotti, i tuoi guadagni diventeranno ben più consistenti.

Per fare questo, però, non puoi fermarti a fare dei calcoli relativi al costo orario e alla marginalità dei servizi.

Devi fare un passo in avanti.

Devi comprendere che dovrai trasformare la tua agenda dall'essere zeppa di servizi base ad essere ottimizzata con l'inserimento di svariati trattamenti e con la vendita dei prodotti di mantenimento.

Per ottenere questo risultato dovrai implementare delle **strategie di marketing.** Non ti spaventare perché le affronteremo nei dettagli nel prossimo capitolo.

Ma un altro aspetto molto importate e che deve ulteriormente farti capire l'importanza di un'impostazione imprenditoriale del tuo salone di acconciature è quello relativo ai **dipendenti**.

Se, infatti, il costo orario che abbiamo preso ad esempio è di 37,5 euro, significa che se in un'ora puoi fare un solo servizio e se questo ha un costo inferiore ai 40 euro circa, allora non ha praticamente guadagnato nulla.

Ed è ancor più ovvio che se sei da sola a dover fare tutto potrai servire soltanto una persona alla volta, dovendo peraltro anche andare a rispondere al telefono, ad aprire la porta e accogliere la cliente successiva, preparare la postazione, pulire, eccetera eccetera, allora davvero incrementare i guadagni del tuo centro è un'impresa piuttosto ardua.

Quel che devi capire una volta per tutte è che se:

- sai come attirare nuovi clienti in modo da riempire l'agenda;
- sai come vendere prodotti e trattamenti che ti garantiscono maggiori margini di ricavo;

allora i guadagni potranno aumentare davvero.

E se per imparare ad attirare nuovi clienti e a vendere prodotti e trattamenti imparerai nei capitoli successivi, per poter ridurre il costo orario e aumentare immediatamente i ricavi DEVI necessariamente smettere di fare tutto da solo!

I dipendenti sono necessari, sono fondamentali per poter trasformare il tuo salone in un'impresa di successo!

Facciamo finta per un attimo che tu abbia già letto tutto il libro e abbia deciso, come purtroppo fanno tante tuoi colleghi, di imparare solo la parte che pensano sia più importante, ossia quella relativa all'acquisizione di nuovi clienti.

Come vedremo in seguito, con delle promozioni mirate e sponsorizzate su Facebook Ads potrai davvero, a costi quasi irrisori, riempire il tuo salone di acconciature nei giorni e negli orari che preferisci.

Però questo non significa che tu inizierai a guadagnare veramente.

Perché **con le promozioni ti riempirai l'agenda di servizi base**, peraltro anche senza importanti margini di guadagno. E dovrai anche prendere un numero limitato di appuntamenti, perché le ore di apertura sono quelle e di più non puoi proprio farne.

E allora, l'unico modo davvero intelligente per far crescere il tuo centro è quello di **assumere**, man mano che potrai permettertelo, **del personale**.

Se, infatti, anziché una cliente alla volta ne potrai servire due, il tuo guadagno sarà maggiore, anche perché il costo orario che dovrai sostenere sarà più facilmente sostenuto. Certo, non si tratterà più di 37,5 euro perché avrai da inserire il costo di una nuova collaboratrice, ma non sarà di certo decisamente più alto.

Tanto per fare un esempio, se la nuova dipendente dovesse costarti, tra stipendio e contributi, 1600 euro al mese, e in un mese le ore lavorative sono 160, il costo orario passerebbe da 37,5 a 45 euro (e i miei calcoli sono molto abbondanti... nella realtà i costi sono molto più contenuti...).

Si tratta di un aumento di spesa, certo, ma che se tu sarai in grado di riempire doppiamente l'agenda, ossia di servire due clienti alla volta, allora i guadagni che otterrai ti consentiranno di incrementare decisamente i tuoi ricavi.

Pertanto, ciò che devi fare è, semplicemente, riempire il tuo salone di acconciature di nuovi clienti e di clienti fidelizzati, alternando ai servizi base sui quali hai poco margine, la vendita di prodotti e quella dei trattamenti che, invece, possono fornirti guadagni elevati.

Ma vedremo meglio queste strategie nei prossimi capitoli. Ciò che devi comprendere è che non hai alternative a questo discorso.

Quando sento titolari di saloni che sostengono di non aver bisogno di strategie di marketing finalizzate all'acquisizione clienti, alla loro fidelizzazione, e all'incremento della spesa media della clientela ma che a loro basta lavorare bene e pulite e aspettare che la crisi finisca... allora mi rendo conto di quanto la selezione naturale imposta dal mercato è destinata a colpire sempre più duro...

> Solo trasformando il tuo salone di acconciature in un'impresa vera e propria potrai sopravvivere alla crisi e prosperare raccogliendo i risultati che sognavi quando hai tirato su la serranda per la prima volta.

La scelta e la selezione dei dipendenti

Immagino sia ormai chiaro il fatto che tu non possa assolutamente pensare di portare al successo il tuo salone di acconciature facendo tutto da solo.

Questo perché non sarai mai in grado di essere davvero efficiente con i tuoi clienti poiché dovrai occuparti di troppe cose contemporaneamente, correndo il rischio di commettere errori.

Non solo: se sei costretto a servire un cliente, dare un'occhiata verso l'ingresso, accogliere la cliente successiva o aprire la porta a una possibile nuova cliente che chiede informazioni, rispondere al telefono e preparare la postazione per il servizio seguente, allora non avrai il tempo che ti serve, come vedremo in seguito, per provare a vendere i prodotti e i trattamenti speciali.

E, per concludere, se continuerai a lavorare da solo, o quasi, non potrai mai guadagnare abbastanza. I tuoi guadagni saranno limitati dal numero di ore in cui potrai guadagnare.

Io mi sorprendo sempre quando mi accorgo che un imprenditore non calcoli quale sia il guadagno massimo che può realizzare dalla sua impresa. Se i costi sono fissi e tu svolgi perlopiù servizi di base e puoi al massimo servire tot clienti in un giorno, allora quello sarà il tuo incasso massimo.

Può bastare? Ti soddisferebbe appieno? Io credo di no...

Se tu sarai capace, e seguendo con attenzione le strategie contenute in questo libro ne avrai la capacità, di riempire il tuo salone di nuovi clienti e di riuscire anche a vendere sia prodotti che trattamenti, allora il fatto che tu possa servire solo un numero limitato di clienti ogni giorno rappresenterà un enorme limite.

Se già solo avessi una collaboratrice, i costi fissi si abbasserebbero e potresti incassare di più perché anziché uno o due servizi in un'ora ne potrai realizzare il doppio. E con tre collaboratrici ancor di più.

E' impossibile arrivare a questo risultato? Fare in modo che la tua agenda non solo sia sempre piena di prenotazioni ma che lo sia anche di doppie e triple in contemporanea?

No, è possibile: ti basta riuscire a trovare nuovi clienti con le strategie di marketing che potrai iniziare ad applicare già da domani.

Ma prima di arrivare a comprendere le strategie di marketing necessarie a riempire il tuo salone di nuovi clienti (e fidelizzarli oltre che a vendere loro prodotti e trattamenti), devi imparare a **gestire e selezionare il personale**.

Si tratta di una questione molto importante.

Il problema principale della selezione del personale è quello di trovare persone preparate e motivate. Se ti è mai capitato anche solo di selezionare una collaboratrice part-time saprai sicuramente quanto sia facile commettere degli errori e trovarsi intrappolati in una situazione difficile nella quale devi pagare uno stipendio ad una persona che non ti è affatto utile.

Ora vedremo quali strategie potrai mettere in pratica per evitare di scegliere la persona sbagliata.

La prima cosa che devi fare è apprendere un concetto basilare che è il seguente:

> quando selezioni una collaboratrice, non prestare troppa attenzione alla sua preparazione tecnica quanto alla sua personalità, alla serietà, alle motivazioni che fanno parte del suo carattere.

A imparare a svolgere i servizi si fa sempre in tempo con un'adeguata formazione, ma a diventare una persona seria e affidabile no. O lo si è o non lo si è.

Esistono corsi e scuole per diventare parrucchieri, per imparare a effettuare trattamenti, ma non ne esistono per diventare delle persone ambiziose e serie.

Purtroppo l'errore che tutti i titolari di saloni commettono è quello di selezionare una persona che sia già pronta e capace in modo che possa dargli una mano da subito con la clientela, salvo poi trovarsi ad avere a che fare con un dipendente interessato al bonifico a fine mese, scortese con i clienti, indisponente con chi deve guidarla e gestirla e refrattaria a qualunque cambiamento e miglioramento.

Impara quindi a valutare la persona e non il parrucchiere o la parrucchiera.

Se la ragazza (o il ragazzo) possiede le basi, ossia se non devi proprio insegnarle anche a lavare una testa, allora puoi concentrarti sul resto, perché le tecniche manuali si possono insegnare.

Ciò che devi ricercare in una collaboratrice è la sua disponibilità in termini di organizzazione del lavoro, di orari, di spirito di apprendimento, di adattabilità ai tuoi metodi e alle tue regole.

Non si tratta di scegliere dei robot obbedienti e basta, anzi! Si tratta di scegliere persone che abbiano davvero voglia di costruire con te un'impresa vincente.

Non ti serve una persona scostante con i clienti ma una sempre gentile e disponibile, perché i clienti devono essere trattati da re.

Non ti serve una persona che guarda l'ora e all'ora esatta di fine servizio ti molla là con una cliente e se ne va, ma ti serve una persona disposta a fermarsi oltre l'orario di chiusura pur di portare a termine il proprio lavoro.

Non ti serve una dipendente interessata solo allo stipendio ma una che vuole crescere e migliorare come parrucchiera e anche come persona.

La tua collaboratrice, inoltre, deve presentarsi sempre in forma e ordinata, perché questo è ciò che pretendi da te stessa e da chiunque lavori nel tuo salone di acconciature.

Dovrai quindi imparare a comunicare in modo adeguato queste cose alle pretendenti al posto di lavoro.

Spiega loro che si tratta di un lavoro duro e impegnativo e che tu sarai un titolare disponibile e riconoscente ma anche severo e scrupoloso.

Che ci sono delle regole precise che riguardano non solo la puntualità e il comportamento nei confronti delle clienti ma anche l'esecuzione delle

procedure lavorative standardizzate che hai sviluppato nel corso del tempo.

Ma anche che saprai adeguatamente ricompensarla per il suo impegno.

Dovrai infatti spiegare, fin dalla fase del colloquio, che una parte dello stipendio sarà legata ai risultati che il tuo salone di acconciature otterrà grazie anche al contributo della persona che stai selezionando.

Ci saranno degli obiettivi in termini di fatturato, di vendita prodotti, di vendita di trattamenti che dovranno essere raggiunti in modo da far scattare dei premi che potranno far aumentare lo stipendio delle collaboratrici. Vedremo in seguito come strutturare questi incentivi.

In pratica, tu dirai che sei un titolare che chiede molto alle collaboratrici ma poi sa ricompensarle adeguatamente.

Tutto questo però resta a un livello puramente teorico e ancora non ti ho detto come puoi fare per evitare di assumere delle persone incapaci o che diventino degli ostacoli alla crescita del tuo salone di acconciature.

Sai qual è il problema principale dei giovani di oggi? E' quello di essere distratti, svogliati e poco disposti a risolvere i problemi che si parano loro davanti.

Sono abituati a studiare (poco) guardando dei video sul tablet e chattando su Snapchat o WhatsApp contemporaneamente, dimostrando di sapere fare tante cose e male.

E sono poco abituati a risolversi da soli i problemi. Sanno che i loro genitori provvederanno a risolvere ogni problema. Conosco ragazzi (a dire il vero si tratta di 25enni... io alla loro età ero già laureata e lontana 600 km da casa che mi mantenevo tra stage e lavoro di cameriera...) che non mandano neanche i curriculum alle aziende ma li fanno inviare alle loro madri.

Studenti che vengono iscritti agli esami dai padri.

Si tratta di un problema che ha radici lontane e sicuramente i genitori hanno le loro colpe. Però a noi questo non interessa poiché non facciamo sociologia ma ci occupiamo di marketing...

Dobbiamo allora trovare il modo per scartare, prima ancora di trovarcele davanti per un colloquio, tutte quelle persone che si dimostrano poco sveglie, poco incentivate e poco attente.

Come? Semplice, con un sistema molto in voga negli Stati Uniti e che da noi è praticamente ignorato.

Si tratta, molto semplicemente, di **scrivere un annuncio** di lavoro che contenga al suo interno un piccolo **esercizio** atto a verificare l'attenzione e la serietà della candidata al posto.

Può sembrare assurdo, ma il 90% delle persone che leggono un annuncio di lavoro non presta alcuna attenzione a ciò che vi è scritto.

Tu assumeresti mai una persona che è così poco motivata a trovare lavoro da non sforzarsi neanche di comprendere cosa c'è scritto in un annuncio? Io, no, perché magari la persona in questione sarà anche seria e preparata ma non potrà mai avere quelle caratteristiche che servono per darti davvero un aiuto per far crescere e prosperare il tuo salone di acconciature.

Lo sai che, per farti un esempio, ricevo ogni giorno email e massaggi sulle mie pagine Facebook o sul mio blog, di persone che chiedono di poter lavorare per me, pensando che io di mestiere faccia la parrucchiera o l'estetista? Eppure, nel mio blog come nelle mie pagine Facebook parlo esclusivamente di marketing!

E, quando lo faccio presente, le persone in questione mi chiedono: *"ma non conosci, allora, dei saloni che cercano personale?"*. E la risposta è NO, anche se magari potrei anche fare uno sforzo e chiedere, via email alle migliaia di persone che mi seguono, se hanno bisogno di collaboratori.

Ma non lo farei mai. Non segnalerei mai a delle titolari di saloni che mi seguono, di assumere delle persone che non si prendono neanche la briga di capire a chi stanno chiedendo un posto di lavoro!

Guardiamo ora, in concreto, come dobbiamo selezionare prima ancora dei colloqui, le persone che possono ambire a lavorare per noi.

Prendi il classico annuncio di lavoro da pubblicare su un portale di annunci su internet, del tipo:

"Salone di Acconciature per donne, ricerca, per la sede nella città di Roma una:

PARRUCCHIERA APPRENDISTA

La persona inserita all'interno del salone ha maturato esperienza specifica nei servizi base che si svolgono in un salone di acconciature e ha maturato una buona propensione commerciale con il cliente. Richiesta disponibilità a lavorare su turni dal lunedì al sabato. Si richiede:

- precedente esperienza nel settore (almeno 1/2 anni)

- forte motivazione ad entrare in un brand di professionisti

- disponibilità ad un contratto di apprendistato professionalizzante.

E' inoltre requisito fondamentale la capacità di lavorare in team e per obiettivi, un forte orientamento al risultato, e una spiccata propensione alla crescita professionale.

- Le candidature devono essere inoltrate corredate di Curriculum Vitae con foto.
  La retribuzione e gli eventuali incentivi saranno commisurati all'esperienza.

Contratto di lavoro: Tempo pieno"

Come puoi vedere si tratta di un annuncio ben strutturato, poiché mette in risalto le caratteristiche che si richiedono e la capacità di lavorare in team con il fine del perseguimento degli obiettivi.

Questo potrebbe essere un buon annuncio, nel caso in cui tu stia cercando una collaboratrice.

Io, però, per esperienza so che, ad un annuncio di questo tipo, risponderanno anche:

- Persone che non hanno l'esperienza di almeno 1 anno richiesta;

- persone che non possono essere inquadrate con un contratto di apprendistato;

- persone che non sono in realtà motivate a legare una parte del loro stipendio ai risultati ottenuti e al raggiungimento degli obiettivi.

Come fare, quindi, a scartare a priori le candidate che non hanno la propensione a leggere con attenzione un annuncio di lavoro, dimostrando quindi di non essere adeguate al tipo di lavoro che dovranno svolgere nel tuo centro?

Il modo molto semplice è quello di inserire un piccolo esercizio all'interno dell'annuncio.

Lo stesso annuncio di prima, infatti, diventerebbe così:

"Salone di Acconciature per donne, ricerca, per la sede nella città di Roma una:

PARRUCCHIERA APPRENDISTA

La persona inserita all'interno del salone ha maturato esperienza specifica nei servizi base che si svolgono in un salone di acconciature e ha maturato una buona propensione commerciale con il cliente. Richiesta disponibilità a lavorare su turni dal lunedì al sabato. Si richiede:

- precedente esperienza nel settore (almeno 1/2 anni)

- forte motivazione ad entrare in un brand di professionisti

- disponibilità ad un contratto di apprendistato professionalizzante.

E' inoltre requisito fondamentale la capacità di lavorare in team e per obiettivi, un forte orientamento al risultato, e una spiccata propensione alla crescita professionale.

Si prega di rispondere a questo annuncio inserendo la risponda alla domanda: In che cosa consiste la tecnica del "balayage". La candidata dovrà dare una definizione sintetica della tecnica, senza entrare troppo nei dettagli.

- Le candidature devono essere inoltrate corredate di Curriculum Vitae con foto.
  La retribuzione e gli eventuali incentivi saranno commisurati all'esperienza.

Contratto di lavoro: Tempo pieno"

In questo annuncio ho inserito questa frase: *"Si prega di rispondere a questo annuncio inserendo la risponda alla domanda: In che cosa consiste la tecnica del "balayage". La candidata dovrà dare una definizione sintetica della tecnica, senza entrare troppo nei dettagli.."*

In pratica, le candidate dovranno inserire, nella risposta all'annuncio, non solo con l'invio del curriculum e una breve presentazione ma anche la risposta alla domanda formulata. In che cosa consiste la tecnica del Balayage?

La domanda non serve davvero a verificare se la candidata ha esperienza, perché basta fare una ricerca su Google per scoprire la risposta, ma è necessaria a comprendere se esiste la dovuta attenzione a cosa viene richiesto.

Ti sembra banale? Stupido? Poco utile?

Bene, sappi che, in media, rispondono all'annuncio in modo adeguato, ossia inserendo la risposta alla domanda, soltanto il 10% delle candidate!

Questo vuol dire che, su 10 persone che risponderanno al tuo annuncio, solo una svolgerà l'esercizio richiesto!

Ti sembra poco? Ti sembra un errore squalificare così persone che magari, tecnicamente, sono molto preparate mentre quella che risponderà alla domanda sarà soltanto più sveglia e attenta?

Invece no! Il fatto di poter scartare a priori tutte le persone che non dimostrano la giusta attenzione ad un annuncio di lavoro è un grande vantaggio che devi assolutamente sfruttare.

Infatti, se davvero vuoi creare un salone di acconciature di successo hai bisogno non solo di semplici parrucchiere ma di vere e proprie collaboratrici, alle quale chiederai molto, dando ovviamente anche molto in termini di gratificazioni professionali e retributive.

Le tue dipendenti non si limiteranno a fare i servizi richiesti ma dovranno aiutarti a far crescere il tuo salone di acconciature, ad applicare alla perfezione le tecniche di vendita di prodotti e di trattamenti e ad essere disponibili ad una formazione continua, al cambiamento rapido e periodico delle tecniche di lavoro e di marketing e dando una disponibilità in termini di orari e di coinvolgimento al di fuori del comune.

Questo tipo di lavoro richiede necessariamente personale fortemente motivato.

Se una giovane parrucchiera è senza lavoro e ha voglia di mettersi alla prova, di crescere professionalmente, di ottenere finalmente una stabilità economica in modo da potersi costruire un'indipendenza economica da adulta, allora DEVE perlomeno leggere con attenzione un annuncio di lavoro!

Chiaramente, nell'annuncio inserirai l'esercizio che preferisci, l'importante è che sia del tipo che richiami una risposta specifica da parte della candidata.

Prova questa strategia, non te ne pentirai!

Ricorda una cosa molto importante:

> le persone possono imparare a diventare brave parrucchiere o parrucchieri anche partendo da basi scarse, ma non possono diventare donne, o uomini, di carattere, ambiziose e volenterose!

La tecnica si impara, il carattere o lo si ha oppure no. Cerca persone di carattere, non delle parrucchiere già brave tecnicamente.

Quando però avrai effettuato la selezione della candidata devi continuare a mantenere la guardia alta. Troppo spesso la giovane collaboratrici che al colloquio e nelle settimane di prova si è presentata:

- vestita e truccata in modo impeccabile;

- sempre sorridente e disponibile;
- propensa ad accontentare in tutto e per tutto la sua titolare;
- smaniosa di imparare;
- sempre attenta e concentrata;

dopo la fine del periodo di prova si trasforma in questo modo:

- arriva al lavoro con occhiaie e tute improbabili;
- abbacchiata e scostante;
- piena di inderogabili impegni;
- ostile ai cambiamenti;
- distratta e con un occhio sempre sul cellulare.

Si tratta di una situazione del tutto normale, purtroppo.

L'unica possibilità che hai per difenderti è quella di cautelarti con la durata del periodo di prova.

Informati presso la tua commercialista per conoscere la normativa più recente relativa alla durata massima del periodo di prova e sfruttalo appieno! Se puoi fare un periodo di prova di 1 anno, fallo di 1 anno!

Non importa se sia la collaboratrice che te stesso abbiate bisogno di stabilità e certezze, ciò che conta è che tu sia assolutamente sicuro di avere al tuo fianco una persona che ti aiuterà nella trasformazione della tua attività da semplice salone di acconciature a salone di grande successo.

Un'altra cosa che devi prevedere, anche se è spiacevole, è quella relativa al possibile licenziamento delle dipendenti. La legge italiana è chiara: il licenziamento è assolutamente possibile! Ciò a cui andrai incontro, però, è la possibilità di dover riconoscere 6 mensilità alla dipendente licenziata che si rivolga ai sindacati.

Accantona nel tuo fondo di sicurezza tale cifra, in modo che, qualora volessi liberarti di una dipendente che sia diventata un ostacolo per la crescita del tuo centro, tu possa farlo senza problemi.

Lo so, non è bello dover pagare 6 mesi di stipendio ad una dipendete licenziata: si tratta di soldi regalati a chi non se lo merita, però è molto, ma molto, peggio tenersi una dipendente non motivata e che ti crea dei danni irreparabili!

Una dipendente non incentivata, distratta, o che magari ti fa proprio la guerra a tua insaputa, ti causerà una danno atroce, perché porterà all'allontanamento delle tuoi clienti!

E questo tu non puoi proprio permettertelo.

Un altro aspetto che non puoi permetterti di ignorare è quello relativo alla modalità di ricerca del personale.

Siccome stai impostando il tuo salone di acconciature in modo che diventi un salone di successo, non puoi essere legato soltanto ad una singola collaboratrice e non puoi neanche trovarti nella condizione di dover pensare: oddio, se mando via lei, resto solo!

Non devi mai trovarti in una situazione simile e, per evitarlo, devi prendere le tue precauzioni adeguate. Di fatto, sin quando non potrai permetterti di avere più di una collaboratrice, in modo da poter sopperire al licenziamento, o alla perdita per motivazioni personali, di una di loro, allora dovrai essere sempre alla ricerca di personale.

Sì, anche se sei al completo, anche se non prevedi nuove assunzioni, devi sempre essere alla ricerca di nuovo personale.

I modi per farlo sono i seguenti:

- "spargere la voce" in giro, tra conoscenze e colleghi, di essere alla ricerca di personale;
- segnarti i contatti delle candidate che hai esaminato e che ti hanno abbastanza convinto pur senza averle poi scelte;
- lasciare attivi gli annunci nei siti di ricerca del personale.

Non si tratta di un impegno vincolante: qualora qualcuno si dovesse fare avanti, dirai che, al momento, sei al completo ma terrai in considerazione la candidatura eventuale nel caso in cui avessi bisogno.

In questo modo avresti un duplice vantaggio:

1. Non ti farai trovare impreparato nel caso in cui dovessi licenziare una tua collaboratrice;

2. Metterai sotto pressione il tuo personale che si sentirà sotto esame e a rischio licenziamento.

In particolare il secondo punto deve farti riflettere. Perché il pericolo più frequente che puoi riscontrare tra le dipendenti è quello di vederle, un po' alla volta, sedersi, sentirti troppo al sicuro e abbassare un po' il proprio livello e la propria professionalità.

Non appena percepiranno che tu sei alla ricerca di una nuova collaboratrice, inizieranno a cercare di capire quali sono le tue intenzioni.

Anche se, come vedremo a breve, devi sempre coinvolgere le tue collaboratrici nelle tue decisioni strategiche e aggiornarle sulla situazione dell'attività, in questo caso devi cercare di essere un po' evasiva, in modo che il tarlo del dubbio si installi in loro: "vorrà assumere una nuova collaboratrice o vorrà licenziare me?".

Se ci pensi è normale, per te che sei titolare di un'attività, essere sempre in tensione, sempre accorto, attento, pensieroso e non puoi permetterti distrazioni e rilassamenti; allo stesso modo, se vuoi crearti uno staff che davvero ti aiuti a portare al successo il tuo centro, allora devi escogitare svariati trucchi per far sì che anche i tuoi dipendenti vivano questo lavoro in modo simile a come lo vivi tu.

Altro aspetto molto importante relativo alla selezione del personale è quello della chiarezza iniziale: metti subito in chiaro che, nel tuo salone di acconciature

• ci sono delle regole chiare che devono essere rispettate;

- esistono delle procedure standardizzate dalle quali non ci si può distaccare;

- che lo stipendio è, in parte, legato al raggiungimento degli obiettivi;

- che periodicamente dovrà frequentare corsi di aggiornamento;

e chiarisci da subito quali sono gli orari, che se è necessario pretendi la disponibilità durante i giorni festivi o per degli straordinari, e quante ferie si hanno a disposizione e, magari, in che periodo.

Inoltre, ti consiglio di non effettuare assunzioni part-time o con contratti strani.

Tu hai bisogno di collaboratrici che ti aiutino a realizzare il tuo sogno di diventare il titolare di un salone di acconciature di successo e, per farlo, hai bisogno di professioniste che lavorino al tuo fianco. E non esistono professioniste disposte a lavorare saltuariamente, con contratti da precarie e scarsamente retribuite.

Prenditi il tempo di prova più lungo possibile, ma offri contratti full-time!

La gestione del personale: come creare lo staff vincente per il tuo salone

Dopo aver visto come si seleziona il personale è bene rendersi conto di un principio fondamentale:

in un negozio di alto livello, lavora personale di alto livello, in un negozio mal gestito, lavora personale di basso livello.

Se pensi, come fanno in tanti tuoi colleghi di poter avere personale di altissimo livello e di non pagarlo in modo adeguato, stai commettendo un grave errore strategico.

Se sei alla ricerca di un collaboratore che sia:

- giovane;

- preparato;

- simpatico;

- carino;

- curatissimo;

- disponibile negli orari e nelle mansioni;

- ambizioso ma fedele;

e pretendi di pagarlo il meno possibile, magari continuando a proporle contratti part-time (o finti part-time), mi sa che vivi un po' fuori dalla realtà.

Le persone valide vanno pagate adeguatamente.

Non solo: se non vuoi avere solo dei dipendenti passivi che non prendono iniziativa e si limitano a svolgere il compitino senza metterci alcuna passione, non devi limitarti all'aspetto economico: devi necessariamente incentivare, stimolare e motivare il tuo personale coinvolgendolo al 100% nella "*mission*" del tuo salone di acconciature.

Non puoi farcela da solo: hai troppe cose a cui pensare per poterti accontentare di collaboratrici-robot che pendono dalle tue labbra e non sono in grado di fare nulla autonomamente:

è il tuo staff che ti fa raggiungere gli obiettivi che ti sei prefissato!

Pertanto, cerca di partire subito con il piede giusto, cominciando dal tipo di rapporto che vuoi impostare con chi lavora con te.

Tu sei il titolare, gli amici sono fuori dalla porta del negozio.

Non instaurare un rapporto di amicizia con chi lavora con te. Conosco tante situazioni nelle quali ci sono titolari in grande difficoltà perché, con il tempo, sono diventati amici dei loro dipendenti.

Non devi essere distaccato e antipatico, e neanche autoritario, ma devi comunque evitare di diventare amico di chi lavora con te.

Certo, ti informerai delle vite delle persone con le quali passi così tanto tempo, parlerai di cose personali loro e magari anche tue senza però mai sconfinare nel vero e proprio rapporto di amicizia.

Lo so che non è facile, ma devi importi questo modo di operare.

Non organizzare cene a casa con lo staff. Le cene dello staff al ristorante, invece, vanno bene.

Non assumere amiche o parenti, neanche se hanno davvero bisogno. Una dipendente la puoi licenziare senza troppo coinvolgimento, un'amica, invece, la perdi mentre una parente... meglio non pensarci neanche!

Non andare a comunioni, battesimi o matrimoni delle tue collaboratrici. Trova il modo di rifiutare con garbo.

Non andare a pranzo con il personale, resta un po' sulle tue. Invece, accetta sempre e, anzi, invita tu per prima le tue dipendenti al bar per colazione o per una pausa caffè.

Certo, quando ti troverai nella spiacevole circostanza di dover licenziare una tua dipendente non riuscirai mai a rimanere freddo e a fregartene del fatto che, magari, quella ragazza ha dei problemi familiari o economici anche gravi, però... dovrai comunque pensare al bene del tuo negozio!

Non si tratta di essere insensibili né troppo cinici ma si tratta, invece, di desiderare il bene della tua attività. Davvero, ci sono tantissime titolari prigionieri dei loro sentimenti!

Fissa gli obiettivi, incentiva il tuo staff!

Per poter davvero avere a tua disposizione personale sempre motivato e incentivato a dare il 100% non puoi limitarti ad assegnare compiti e a pagare lo stipendio con puntualità.

Ciò che devi fare è **fissare degli obiettivi di fatturato legato a singoli servizi**, promozioni, trattamenti promettendo dei riconoscimenti in termini di maggiori guadagni per tutto lo staff in caso di raggiungimento degli stessi.

Se introduci un nuovo trattamento che vuoi spingere il più possibile, allora dovrai fissare un obiettivo in termini di fatturato legato a quel singolo trattamento e promettere un premio, in denaro, a tutto lo staff.

Oppure, potrai creare dei premi singoli da assegnare a chi, tra il tuo personale, otterrà migliori risultati rispetto alle altre colleghe, introducendo un po' di sana competizione all'interno dello staff.

In questo caso, occhio solo a verificare come viene vissuta la competizione tra le tue dipendenti: se percepisci un clima teso, delle ripicche, delle incomprensioni, allora poni fine a questo tipo di incentivi e concentrati, piuttosto, su quelli di gruppo.

Quando il tuo salone funzionerà alla perfezione allora potrai anche spingerti oltre e promettere dei premi sulla base degli incrementi di fatturato complessivi. Se, ad esempio, alla fine dell'anno il fatturato si sarà incrementato del 20%, allora, ad ogni dipendente, spetterà un premio di tot euro.

Per far sì che si crei un clima positivo all'interno del tuo staff devi condividere molti aspetti relativi all'andamento della tua azienda.

Non trarrai alcun vantaggio dal nascondere a chi lavora con te i dati relativi all'andamento dell'azienda. Fare finta che tutto vada bene quando sei sull'orlo del fallimento non rappresenta una buona scelta, così come non lo è il fare finta che tutto vada male quando poi, invece, il salone sta girando piuttosto bene.

Questo perché chi lavora con te sarà anche all'oscuro dei conti, non conoscerà l'entità reale dei tuoi incassi, ma sicuramente un'idea di come vanno le cose se la può fare. E se capisce che stai nascondendo qualcosa inizierà a sospettare di te. E questo non rientra nei presupposti di un'azienda di successo.

Inoltre, essere chiari e condividere quante più informazioni possibili con chi lavora con te è importante anche per evitare fraintendimenti. Capita spesso che le persone che lavorano in un'attività come un salone di acconciature si basino sul giro di clientela che vedono frequentare il negozio per dedurre la situazione economica dello stesso.

Il problema, però, è che i dipendenti ignorano (non per colpa loro, ma perché tu vuoi che lo ignorino) il reale stato di forma dell'azienda per la quale lavorano. Loro non conoscono i costi che devi sostenere e pensano che quasi tutto quel che incassi poi te lo metti in tasca, generando magari invidie o incomprensioni.

Indici delle riunioni periodiche nelle quali illustri la situazione della tua attività. Non hai niente da nascondere! E, anzi, questa tua chiarezza non potrà che contribuire a creare un clima positivo e collaborativo. Infatti, nel caso in cui le cose andassero male, i dipendenti sarebbero determinati a cercare di dare il massimo al fine, se non altro, di salvaguardare il loro posto di lavoro mentre, nel caso in cui andassero bene, se ne rallegrerebbero sentendosi al riparo dal rischio di trovarsi senza lavoro.

Per quanto riguarda la possibile invidia che si potrebbe generare nei tuoi confronti nel caso in cui le cose andassero bene, posso tranquillizzarti: certo, ci sarà sempre chi non riconoscerà i tuoi meriti e "rosicherà" per il tuo successo, ma se saprai essere chiaro, trasparente e saprai rendere merito al tuo staff per il loro contributo (anche da un punto di vista economico!), allora ridurrai al minimo questo rischio.

E' sempre la scarsa trasparenza a generare equivoci e sentimenti negativi. La sincerità è sempre apprezzata da chi è sincera e onesta a sua volta.

Raggiungi il TUO obiettivo finale!

Giunti al termine di questo importante capitolo è bene che tu comprenda con chiarezza quello che deve essere il fine ultimo della tua professione:

> diventare un imprenditore nel settore della bellezza, titolare di un salone di acconciature di successo.

Per raggiungere questo obiettivo devi iniziare a ragionare in modo differente rispetto a quanto hai fatto finora.

Devi pensare diversamente alla tua professione: non devi più pensare come un parrucchiere o parrucchiera ma come un imprenditore.

Devi diventare la persona che si occupa delle decisioni strategiche della tua attività che sempre meno si occuperà di svolgere i servizi sulla testa dei clienti.

A svolgere servizi e trattamenti devono pensarci i tuoi collaboratori. Ovviamente non si tratta di un obiettivo che potrai raggiungere subito e neanche dopo sei mesi o un anno. Ma in prospettiva è questo ciò a cui devi ambire.

Dovrai occuparti di cose che non puoi delegare. I servizi li possono svolgere le tue dipendenti, ti basterà selezionarle e formarle adeguatamente, come abbiamo visto, del resto dovrai occuparti tu.

Tu dovrai pensare al marketing, ossia a come:

1. trovare nuovi clienti;

2. a come fidelizzarle;

3. a come aumentare la spesa media dei clienti attraverso la vendita di prodotti e trattamenti.

Come dice Frank Merenda, l'imprenditore è l'esperto di marketing che sa leggere un bilancio.

Inoltre, spetterà a te coordinare il personale, fare i conti, stabilire gli obiettivi, occuparti della gestione finanziaria del salone di acconciature e dei fornitori.

Si tratta di questioni troppo delicate ed importanti perché tu possa svolgerle nel tempo che ti resta tra un colore e una permanente per una simpatica vecchietta!

Si tratta di quegli aspetti del tuo lavoro che ti porteranno a realizzare il sogno che avevi quando hai aperto per la prima volta il tuo negozio: essere titolare di un salone di acconciature di successo, che ti possa dare benessere economico e anche, perché no, del tempo libero per te stesso e per la tua famiglia!

Sappi che questo obiettivo è assolutamente raggiungibile, ma solo se saprai fare il passo mentale che ti trasforma da parrucchiere a imprenditore e se saprai applicare i concetti che abbiamo visto finora e, ancor di più, quelli che vedremo nei prossimi capitoli.

Il segreto del successo: standardizza le procedure!

Uno dei grandi timori che riscontro nei titolari di salone di acconciature che non hanno mai assunto personale, limitandosi solo ad un'apprendista, è quello di dover perdere troppo tempo nel formare i propri collaboratori.

Quello che ora ti spiego è un metodo eccezionale per fare in modo che ogni nuovo dipendente sia in grado, già nel periodo di prova, di lavorare secondo le procedure del tuo salone.

Il segreto è molto semplice: come prima cosa, devi standardizzare le procedure.

Siccome nel tuo salone i dipendenti non devono limitarsi, come vedremo in seguito, a lavare teste e svolgere qualche servizio, ma devono essere in grado di:

- accogliere i clienti in modo adeguato;
- raccogliere i dati nel caso di nuovi clienti;
- effettuare una diagnosi relativa ai problemi del cliente;
- proporre una soluzione;
- vendere prodotti e trattamenti speciali;

è evidente il fatto che tu non possa lasciare che il tuo collaboratore sia libero di sbagliare.

Se vuoi ridurre al minimo il rischio di far commettere errori ai tuoi collaboratori, devi assolutamente standardizzare le procedure.

Come si fa a standardizzare le procedure?

Devi creare una sorta di manuale, SCRITTO, nel quale spieghi, per filo e per segno, tutti i compiti del tuo collaboratore.

Senza tralasciare alcun particolare e, anzi, arricchendo questo manuale man mano che si presentano dei problemi.

Mi spiego meglio.

Come vuoi che venga accolto il cliente? Quali frasi vuoi che siano utilizzati? Dove deve essere fatto accomodare nell'attesa del servizio? Come lo vuoi intrattenere?

E, ancora, se si tratta di un cliente nuovo, come vengono raccolti i suoi dati? Con che frasi?

Successivamente: come bisogna chiedere al cliente il servizio di cui ha bisogno? Come si effettua l'analisi di eventuali problemi da risolvere? E come reagire alle obiezioni?

Come si prova ad effettuare la vendita del prodotto?

Come si accompagna il cliente in cassa? Come lo si saluta?

Prenditi alcuni giorni per realizzare questo manuale. Appunta ogni singolo aspetto di un servizio. E, ovviamente, anche tutto il resto, dalla pulizia dei locali alla cura della divisa, fino agli orari all'abbigliamento.

Metti per iscritto il tutto.

E' fondamentale non trascurare la soluzione dei problemi. Come occorre reagire dinanzi ad una critica da parte del cliente? E se questo fa richieste non previste dal servizio? E se è particolarmente maleducato? E se non vuole pagare?

Tutte cose che, purtroppo, capitano. Tu sai come fronteggiare questi imprevisti, perché li hai affrontati decine di volte. Devi però farlo sapere ai tuoi collaboratori.

Man mano poi che nuove e impreviste situazioni si presentano, tu aggiorna il manuale con le soluzioni.

Questo manuale sarà obbligatoriamente studiato da tutti i tuoi collaboratori, compresi gli apprendisti e i collaboratori in prova. Si tratta di un modo molto, ma molto efficace anche per selezionare il personale.

Se un tuo potenziale collaboratore con il quale stai effettuando un colloquio per un'assunzione, fa una faccia strana dinanzi alla tua richiesta di studiare, ad assunzione effettuata, un manuale, allora devi metterti sulla difensiva. Se ti dice che non ne capisce l'utilità, passa al candidato successivo. Se, nonostante ti abbia detto di averlo studiato, commetterà errori grossolani... probabilmente non hai scelto il candidato giusto.

Certo, come nel caso dell'esercizio da inserire nell'annuncio, anche in questo caso il rischio che corri è quello di dover scartare la maggior parte dei candidati, rendendo difficoltosa la selezione del personale, ma le persone che restano sono, probabilmente, quelle giuste, quelle che ti aiuteranno a portare al successo il tuo Salone.

Vuoi imparare il Metodo dell'Hair Stylist di Successo?

Partecipa all'unico corso di marketing pratico che ti insegnerà a rendere unico e rinomato il tuo salone, senza balli, canti e abbracci collettivi.

Scopri l'offerta che ti è stata riservata e ricevi SUBITO i bonus esclusivi!

Clicca qui ==> www.corsohs.it

3: Il marketing (non è solo pubblicità!)

In Italia il marketing viene inteso con un'accezione negativa. Si dice: "è un'operazione di marketing" intendendo, con questa frase, che l'azienda in questione sta facendo qualcosa di lecito ma poco corretto, un modo per persuadere delle persone, dei consumatori, ad acquistare un prodotto di cui probabilmente non hanno bisogno.

In realtà non è affatto così.

Quando qualcuno mi scrive dicendo: "dì la verità, alla fine tu dai tutti questi consigli gratuiti soltanto per vendere i tuoi libri e i tuoi corsi", io rispondo: "ma certo!", non vergognandomene affatto.

Infatti, io sono ben felice di essere in grado di vendere, attraverso il marketing (che è fatto, nel mio caso, anche di contenuti gratuiti) i miei libri e i miei corsi, oltre che le mie consulenze. E lo sai perché lo sono?

Perché so che i miei libri e i miei corsi sono DAVVERO utili ai miei clienti!

Ogni giorno ricevo email o messaggi privati di titolari di saloni di acconciature o di centri estetici che mi ringraziano per l'aiuto che ho dato loro grazie al mio lavoro.

In pratica, mi ringraziano per essersi fatti da me convincere a spendere del denaro!

In realtà si tratta di un reciproco vantaggio: io vendo, loro comprano; io guadagno, loro migliorano la loro attività e guadagnano molto di più!

Io lavoro, studio e miglioro le mie strategie anche sulla base dei feedback che ricevo da chi le applica, poi metto a disposizione questa conoscenza e questa esperienza di tutte le persone che vorranno intraprendere un percorso di crescita nella loro professione.

E' il classico gioco win-win, come si dice in inglese, ossia quello in cui vincono entrambe le parti.

E allora, perché mai dovrei sentirmi in colpa per il fatto che convinco la gente ad acquistare dei prodotti che sono REALMENTE loro utili?

Mica vendo enciclopedie che nessuno utilizzerà mai! Mica vendo contratti per un nuovo gestore dell'energia elettrica promettendo risparmi che, in realtà, non esistono!

Allora stesso modo devi ragionare anche tu.

I tuoi servizi sono DAVVERO utili ai tuoi clienti? I tuoi clienti, una volta usciti dal tuo salone, si sentono realmente più belli, più sereni, più rilassati, più piacenti?

Sono sicura di sì.

Pertanto, il fatto che tu utilizzi delle strategie di marketing per vendere dei servizi che fanno stare meglio le persone non è affatto qualcosa di immorale o sbagliato, anzi!

Così come io sono stra-convinta del fatto che se TUTTE le titolari di un salone di acconciature acquistassero questo libro e i corsi che realizzo allora il settore farebbe un gran boom (anche se è fisiologico che, nei prossimi 10 anni, almeno il 30% dei saloni è destinato alla chiusura definitiva), allo stesso modo tu devi convincerti del fatto che se tutte le persone che abitano nel quartiere in cui lavori diventassero tuoi clienti sicuramente si sentirebbero più belli, più rilassati, più sereni.

Sei d'accordo con me?

Superata questa premessa indispensabile, anche se necessaria solo in un paese un po' bigotto e scettico come il nostro che vede il guadagno e il successo altrui come qualcosa da attaccare e screditare, possiamo andare avanti e cercare di capire cos'è il marketing.

> Il marketing è quell'insieme di strategie finalizzate all'acquisizione di nuovi clienti, alla loro fidelizzazione e all'aumento della spesa media del singolo cliente.

Che, detto in parole povere, significa che, grazie alle strategie di marketing che vedremo nelle prossime pagine, sarai in grado di:

1. Creare un flusso costante di nuovi clienti nel tuo salone di acconciature;

2. convincere i nuovi clienti a diventare clienti fedeli nel tempo;

3. far acquistare ai tuoi clienti abituali sia i prodotti di mantenimento che i trattamenti.

Il marketing serve, in pratica, a trasformare il tuo salone di acconciature in un salone di grande successo. Fermati un attimo e rifletti: cos'altro può portare al successo il tuo salone di acconciature?

Un improvviso flusso naturale di nuovi clienti? Cioè, davvero tu pensi che possano, nei prossimi mesi, raddoppiare o triplicare i tuoi attuali clienti senza che tu faccia altro rispetto a quello che fai già ora?

E, qualora anche trovassi il sistema per trovare nuovi clienti, davvero pensi che basterà trattarli in modo professionale per farli diventare clienti abituali?

E, ancora, davvero ti illudi di poter realizzare grandi fatturati continuando a svolgere per lo più servizi base?

No, non è possibile portare al successo il tuo salone di acconciature se non inizi a implementare delle strategie di marketing che stravolgano il tuo modo di concepire la professione di parrucchiere (anzi, di imprenditore!).

Se continuerai a fare le cose come le hai sempre fatte, continuerai a ottenere sempre gli stessi risultati!

Questa frase, che non si sa neanche con esattezza da chi sia stata pronunciata per la prima volta, a me ha cambiato la vita.

Ogni qual volta mi si poneva davanti la possibilità di dover effettuare un cambiamento importante che, però, mi metteva paura, mi ripetevo questa frase. Solo cambiando, possibilmente in meglio, il modo in cui faccio le cose, potrò ottenere dei risultati diversi.

Se tu pensi di poter gestire il tuo salone di acconciature allo stesso modo in cui l'hai gestito fino ad oggi, allora non potrai aspettarti dei cambiamenti nei risultati. Anzi, ciò che potrà accadere è che le cose finiscano per andare peggio...

Pertanto, tu hai realmente una strategie di acquisizione clienti? E, se ce l'hai, funziona?

E hai una strategia collaudata e standardizzata per convincere i tuoi nuovi clienti a diventarti fedele, o ti limiti a pensare che ti basta lavorare bene e al giusto prezzo per raggiungere questo fondamentale obiettivo?

Infine, hai una tecnica per vendere i prodotti e i trattamenti, che rappresenta poi il modo reale e concreto per far aumentare il fatturato del tuo salone di acconciature a parità di ore lavorate e clienti serviti?

Permettimi di dubitarne, anche perché, altrimenti, difficilmente avresti comprato questo libro...

Se sei pronto a cambiare il tuo modo di lavorare e ad applicarti per far sì che le cose inizino finalmente a girare per il meglio, allora concentrati e continua a leggere con attenzione.

Specializzarsi e differenziarsi per sconfiggere la concorrenza

Uno dei più grandi fraintendimenti di chi svolge una professione difficile come quella del parrucchiere o della parrucchiera, è quello di ritenere di dover fare tutto per tutti.

Il concetto è molto semplice: "se rivolgo i miei servizi a tutti i tipi di clienti, allora ho maggiori possibilità di avere più clienti".

Non c'è niente di più sbagliato e i motivi sono svariati.

Il primo di questi è che, proprio perché tutti i saloni si rivolgono a tutti e svolgono tutti i servizi, allora la concorrenza è spietata ed è impossibile emergere. E no, non basta la qualità, perché se si viene percepiti come uguali gli uni dagli altri allora i clienti sceglieranno chi fa pagare loro meno i servizi in cambio di una qualità accettabile.

Il secondo è che essere "per tutti" significa, appunto, non potersi permettere dei prezzi che ti consentano di ottenere margini di guadagni rilevanti perché, siccome ci sono altre decine di negozi come il tuo che fanno le stesse cose, allora sarà proprio il prezzo, basso, a diventare l'unica arma a tua disposizione per poter attirare (e mantenere) la clientela.

Il terzo motivo è che fare tutto per tutti riduce la possibilità che hai di comunicare in modo adeguato e meno costoso con i tuoi clienti e potenziali clienti.

Mi spiego meglio: le campagne di marketing, anche e soprattutto quelle che vedremo a breve, possono costare relativamente poco o molto, a seconda del modo in cui la tua attività viene percepita.

Promuovere un'attività che si focalizza su alcuni servizi in particolare è più facile, e meno costoso, rispetto a chi svolge tutti i servizi.

E, ancora, rivolgersi ad un "target" ben specifico, con delle caratteristiche spiccate e riscontrabili è più semplice che il doverlo fare per tutti. Per realizzare delle campagne efficaci devi utilizzare un linguaggio quanto più affine a quello del tuo pubblico, ma se il tuo pubblico è: *tutti*, allora il tuo linguaggio dovrà essere più scontato, banale e semplice, in modo da poter essere meglio compreso. Cioè compreso da tutti, appunto.

Svolgere un sacco di servizi e aggiungerne sempre di ulteriori può sembrare una buona scelta.

Capita a tutti, talvolta anche io commetto lo stesso errore: quando si cerca un modo per incrementare il fatturato della propria attività si pensa subito ad aggiungere qualcosa: un nuovo prodotto, un nuovo servizio. Nel tuo caso, chissà quante volte hai pensato: se, oggi, incasso 100 con 20 servizi, se riuscissi a proporne 25 potrei incrementare decisamente i miei guadagni.

Purtroppo, anche in questo caso, ti stai sbagliando.

Come insegna il maestro del marketing Al Ries (nel suo libro: "Focus – il futuro della tua azienda dipende dalla focalizzazione"), la storia delle più grandi aziende mondiali insegna che, quasi sempre, si ottengono più risultati *togliendo* anziché aggiungendo servizi e prodotti. E il concetto è valido anche per le piccole attività.

Il concetto è lo stesso del medico specialista rispetto al medico generalista.

Se hai un problema di salute, sicuramente il primo step che fai è quello di rivolgerti al tuo medico curante. Lui ti darà il suo parere, ti prescriverà degli esami e, poi, ti indirizzerà verso un medico specialista.

Spesso questo iter non risolve davvero il problema. Spesso il medico specialista è ancor troppo generalista e poco specializzato per risolvere alcuni problemi. Si va così alla ricerca del medico specialista che si sia specializzato ulteriormente proprio nel problema di cui tu soffri.

Se il tuo problema è ad un ginocchio, andrai alla ricerca dell'ortopedico o dell'osteopata specializzato in un certo tipo di problemi al ginocchio. Immagino che tu abbia vissuto almeno una volta nella vita una situazione simile...

Pensi forse che il tal medico ortopedico specializzato nei problemi alle ginocchia abbia meno successo di tutti i suoi colleghi che si occupano di ginocchia, di caviglie, di spalle, di schiena, di cervicale eccetera eccetera?

Assolutamente no! Anzi, lui avrà molto più successo perché si è saputo specializzare, fino a diventare il punto di riferimento per tutte quelle persone che hanno un determinato tipo di problemi alle ginocchia. In questo modo, si sarà svincolato e differenziato dalla concorrenza, ottenendo maggiore successo.

Chi, infatti, ha un problema di tipo ortopedico avrà l'imbarazzo della scelta nel ricercare un medico che lo guarisca mentre chi ha un problema al ginocchio sarà abbastanza obbligato a rivolgersi all'unico specialista operante in città.

D'accordo, starai pensando, ma io non sono un medico, io sono un parrucchiere!

Beh, il discorso non cambia di molto.

Se fai il parrucchiere generico o la parrucchiera per tutti e ti rivolgi a tutti coloro i quali abbiano necessità dei tuoi servizi, allora sarai percepito esattamente come il medico generalista, con la differenza che il medico generalista prende i soldi dal Servizio Sanitario Nazionale e i clienti li ha "di diritto" mentre tu non hai una zona di competenza e non vieni pagato dallo Stato, ma devi conquistarti i tuoi clienti.

Tra il tuo salone e quello posto 100 metri più avanti nella stessa via c'è poca differenza e, ahimè, la qualità non sempre è un fattore determinante, specie di questi tempi.

Quel che tu dovresti riuscire a fare è trovare il modo per essere percepito dai clienti potenziali del tuo quartiere o della tua città, esattamente come fa il medico specialista che si è specializzato nei problemi alle ginocchia.

Immagino il tuo scetticismo, che però spero di poter eliminare continuando nella spiegazione.

Nel tuo salone, sicuramente, svolgi i seguenti servizi raggruppabili in settori:

- taglio e piega;
- colorazione e meches;
- schiariture;
- servizi di cura (Color therapy, Volume therapy, eccetera);
- Extensions;
- Cure per capelli ricci, ondulati, colorati, secchi, grassi, bianchi, eccetera) ;
- Acconciature per matrimonio;
- per gli uomini: taglio, barba, trattamenti calvizie;
- e molti altri ancora.

Sono praticamente certa che tu, nel tuo salone, proponi servizi che coprono tutti questi settori. E lo stesso fanno anche tutte le tue concorrenti. Siete, di fatto, tutti dei generalisti, come il medico della mutua.

Ma se tu riuscissi a scegliere un solo settore nel quale specializzarti, diventando il punto di riferimento per chi ha bisogno e necessità di quel tipo di servizi, allora le cose cambierebbero.

Se ti specializzassi, ad esempio, nei trattamenti per chi ha i capelli ricci, potresti differenziarti in un solo colpo da tutti i centri del tuo quartiere e, forse, anche della città!

E il diventare specialista significa anche venire percepito come "migliore". Perché la mente umana ragiona sulla base di schemi predefiniti e, nel tuo caso, finirebbe per pensare: *"se in quel centro sono specializzati nei trattamenti per i capelli ricci, sicuramente saranno più bravi in quei servizi rispetto agli altri, che invece fanno anche altre decine di servizi"*.

Questo ti consentirà di sottrarti dalla lotta per accaparrarti i clienti che combattono tutti gli altri saloni della tua città (o quartiere) per concentrarti solo sul tuo target di riferimento. E, in questo modo, potrai anche applicare prezzi più elevati, purché tu poi sia davvero in grado di fornire un servizio eccellente. Infatti, chi verrà da te lo farà perché convinto che tu sia il migliore nei trattamenti per i capelli ricci e, per questo, sarà disposta a pagare un po' di più.

Se ci ragioni su si tratta dello stesso principio in base al quale uno specialista viene, mediamente, pagato più di un generalista. In tutti i campi e i settori.

Attenzione però, perché questa teoria sia valida e realmente applicabile nella realtà occorre aggiungere una cosa molto importante:

non devi, da domani, smettere di fare il 90% dei servizi che hai a listino prezzi per dedicarti esclusivamente a quello (o a quella categoria di servizi) per cui hai scelto di specializzarti! Se hai deciso di diventare la specialista dei trattamenti per chi ha i capelli ricci non significa che smetterai di fare tutti gli altri servizi per chi non ha i capelli ricci!

Significa, invece, operare in modo molto più intelligente e concreto, ossia:

1. scegliere il servizio (o la categoria di servizi) per i quali specializzarti;

2. fare in modo che quel tipo di servizio diventi il tuo punto di forza arrivando a rappresentare un vero e proprio brand esclusivo;

3. comunicare, con forza e insistenza, la tua specializzazione;

4. fidelizzare i tuoi clienti per quel tipo di servizi rendendo però loro disponibili anche tutti gli altri servizi.

Come vedi, si tratta di una strategia del tutto applicabile.

Non dovrai, infatti, smettere di svolgere gli altri servizi ma dovrai, semplicemente, smettere di pubblicizzarli e promuoverli. Dovrai diventare come la pizzeria che, però, a richiesta prepara anche primi piatti, carne e pesce.

Questo è l'equivoco più grande quando spiego questo fondamentale passaggio. La paura di perdere la clientela che già si possiede fa sì che i titolari di saloni generalisti si spaventino e pensino che questa strategia sia inapplicabile e fantasiosa.

Sappi che non lo è affatto!

Alcuni miei clienti, titolari di saloni di acconciature, lo hanno fatto nell'ultimo anno. Si sono scelti una specializzazione e la stanno portando avanti con successo.

C'è chi ha aperto il proprio Barber Shop, specializzandosi, appunto, nella cura e nel trattamento delle barbe (che sono di gran moda tra gli uomini). C'è chi è diventato specialista del colore.

Nessuno di loro ha detto ai clienti che già aveva: signori, siccome non avete la barba (o non fate la colorazione), dovete cercarvi un altro salone!

No, quel che hanno fatto è stato:

1. scelto un brand, un marchio, che racconti la specializzazione;

2. dedicato una vetrina del loro negozio alla loro specializzazione;

3. iniziato a comunicare con forza la loro specializzazione, in modo da far sapere a tutti che loro sono gli "specialisti" in quel determinato servizio, a differenza degli altri che fanno tutti i servizi allo stesso modo;

4. creato un sito internet nel quale si racconta il brand specialistico;

5. studiato campagne di acquisizione clienti focalizzate sulla specializzazione.

È stato difficile? No, è bastato organizzarsi.

Non ci credi? Facendo una ricerca su Google ho trovato, ad esempio:

"I Love Riccio", specializzato nei capelli ricci http://www.ilovericcio.it/

"Melinè Parrucchieri Specialisti del Colore"

"Extension Capelli Milano" http://www.extensioncapellimilano.it/

"Obiettivo Kapelli" Specializzati nella prevenzione della caduta del capelli http://www.obiettivokapelli.com/

"Shatush Roma", specialista nella tecnica Shatush http://www.shatushroma.it/

Altri modi per specializzarti e differenziarti

Un altro equivoco che spesso rilevo quando parlo di specializzazione è quello relativo alla tipologia della stessa.

Infatti, non devi necessariamente specializzarti in un servizio, puoi anche farlo nell'esecuzione dei vari servizi.

Puoi specializzarti nei tempi di esecuzione, promettendo, ad esempio, un taglio+piega classico in tot minuti. O un'altra tipologia di servizio in un determinato tempo.

Puoi specializzarti garantendo il servizio in un determinato arco di tempo (mezz'ora, un'ora, a seconda del tipo di servizio), fornendo una soluzione molto apprezzata per quelle persone che hanno poco tempo a disposizione e, nonostante ciò, vogliono essere in sempre in ordine.

O, attenzione perché è molto importante, puoi differenziarti dalla concorrenza colmando una lacuna tipica di chi svolge la tua professione.

Una di queste è, senza dubbio, relativa agli orari di apertura e chiusura.

Essere aperti quando gli altri sono chiusi può rappresentare un ottimo motivo per farti scegliere dai tuoi clienti.

Restare aperti al lunedì e, perché no, anche ad agosto o, ancor meglio, aprendo al mattino presto o chiudendo alla sera tardi.

Fatevi un bel viaggio negli Stati Uniti e guardate l'offerta dei vari hair stylist: lì è possibile poter prenotare un servizio alle 20.30 di sera o alle 7 del mattino.

Assurdo? Solo se non lo comunicate in modo adeguato!

Insisto molto su questo punto perché è fondamentale.

Dopo la pubblicazione della prima edizione di questo libro, molti hanno seguito i miei consigli e hanno differenziato il loro salone in uno dei modi che ho loro suggerito.

Ad alcuni è andata bene, ma a molti no. Per molti le cose non sono assolutamente cambiate. E sai perché?

Perché hanno messo in atto il consiglio più semplice ed intrigante da seguire, ossia quello di specializzarsi in qualcosa, limitandosi a un cartello in vetrina e a qualche messaggio all'interno del negozio.

Ma questo modo di operare è del tutto errato!

Infatti, è come vestirsi con l'abito più bello che si ha nell'armadio, truccandosi in modo adeguato, per poi restare chiusi in casa! Chi saprà mai che sei così bella? Nessuno!

Il principio è lo stesso.

> Specializzarsi senza comunicarlo in modo adeguato significa sprecare solo tempo e risorse.

Se ti specializzi devi fare in modo che tutto il tuo pubblico potenziale lo venga a sapere!

Organizza un evento per la presentazione del servizio.

Crea delle inserzioni su Facebook (delle inserzioni a pagamento, non dei semplici post!).

Scrivi dei post sul tuo blog nei quali spieghi in cosa consiste la tua specializzazione e poi diffondi questi post con delle inserzioni sponsorizzate su Facebook Ads.

Aggiungi al nome del tuo negozio la tua specializzazione. Da "Pinuccia Hair Stylist", scriverai, ovunque: "Pinuccia Hair Stylist, specializzata in capelli ricci". Scrivilo sul sito. Sui bigliettini da visita. Nell'insegna. In vetrina. Ovunque!

Crea dei video e pubblicali sul tuo canale su YouTube!

Fa sapere a tutto il mondo che tu sei lo specialista in quel determinato servizio. O che da te è possibile prenotare un appuntamento anche alle 20 di sera.

Non basta essere qualcosa, occorre farlo sapere!

Come scegliere la tua specializzazione

Prima di vedere come strutturare e portare al successo il tuo "nuovo" salone di acconciature specializzato, occorre capire come scegliere l'insieme di servizi in base ai quali ti specializzerai.

Quando espongo questa teoria alle mie clienti per la prima volta, per iniziare a scardinare lo scetticismo che immediatamente le coglie, parto sempre da un'analisi dei dati.

Chiedo loro di prendere in considerazione gli incassi di un mese tipo (uno cioè che non sia né tra quelli più dinamici né tra i peggiori) e di analizzarne alcuni dati.

Quali sono stati i servizi che hanno portato i maggiori incassi?

E quali quelli che, invece, non sono praticamente mai richiesti?

Analizzando con precisione questi risultati arriverai a comprendere come, nel 90% dei casi, la maggior parte del fatturato del tuo salone di acconciature proviene da un numero molto limitato di servizi. Spesso ci sono 6 o 7 servizi che ti portano anche l'80% degli incassi mentre gli altri 10 o 20 si dividono la quota minoritaria.

E allora, mi spieghi perché devi continuare a proporre quei servizi?

Ogni servizio a listino, infatti, ha un costo, anche solo in termini di prodotti da acquistare. Inoltre, anche il solo metterli a listino ti porta un danno, poiché ti fa perdere in "focalizzazione" cioè ti fanno percepire come meno specializzata, meno focalizzata sui servizi nei quali sei più forte.

Quindi, il primo passo che devi fare, e lo devi fare anche se non hai intenzione di seguire il mio consiglio di specializzarti in una sola categoria di servizi, è quello di eliminare tutti quei servizi che sono poco richiesti e che, invece, ti occupano tempo, risorse e spazi.

Fai un elenco e inizia a cancellarli dal tuo listino prezzi. Da subito!

Poi, però, devi iniziare a pensare su quali servizi focalizzarti.

Uno dei metodi migliori è quello di fare un'analisi accurata della concorrenza.

Quanti saloni ci sono nel tuo quartiere o nella tua città? Non prendere in considerazione TUTTI i saloni di acconciature ma solo quelli che, realmente, ti possono contendere i clienti. Se, per esempio, operi a Torino sud, nel quartiere Lingotto, ti dovrai interessare ai servizi che propongono i parrucchieri del tuo quartiere dando magari anche un'occhiata a quelli dei quartieri confinanti come Nizza-Millefonti o Mirafiori. Di certo non ti dovrai porre il problema del modo in cui si comportano quelli dei quartieri Vallette, Lucento o Aurora, che sono dall'altra parte della città!

Analizza i tuoi competitors. In quali servizi sono molto forti? Ce n'è qualcuno che è davvero focalizzato in un servizio in particolare? O che, pur non avendo scelto una vera e propria specializzazione, sono notoriamente famosi per una tipologia di servizi?

Se riesci a riscontrare queste caratteristiche allora dovrai iniziare a pensare ad altro. Allo stesso tempo, quello che puoi chiederti è: ci sono dei servizi che sono completamente lasciati scoperti dai saloni della tua zona?

Se un tipo di servizio non viene praticamente svolto da nessuno dei parrucchieri della tua zona quello può diventare il tuo punto di forza! Ovviamente devi sempre avere in mente una cosa: il servizio che vuoi proporre come tua specializzazione, deve avere un mercato! Specializzarsi nel tagliare i capelli ai ragazzi dai 15 ai 25 anni facendo loro una cresta alla Hamsik (calciatore del Napoli), non sarebbe una buona idea...

Non puntare a ciò che ti riesce meglio o a ciò che ti piace di più fare, ma punta su ciò che può darti un vero vantaggio competitivo nei confronti della concorrenza!

Ricorda qual è il tuo obiettivo: renderti unica rispetto alla massa di negozi indifferenziati che propongono tutti gli stessi servizi alle stesse persone, dovendo peraltro competere nel proporre i prezzi più bassi.

Quel che devi fare, quindi, è iniziare, da subito, a fare una visita nei vari saloni tuoi concorrenti. Fissa un appuntamento, visita i loro siti internet e le loro pagine Facebook. Inoltre, verifica il modo in cui si promuovono e su che servizi puntano in particolare.

Inoltre, inizia a chiedere ad amiche, conoscenti e titolari di attività che hanno un elevato giro di clientela e sanno tutto di tutti, quali sono le voci che girano a proposito dei tuoi concorrenti. Per cosa sono più famosi? Per cosa, invece, sono considerati meno bravi?

Non è una cosa che puoi fare dall'oggi al domani. Ci vorrà un po' di tempo ma è importante fare le cose in modo corretto: ciò che dovrai fare è decidere di far conoscere il tuo salone di acconciature per un tipo di servizi, lasciando alla concorrenza gli altri. Scegliere il servizio sbagliato può essere un grande errore.

Potresti, infatti, scegliere un servizio per il quale in realtà, non c'è grande richiesta oppure uno troppo inflazionato.

Non avere fretta, fai le ricerche appropriate e vedrai che prenderai la giusta decisione.

Come si diventa degli specialisti

Una volta scelto il servizio dovrai strutturarlo nel migliore dei modi. Il tuo obiettivo è quello di diventare il punto di riferimento per tutti i clienti che abitano nella tua zona e che desiderano usufruire di quel determinato servizio.

Devi diventare, nel tuo piccolo, quel che è la Coca Cola per le bevande gassate, quel che è la Red Bull per quelle energetiche o, ancora, quel che è Mac Donalds per i fast food o Ferrari per le auto sportive di lusso.

Il tuo obiettivo è fare in modo che, nel caso in cui tu abbia scelto di diventare il salone di acconciature specializzato in trattamenti per i capelli ricci, allora tutte le persone del tuo quartiere che vorranno effettuarne uno penseranno immediatamente di rivolgersi a te, escludendo a priori tutti gli altri.

Se solo il tuo salone di acconciature, in zona, è specializzato in quei trattamenti, allora si dà per scontato che tu li sappia fare meglio di tutti.

E questo è il primo passo che devi fare!

Dopo aver scelto la categoria di servizi per i quali specializzarti, dovrai impegnarti per fare in modo di essere davvero la migliore! Consulta tutti i siti internet che parlano di quei servizi per scoprire le ultime novità. Fa un viaggio di un week-end ad esempio a Milano (città sempre all'avanguardia su tutti i servizi, in particolare per quelli che hanno a che fare con la cura della persona, la moda, il lifestyle in genere) e prenota un trattamento dello stesso tipo nel salone di acconciature più famoso e, magari, specializzato proprio in quel tipo di servizi.

Cerca di capire cosa fanno e come, cerca di rubare quanti più segreti possibile da loro.

Poi, contatta i fornitori di prodotti e macchinari necessari allo svolgimento dei servizi che hai scelto e spiega loro cosa desideri. Devi arrivare ad offrire un'esperienza unica ai tuoi clienti in modo da diventare la più brava della zona in quella tipologia di servizi.

La collaborazione dei fornitori è indispensabile. Allo stesso tempo, dovrai informarti su quali sono i corsi più all'avanguardia e frequentarli o, meglio ancora, farli frequentare alle tue collaboratrici.

Infine, standardizza le procedure di svolgimento dei servizi e assegna loro un nome unico. Di qualunque servizio si tratti, deve diventare solo tuo! Assegnagli un nome unico, crea un logo per quel tipo di servizio o per quella categoria di servizi e realizza dei video su come svolgi le varie procedure caricandoli su Youtube (ormai basta anche solo uno smartphone per creare video di qualità mentre per creare un canale del tuo centro e caricare i video basta soltanto un PC e un account Google/Gmail).

Infine, crea dei dépliant e dei volantini nei quali spieghi il tuo metodo, il modo in cui lo realizzi e, soprattutto, i risultati che puoi garantire.

Si tratta, di fatto, della stessa cosa che fanno molti fornitori quando ti propongono un nuovo trattamento o un nuovo macchinario (o entrambi), con la differenza che puoi farcela da sola in modo da metterti al riparo da qualunque tipo di imitazione: lo stesso fornitore, infatti, può proporre quel trattamento tanto esclusivo anche alle tue concorrenti mentre il trattamento che creerai tu sarà inimitabile e davvero esclusivo! Ce l'hai tu e basta...

Riepilogando:

1. Fa un'analisi accurata della concorrenza;

2. scegli il servizio (o la modalità di esecuzione) lasciato scoperto dalla concorrenza;

3. informati sulle tecniche più all'avanguardia relative al settore che hai scelto;

4. prenota nei saloni delle grandi città che propongono quel servizio, magari in modo esclusivo;

5. frequenta e fai frequentare alle tue collaboratrici i corsi di formazione per imparare a proporre il miglior servizio possibile ai tuoi clienti;

6. standardizza le procedure;

7. crea un vero e proprio brand per il tuo tipo di servizio esclusivo: assegnagli un nome, crea un logo, fa realizzare dei volantini e dei video in cui spieghi le caratteristiche uniche del tuo servizio;

8. infine, impara a comunicare in modo adeguato con la clientela.

L'ultimo punto è, probabilmente, il più importante.

L'errore che commettono anche quei titolari di saloni che capiscono di doversi, in qualche modo, differenziare e specializzare rispetto alla concorrenza, è quello di non comunicare al mercato con forza la propria specializzazione e la propria differenza.

Non serve a nulla creare il tuo servizio unico, esclusivo e standardizzato, concentrandoti perlopiù su quello ed eliminando i servizi che ti portano pochi incassi, se poi non lo comunichi nel modo giusto.

La gente DEVE sapere che il tuo salone di acconciature si differenzia dagli altri perché è specializzato in quella tipologia di servizi e che ha creato un vero e proprio brand unico ed esclusivo che dimostra come solo da te i clienti saranno accontentati come non è mai successo da nessun'altra parte!

Se te lo tieni per te, se la tua vetrina resta uguale, se il tuo sito resta uguale, se la tua pagina Facebook resta la stessa, allora non andrai da nessuna parte.

Ti prego, davvero, prenditi il tempo necessario per comprendere ciò che ti sto dicendo!

L'errore che commettono il 90% dei titolari dei saloni di acconciature è quello di pensare che basterà proporre il nuovo servizio per avere successo. Non è così! Non vanno così le cose nel mondo reale!

Ne ho viste a decine cercare di escogitare qualcosa per migliorare le sorti del proprio centro, per poi frequentare i corsi più costosi, impegnarsi nell'acquisto o nel leasing per il macchinario più all'avanguardia, magari ristrutturando anche il locale, salvo poi accorgersi, dopo un po' di tempo, che non è accaduto nulla.

Ma mi spieghi come diavolo fa, il mercato, a sapere che tu hai lanciato questo nuovo servizio se non glielo dici?

Le cose non cambiano da sole. Non migliorano solo perché hai creato qualcosa di nuovo, magari originale o che risponde ad un'esigenza del mercato.

Le cose migliorano solo se imparerai a far sapere al mondo chi sei, cosa fai e perché sei diverso dagli altri.

Quel che devi fare è creare un piano di comunicazione strategica finalizzata a far conoscere la tua differenziazione al mercato. Questo è il modo che funziona.

Così come l'altro modo che funziona è quello di creare delle promozioni esclusive e riservate ai clienti più importanti (quelle che spendono di più, quelle che si fidano di più di te) e di comunicarlo in modo adeguato.

E, in modo adeguato non significa, come purtroppo fanno in molti, aspettare che la cliente prenoti un appuntamento per un servizio base o un trattamento e proporle il nuovo servizio. Perché magari quella cliente per mesi non si farà vedere e perché magari non potrai differenziare la proposta in modo da farla percepire come davvero esclusiva e riservata.

L'unico modo che hai per comunicare con la clientela che già hai acquisito è quello di creare una lista clienti che ti ha autorizzato a ricevere le tue comunicazioni via email e via Whatsapp.

Conosco titolari di saloni che aspettano che i clienti abituali passino davanti al loro negozio per dargli il volantino della promozione o per proporre loro una prova di un nuovo trattamento...

Tutto questo è assurdo: oggi esistono dei sistemi automatici che ti consentono di contattare, in pochi minuti, tutti i tuoi clienti per proporre loro delle promozioni o la prova esclusiva di nuovi trattamenti...

Ovviamente, bisogna sapere come si mettono in pratica questi sistemi, perché è difficile che tu possa implementarli da sola se non sai come fare.

L'altro modo che hai per comunicare in modo adeguato la tua specializzazione e la tua idea differenziante è quella di:

- creare delle campagne su Facebook Ads proponendo delle promozioni dedicate ai nuovi clienti;

- scrivere degli articoli sul tuo blog nei quali spieghi l'efficacia e l'esclusività dei tuoi servizi;

Dal momento in cui hai scelto la categoria di servizi che ti differenzierà dalla concorrenza, dovrai comunicarlo in modo adeguato.

Dovrai, anche visivamente, nella vetrina del tuo negozio, richiamare la tua idea differenziante, la tua specializzazione. Se non ritieni opportuno cambiare il logo e l'insegna, devi comunque adibire parte di una vetrina o una vetrina intera al tuo servizio di punta al quale avrai assegnato un nome.

Se hai due vetrine e il tuo servizio lo avrai chiamato, ad esempio: "Capelli Ricci al Top", allora una delle due vetrine la dovrai dedicare esclusivamente a quel servizio, mostrando il logo in bella mostra e spiegando, in una frase, in cosa consiste il trattamento stesso, evidenziandone i punti di forza e, soprattutto, i risultati.

La tua vetrina dovrebbe apparire così:

"Capelli Ricci al Top" *il trattamento esclusivo per chi ha i capelli ricci e vuole sentirsi sempre perfetta!*

Entra e prenota una PROVA ESCLUSIVA GRATUITA! Oppure scopri di più sul sito: www.capelliriccialtop.it

Chiunque passerà davanti al tuo negozio capirà immediatamente che al suo interno si offre, in esclusiva, questo trattamento per la cura e la gestione delle chiome ricce che può dare risultati in poche sedute e ne proponi una prova gratuita a chiunque entri in negozio.

In questo esempio ci sono molti aspetti sui quali dovresti concentrarti e trarne spunti. Infatti, lo stesso tipo di messaggio lo potrai utilizzare anche nelle tue campagne di acquisizione su Facebook. Non creare campagne su Facebook nelle quali racconti di quanto è bello ed efficace il tuo trattamento esclusivo, ma offrine una prova gratuita a chi ne faccia richiesta!

Questo è l'unico modo per creare delle promozioni di successo ed è l'unico sistema che realmente funziona per lanciare un servizio!

Fissa bene in mente questo principio perché il comprenderlo ti farà fare davvero la differenza!

Qualunque modo tu scelga per rilanciare il tuo salone di acconciature o per lanciare un nuovo servizio o trattamento, sappi che il limitarti a crearlo e dargli un prezzo e magari postare un paio di immagini sulla tua pagina Facebook NON ti porterà a nulla!

Se un servizio è nuovo lo devi lanciare creando una promozione realmente vantaggiosa, per poi diffonderla in qualunque modo sia possibile farlo e cioè:

- con delle campagne su Facebook Ads;
- con dei buoni da distribuire alle attività partner (ne parleremo più avanti…);
- con dei video promozionali su YouTube;
- con dei post sul tuo blog.

Nei video e nei post spiegherai perché il tuo servizio è esclusivo e quali risultati garantisce a chi vi si sottopone, soffermandoti sulle modalità con cui agisce vai a lavorare sulla chioma dei clienti.

Su Facebook Ads creerai delle campagne promozionali molto vantaggiose (tipo il primo servizio gratis) che però dovranno essere limitate nel tempo, in modo da creare interesse e spingere la gente interessata a prenotare una prova prima che i termini della promozione scadano.

Creare un sito apposito che parli del tuo servizio, se ne avrai creato uno completamente innovativo e dalle procedure standardizzate, rappresenta una mossa poco costosa e decisamente vincente.

Se proprio non te la senti di creare un sito apposito, non puoi assolutamente rinunciare a creare, all'interno del tuo sito, una sezione di più pagine corredata da video e immagini nella quale spieghi le caratteristiche del tuo servizio.

Vuoi imparare il Metodo dell'Hair Stylist di Successo?

Partecipa all'unico corso di marketing pratico che ti insegnerà a rendere unico e rinomato il tuo salone, senza balli, canti e abbracci collettivi.

Scopri l'offerta che ti è stata riservata e ricevi SUBITO i bonus esclusivi!

Clicca qui ==> www.corsohs.it

4: Strategie efficaci per l'acquisizione clienti di un salone di acconciature

Questo è il capitolo che susciterà in te il maggiore interesse, quello che ti farà venire una voglia immediata e irrefrenabile di metterti all'opera per dare una svolta alla tua attività.

So per esperienza che è così.

E lo so perché anche quando studiavo (e studio ancora, perché la formazione deve essere continua, non ci si può mai fermare e adagiare sulle competenze acquisite) facevo la stessa cosa: leggevo talvolta con noia le sezioni dei libri e dei corsi che riguardavano l'organizzazione di un'impresa, la specializzazione, la differenziazione e tutto quel che abbiamo visto finora, salvo poi ridestarmi quando si iniziava a parlare di strategie concrete per l'acquisizione clienti e tutto quel che ne deriva, dalla vendita dei prodotti e trattamenti alle tecniche per la fidelizzazione dei clienti.

Tutto questo è normale e legittimo, se vogliamo.

Quando inizierai a conoscere le strategie che finalmente ti porteranno nuovi clienti per la tua attività, allora avrai voglia di metterle subito in pratica, rinunciando ad approfondire e ad applicare tutti i concetti e le teorie di cui abbiamo parlato finora.

E' una scelta pratica e anche immediata: infatti, alla domanda se è meglio l'uovo oggi o la gallina domani, gli imprenditori, purtroppo, scelgono sempre l'uovo.

L'uovo è, infatti, l'acquisizione clienti. Poter, già da domani, chiudere il libro e iniziare a impostare campagne per trovare nuovi clienti per il tuo salone di acconciature ti darà immediato slancio e risultati subito rilevabili. E questo fa morale, oltre che incasso...

La gallina, però, è avere un salone di acconciature che si trasforma in un'impresa di successo.

E per arrivare ad avere un salone di acconciature di successo DEVI procedere con ordine.

Devi rileggere più e più volte questo libro, specie nelle parti iniziali e iniziare a lavorare in modo che:

1. Il tuo salone di acconciature sia organizzato alla perfezione da un punto di vista finanziario;

2. che tu conosca alla perfezione i costi e i margini di guadagno;

3. tu possa selezionare e formare il personale che ti aiuterà a ridurre il costo orario e a servire più clienti contemporaneamente;

4. tu possa passare sempre meno tempo a fare i servizi personalmente e sempre più a gestire gli aspetti strategici del tuo salone (organizzazione, gestione finanziaria, marketing, coordinamento del personale);

5. tu abbia scelto una specializzazione e il modo per differenziarti dalla massa di saloni tutti uguali, arrivando a creare un brand tutto tuo e una serie di servizi ad esso correlati che renderanno unico il tuo salone e che ti consentiranno di ottenere guadagni più elevati.

Di fatto, PRIMA devi costruire le fondamenta della casa e poi passare alla costruzione della stessa. Il modo di dire: "una casa senza fondamenta non sarà mai abbastanza stabile" non vale solo in edilizia ma anche e soprattutto nell'imprenditoria.

So che sei scettico e che penserai che io stia esagerando. Lo so per esperienza, perché mi è sempre capitato, da quando mi occupo di gestione dei saloni di acconciature, di trovarmi davanti a imprenditori che ascoltano con poco interesse e scetticismo le mie soluzioni a proposito dell'organizzazione della loro attività salvo poi prestare la massima attenzione alle strategie di acquisizione clienti.

Un po' come capita, per cambiare settore, ai clienti ristoratori di Gordon Ramsey nel programma "Cucine da Incubo". Spesso questi ristoratori pensano che l'unica cosa che conti davvero sia aver rivisto il loro menu sulla base delle ricette fornite loro dal famoso chef stellato, ignorando il fatto che se lo staff non funziona in modo adeguato, se le materie prime non sono scelte alla perfezione e se i clienti non vengono trattati bene, allora i piatti "stellati" non se li mangerà nessuno e il locale resterà perlopiù vuoto.

Lo stesso capita a tutti quei miei clienti che, non appena io termino il mio lavoro di consulenza, si dimenticano di tutta la parte "difficile", ossia quella vista finora in questo libro, per dedicarsi soltanto a quelle strategie di acquisizione clienti che portano risultati immediati.

Peccato che poi, qualche mese dopo, mi richiamano dicendomi che la cosa non ha funzionato.

Io torno da loro, esamino il modo in cui hanno applicato ciò che abbiamo studiato per risollevare le sorti del loro salone e scopro che non hanno fatto niente di quel che andava fatto.

Chiariamoci una volta per tutte:

solo se il tuo salone di acconciature sarà gestito alla perfezione e come una vera e propria azienda allora potrai ottenere risultati fantastici.

Forse non è ciò che ti aspettavi quando hai acquistato questo libro e me ne dispiace. In Italia cerchiamo sempre la scorciatoia, il sistema più semplice e breve ma raramente la cosa funziona.

Grandi risultati saranno possibili solo se sarai pronto a stravolgere completamente il tuo modo di lavorare e di concepire il tuo stesso lavoro.

Se, infatti, ti limiterai a utilizzare le strategie contenute in questo capitolo e in quelli successivi per avere nuovi clienti, accadrà qualcosa di inaspettato e imprevedibile.

Creerai infatti delle strategie per trovare nuovi clienti a basso costo e, dopo aver fatto un po' di pratica, inizierai ad avere l'agenda sempre piena o quasi.

Sarai finalmente felice e penserai di aver risolto tutti i tuoi problemi. Sicuramente penserai "cara Michela, grazie di tutto, ma tutte quelle storie sull'organizzazione del centro, sulle dipendenti, sui calcoli dei costi orari a me non servono affatto. Io sono una parrucchiera, mi servono solo nuove clienti!".

E così sarà, per i primi mesi.

Avrai un sacco di nuove clienti!

Poi, però, inizierai a renderti conto che tutte queste nuove clienti vengono da te perlopiù per svolgere servizi base e, alla fine del mese, avrai lavorato come una matta, con orari assurdi, per guadagnare sì di più, ma non tanto quanto ti aspettavi.

Infatti, non avendo calcolato il costo orario del tuo salone e non avendo compreso che sono i trattamenti e la vendita dei prodotti le armi che hai a disposizione per aumentare DAVVERO gli utili, l'unico risultato che avrai ottenuto è quello di aver lavorato di più. Tanto, di più.

Non solo. Non avendo compreso il concetto secondo il quale tu devi fare l'imprenditrice e non la parrucchiera (o il parrucchiere), avrai difficoltà nel gestire tutte le nuove clienti.

Le hai attirate con delle promozioni vantaggiose (per loro) ma poi ti accorgerai di fare fatica a seguirle tutte come si deve. Sei infatti sola a lavorare o al massimo con una collaboratrice e non hai neanche il tempo per controllare che le campagne di acquisizione clienti stiano ancora funzionando (perché, comunque, devi sempre controllare e apportare i cambiamenti necessari alle campagne e studiare nuove promozioni).

In questo modo, con l'agenda piena e il poco tempo tra un servizio e l'altro non potrai gestire come si deve le clienti.

E queste se ne accorgeranno e, terminato il servizio a prezzo scontato, non torneranno più da te.

O meglio, quelle destinate a diventare clienti fedeli e di valore, perché poi ti acquisteranno anche prodotti e trattamenti si sentiranno poco coccolate e non torneranno più da te mentre una categoria di clienti ti resterà fedele: quella che bada solo al prezzo e tornerà da te solo quando farai nuove promozioni, lamentandosi quando, invece, cercherai di riportare i prezzi allo stesso livello di quelli di listino.

In pratica, ti riempirai di clienti attente solo al prezzo che saranno pronte ad andare da un'altra parte quando aumenterai il prezzo.

Il tuo obiettivo, ossia quello di trasformare il tuo negozio in un salone di acconciature che ti renda benestante, realizzata e libera, fallirà miseramente, facendoti percepire, invece, come una semplice parrucchiera low-cost.

E' questo che vuoi?

Io penso e spero che non sia così.

Pertanto, leggi con attenzione i capitoli successivi ma ricorda che NON PUOI ignorare quelli precedenti. Non puoi diventare un hair stylist di successo se ti limiterai a trovare più clienti e basta.

La regola n°1 dell'acquisizione clienti

La regola numero uno dell'acquisizione clienti è la seguente:

> le campagne promozionali e tutte le strategie messe in atto per attirare nuovi clienti hanno un senso SOLO se sono finalizzate alla fidelizzazione clienti.

Questo significa che quando crei una campagna per acquisire nuovi clienti, in una qualunque delle forme possibili (da quelle di tipo tradizionale e cioè manifesti, volantini, inserzioni varie o quelle su internet, da Google al blog a Facebook Ads) devi sempre avere in mente una cosa soltànto: che tutta la fatica, e l'investimento che stai facendo hanno un senso solo se miri a trasformare i clienti occasionali che ti scoprono grazie ad una promozione in clienti fedeli e affezionati.

E sai perché? Per un motivo molto semplice: se oggi investi 500 euro in una promozione molto efficace e molto vantaggiosa per i clienti, otterrai come risultato quello di:

- Lavorare tanto a causa del numero elevato di richieste;

- Incassare meno di quanto incasseresti normalmente se quei clienti prenotassero gli stessi servizi a prezzo pieno;

- Occupare l'agenda quasi solo con servizi base, peraltro anche a prezzo ridotto, il che riduce sensibilmente i tuoi margini di guadagno.

In pratica, avrai fatto cassa, ma il gioco non sarà valso la candela.

Sto quindi dicendoti che le promozioni non servono e devi smettere di farle?

Assolutamente no! Anzi, rilancio, quando farai pratica con le strategie che insegno e che sono contenute in questo libro, nel mio blog e nei miei corsi, capirai come le promozioni non devono darti un guadagno diretto. Arriverai anche a creare delle complesse strategie promozionali in perdita, nelle quali, cioè, quanto incasserai sarà meno di quanto avrai investito.

Ha un senso tutto ciò? Sì!

E lo ha per un motivo molto semplice: se anziché puntare solo al mero calcolo "ho investito 100, devo incassare almeno 120", tu cambiassi prospettiva, le cose assumerebbero tutta un'altra valenza.

Ciò che devi comprendere è il motivo per il quale si fanno campagne promozionali e che purtroppo il 90% dei titolari di saloni ignora.

Non fai promozioni per incassare ma le fai per acquisire nuovi clienti!

Infatti, io ti parlo di acquisizione clienti e questa definizione significa che:

non devi puntare all'incasso immediato ma ad aumentare il numero dei tuoi clienti fedeli!

Perché, e stampati questo principio bene nella mente, il vero valore, la vera ricchezza della tua attività non sta in quanto incassi ma in quante clienti fedeli hai.

Pertanto, smetti di pensare alle promozioni una tantum create solo per avere un incremento di incasso del 10% in un mese morto.

Pensa, invece, a delle costanti campagne di acquisizione clienti, sempre attive, che siano finalizzate ad acquisire nuovi clienti.

I guadagni derivanti da queste campagne li puoi, anzi, li devi, assolutamente monitorare, perché questo è uno dei grandi principi del marketing: "calcolare il **ROI**, ossia il **ritorno dell'investimento**".

Solo che questo calcolo non lo devi fare nell'immediato ma sul lungo periodo.

Ossia, se in 3 mesi avrai speso 1000 euro in campagne promozionali il tuo calcolo dovrà essere: quanto hai incassato subito + quanto incasserai dai nuovi clienti nel corso del tempo.

Se in quei 3 mesi arrivano da te 100 nuovi clienti per dei servizi base a prezzo fortemente scontato, facendoti incassare, ad esempio, 2000 euro, a questo incasso dovrai poi sommare quel che incasserai da quelle stesse clienti che, dopo aver prenotato una volta, prenoteranno una seconda e una terza e magari una quarta. E, se sarai bravo, queste nuove prenotazioni non saranno solo relative ai servizi base ma anche a trattamenti completi corredati dalla vendita di prodotti di mantenimento.

Ecco quindi che i 2000 euro si trasformeranno facilmente in 4 o 5000 euro!

Non solo, una parte di quelle clienti entrerà a far parte del tuo giro di clientela fedele per anni, garantendoti un flusso costante di incassi. Il tutto, grazie ad una promozione che, magari, per la singola cliente prenotante ti sarà costata magari 5 euro!

Di sicuro non tutti i clienti appena acquisiti diventeranno tuoi clienti fissi, anzi. In genere, la maggior parte dei clienti che va alla ricerca di servizi a prezzi scontati non sono affatto interessate a conoscere il tuo salone di acconciature per valutare se diventare clienti fedeli nel tempo: a loro interessa risolvere un problema dei propri capelli a prezzo scontato. (Lo vedremo meglio quando parleremo dei servizi di couponistica).

In pratica si tratta di clienti mordi e fuggi. Quelli che, se potessi selezionarli sin dal principio, li terresti fuori dalla porta. Però siccome non hai questa possibilità dovrai comunque accogliere tutte le persone che faranno una prenotazione senza avere la pretesa di sapere se quella cliente ti diventerà fedele o è solo alla ricerca di una piega a prezzo super-scontato.

Purtroppo la maggior parte delle campagne promozionali si riduce a questo: un incasso rilevante (ma con guadagni reali scarsi) nei periodi scelti e solo una minima parte di acquisizione di nuovi clienti.

Perché?

Semplice, perché la relazione con i clienti va coltivata nel tempo!

E, per coltivarla, devi mettere in pratica delle strategie di fidelizzazione dei clienti. Non puoi affidarti al caso e alla speranza che davvero un buon numero dei clienti che ha prenotato per una promozione a prezzo scontato apprezzi così tanto il tuo modo di lavorare da diventarti poi fedele anche a prezzo di listino.

Ciò che devi fare è, da subito, provare a fidelizzare i nuovi clienti.

Per fare questo ci sono delle strategie molto efficaci che vedremo nel capitolo dedicato proprio alla fidelizzazione clienti.

Se vogliamo, queste strategie sono ancora più importanti di quelle di acquisizione clienti, perché pensare che i clienti nuovi, come i vecchi, ti restino fedeli nel tempo solo perché lavori bene è pura illusione.

Vedremo nel dettaglio come mettere in pratica queste strategie di fidelizzazione clienti, qui ti basta sapere che dovrai raccogliere, di ogni nuovo cliente (ma anche di quelli attuali!), tutti i dati, in particolare numero di telefono e indirizzo email, con la loro autorizzazione firmata alla ricezione di comunicazioni da parte tua.

Lo avrai visto fare decine di volte in negozi che frequenti: dalla Rinascente alla Original Marines, dalla Benetton a Gap fino ad arrivare anche ad attività che nulla hanno a che fare con la moda, come le officine meccaniche (tipo Midas) o le agenzie immobiliari, sono ormai tante le aziende che chiedono i dati dei clienti per poter inviare loro delle comunicazioni pubblicitarie.

E il fatto che queste strategie vengano messe in atto soprattutto dalle grandi aziende in franchising non significa affatto che non le possa applicare anche tu, anzi. Significa solo che queste aziende, avendo decine di professionisti esperti di marketing sanno (o dovrebbero sapere) cosa funziona con le persone per renderle clienti fedeli.

Oggi, come detto nell'introduzione a questo libro, c'è troppa concorrenza per poter pensare di avere clienti che sono legati a te solo per la tua bravura e la tua gentilezza. L'unico modo per costruire un'attività di successo è quello di applicare delle strategie di marketing concrete che agiscano su tre aspetti:

1. L'acquisizione (costante) di clienti;

2. La fidelizzazione clienti;

3. Le strategie per aumentare la spesa media dei clienti (vendita di trattamenti e prodotti).

Non si tratta di nulla di troppo difficile ma, sicuramente, si tratta di una strategia complessa. Fare marketing non significa solo attirare nuovi clienti con qualche slogan efficace o con qualche coupon, ma significa applicare delle strategie a 360° che portano risultati davvero eccezionali.

La regola n°2 dell'acquisizione clienti

Come ti ho detto prima, non puoi pensare di portare davvero al successo il tuo salone di acconciature limitandoti ad adottare qualche strategia di acquisizione clienti ignorando però tutto il resto.

Infatti, l'organizzazione della tua attività, la presenza e il coordinamento del tuo staff, la conoscenza dei costi e dei margini di guadagno di ogni servizio, la creazione di campagne su Facebook, la gestione del sito, del blog, della pagina Facebook, di Instagram, la standardizzazione delle procedure di vendita dei prodotti e dei trattamenti, la raccolta degli indirizzi email e dei dati di tutti i tuoi clienti e le campagne di fidelizzazione; sono tutti aspetti fondamentali e che non puoi permetterti di ignorare.

E, continuando, fanno parte del marketing anche le partnership con le attività affini, le collaborazioni con altre aziende, eccetera eccetera.

Solo chi impara a gestire TUTTI questi processi otterrà risultati fantastici.

Chi, invece, si limiterà a pensare: *"a me interessa solo avere più clienti"* e utilizzerà soltanto alcune strategie di acquisizione clienti che troverà in questo capitolo, otterrà dei risultati immediati, sicuramente, ma non duraturi.

Trovare nuovi clienti e portarli in una struttura non organizzata alla perfezione significa soltanto aumentare gli incassi in quel mese o poco più di campagna pubblicitaria, al termine del quale si tornerà al punto di partenza.

Il marketing è una strategia complessa a 360° e solo comprendendo appieno questo ragionamento il tuo salone di acconciature inizierà a volare...

La regola n° 3 dell'acquisizione clienti

Fare pubblicità su Facebook è la cosa più facile del mondo e in molti se ne stanno accorgendo, per la gioia di mister Zuckerberg (il fondatore di Facebook).

I titolari di attività piccole, medie e grandi, ragionano così: *"ho letto che bisogna fare pubblicità su Facebook, costa poco e ci può riuscire chiunque. Bene, lo faccio da solo, che bisogno ho di un corso, di un libro o di un consulente?"*.

E allora accedono alla pagina "crea inserzioni" e in 10 minuti mettono online la loro campagna su Facebook.

Facile come bere un bicchier d'acqua!

Peccato poi che inizino a investire 10, 100, 1000 euro salvo accorgersi che non sta succedendo un bel niente!

Quel che accade allora è che parrucchieri e titolari di centri estetici mi scrivano, con faccia tosta, dicendomi: "Michela, ho letto nel tuo blog che bisogna fare pubblicità su Facebook, io l'ho fatta e ho solo sprecato tempo e denaro!".

Ma, caro mio, io ti ho anche detto che fare pubblicità su Facebook, come tutte le cose, è facile solo se sai come fare!

Creare campagne su Facebook è facile e puoi farlo davvero da solo e senza aiuto, ma solo se prima conoscerai il modo corretto per farlo!

Io stessa, nei primi mesi di esperimenti su Facebook Ads, ho solo sprecato denaro, perché mi illudevo di essere capace di creare grandi campagne senza l'aiuto di nessuno.

Poi, però, ho iniziato a studiare e a frequentare corsi di aggiornamento (molto costosi, peraltro...) e ho scoperto che creare campagne su Facebook è molto semplice, ma solo se si è compreso come fare.

Ogni giorno mi accorgo che ci sono attività che creano inserzioni su Facebook nelle quali scrivono soltanto il nome dell'attività, i servizi che svolgono e l'indirizzo. Benissimo! Poi, però, non ti lamentare se non clicca nessuno e non ti prenotano neanche un appuntamento!

Su Facebook, le persone passano il loro tempo, si fanno i fatti degli altri, chattano con gli amici, non sono di certo lì per scoprire una nuova parrucchiera!

Questo significa che se hai un salone di acconciature non puoi trarre vantaggi da Facebook? Assolutamente no!

Significa solo che devi trovare il modo per attirare l'attenzione di quelle persone che potrebbero essere interessate al tuo salone di acconciature.

E questo risultato si ottiene solo creando delle inserzioni che contengano delle promozioni vantaggiose alle quali aderire in modo immediato!

Questa è una regola fondamentale!

Nessuna campagna pubblicitaria, men che meno su Facebook, funzionerà se non contiene un vantaggio immediato e diretto per il cliente.

E l'unico modo che hai per attirare l'attenzione è quello di proporre un servizio a un prezzo decisamente conveniente, corredando l'inserzione da un'immagine adeguata, da un titolo fortemente persuasivo e da un testo efficace.

Non si tratta di niente di difficile e di niente che tu non possa imparare guardando i video del mio corso.

Però non avventurarti da solo perché correresti il rischio di sprecare denaro e di perdere fiducia in un sistema che può dare risultati eccezionali.

Del resto, ti basta pensarci sopra: ti sembra un ragionamento da imprenditore quello di pensare di risparmiare qualche decina di euro, per provare a farcela da solo, impiegando così molto più tempo e finendo per sprecare centinaia e centinaia di euro?

Non è meglio partire subito col piede giusto?

A te la scelta.

La regola n°4 dell'acquisizione clienti

No ai servizi di couponistica, controlla tu il flusso di acquisizione clienti!

Facile come bere un bicchier d'acqua, hanno pensato molti titolari di piccole attività quando hanno scoperto i vari servizi di couponistica che si sono sviluppati negli ultimi anni: le persone vanno direttamente sui siti di queste servizi, scelgono un'attività di cui hanno bisogno, scaricano il coupon e prenotano.

Tu paghi la commissione e loro ti mandano i clienti. Bello, no?

No... perché i problemi che si sono sviluppati successivamente sono ormai sotto gli occhi di tutti.

Questi sono i difetti principali di questi servizi:

1. Non attirano clienti davvero interessati a conoscere la tua attività ma solo persone che fanno del risparmio la loro ragione di vita;

2. Nessun cliente che arriva "dai coupon" tornerà mai da te;

3. Il costo è elevato;

4. Non hai alcun controllo del processo di acquisizione clienti.

Si tratta di difetti davvero rilevanti, che annullano il vantaggio di lasciare ad altri, in cambio di una commissione, tutto l'onere di creare campagne di acquisizione clienti.

Infatti, esiste ormai la categoria dei cacciatori di coupon, quelle persone che ogni qual volta hanno necessità di un servizio, si tratti di una ceretta come di una piega ai capelli, ma anche una pulizia dei denti o la revisione dell'auto, vanno sul sito dei coupon e scaricano quello che fa al caso loro.

Queste persone non ti porteranno alcun vantaggio perché non hanno per niente l'obiettivo di "provare" il tuo modo di lavorare per poterti diventare fedeli ma usufruiranno solo del "buono" per poi andare da un'altra parte la prossima volta.

Inoltre, i coupon costano molto, perché al calcolo del mancato guadagno devi aggiungere anche le commissioni da riconoscere al sito.

Infine, delegando ad un sito il tuo processo di acquisizione clienti, non ne possiedi il controllo e questo rappresenta sempre un grande problema e un limite alla tua crescita.

Non "appaltare" mai a nessuno un processo così importante per la tua attività, cerca di gestirlo sempre autonomamente.

Crea da solo il tuo processo di acquisizione clienti con le tecniche che vedremo tra breve e non ti potrà mai capitare niente che possa interromperlo o annullarlo.

Se tutta la tua acquisizione clienti passa tramite un sito di coupon, quando il sito dovesse chiudere o anche solo aumentare le commissioni ti metterebbe in una situazione difficile.

La regola n°5 dell'acquisizione clienti

L'acquisizione clienti si fa sempre! Non solo in certi periodi dell'anno!

Qui serve proprio uno step mentale, un cambiamento radicale del modo di pensare alla promozione della tua attività.

Tutti noi siamo portati a pensare che le promozioni siano un qualcosa da fare in un certo periodo dell'anno e stop, magari nei periodi morti, utilizzando un certo budget per poi fermarsi all'esaurimento dello stesso.

Si tratta di un errore: devi SEMPRE avere in corso delle strategie di acquisizione clienti!

Il tuo salone di acconciature, infatti, ha costantemente bisogno di nuovi clienti. Anzi, per dirla in termini corretti, il tuo salone di acconciature ha bisogno di un flusso costante di nuove clienti.

Non dovrai pensare ai "periodi dell'anno" ma ai "giorni della settimana" durante i quali concentrare le promozioni.

Non devi, infatti, togliere spazio ai servizi a prezzo pieno delle tuoi clienti abituali nei giorni a loro maggiormente consoni, come il sabato o le ore del tardo pomeriggio, quanto piuttosto cercare di riempire i buchi in agenda nei giorni e negli orari un po' morti con appuntamenti riservati ai nuovi clienti, che usufruiranno delle promozioni.

Questo è molto importante da comprendere.

La pubblicità di tipo tradizionale viene fatta una volta ogni tanto. Il marketing, invece, si fa sempre, 365 giorni l'anno!

L'unica cosa alla quale dovrai fare molta attenzione è quella relativa alla "dipendenza da promozioni" che colpisce chi non sa usare il marketing in modo adeguato.

Infatti, ho curato delle campagne per alcuni clienti che a parole mi avevano promesso di essere intenzionati a cambiare radicalmente la loro attività pur di farla diventare una vera e propria macchina da guerra ma poi, nella realtà, erano solo interessate ad avere un po' di clienti in più con delle promozioni a basso costo.

Così, fatte le promozioni, l'unica cosa che hanno ottenuto è quella di avere decine di clienti che chiamano chiedendo: "non ci sono promozioni, in questo periodo?".

La cosa grave è che si tratta anche di clienti "vecchi", che erano abituati a pagare i servizi a prezzo pieno ma che poi, avendo visto le promozioni, si devono essere convinti che fosse stupido pagare 10 qualcosa che puoi avere a 7...

Se non integri le promozioni all'interno di un processo di marketing ben strutturato, il risultato che otterrai sarà quello di far perdere valore a quel che fai.

Le persone saranno orientate a pensare che, in realtà, i tuoi servizi base non valgono il prezzo di listino, perché si abituano ad usufruirne a prezzo ridotto.

Pertanto, le promozioni si fanno durante tutto il periodo dell'anno ma soltanto in funzione dell'acquisizione di nuovi clienti!

Ogni campagna promozionale sarà riservata esclusivamente ai clienti nuovi e negli orari e nei giorni che avrai prestabilito!

E tu dovrai essere bravo sia a gestire questa cosa sia a spiegarla ai tuoi clienti abituali che, in qualche modo, potrebbero risentirsi per il fatto di non poter usufruire di queste promozioni vantaggiose.

Qui entra poi in gioco la strategia complessiva di organizzazione del tuo centro che farà sì che nessun cliente si senta preso per i fondelli per il fatto di non poter pagare quanto un nuovo cliente.

Dovrai, infatti, trovare sempre il modo sia per coccolare i tuoi clienti sia per far percepire la tua professionalità. I clienti diventeranno e resteranno affezionati al tuo negozio perché ne colgono l'efficienza, la completezza, la specializzazione, e perché sanno riconoscere i vantaggi derivanti dalla loro fedeltà.

Certo, ci sarà sempre chi si lamenterà e chi si risentirà, ma dovrai metterlo in conto e non restarci male, anche perché di quei clienti puoi assolutamente fare a meno.

Tu, come stiamo dicendo fin dall'inizio di questo libro, dovrai essere percepito come la migliore di tutto il quartiere, con i tuoi servizi specialisti e unici e con tutte quelle attenzioni che riservi ai tuoi clienti abituali, che vanno dall'invito ad eventi speciali agli omaggi alle prove esclusive dei trattamenti più innovativi.

Di avere decine di clienti interessati solo ai servizi base e che, nonostante questo, cerchino anche di strappare i prezzi più bassi, non sai che fartene. Queste persone dovranno essere lasciate libere di diventare clienti dei negozi di parrucchieri low-cost...

Le strategie di acquisizione clienti

Dopo questa lunga, ma doverosa, premessa, possiamo iniziare a guardare in concreto come si effettuano le strategie di acquisizione clienti.

Come abbiamo già visto, non si tratta di un solo modo per attirare nuovi clienti.

Ci sono più strategie che puoi applicare e che funzionano.

Alcune sono un po' più impegnative di altre, ma sono tutte efficaci.

Ciò che devi evitare è di commettere l'errore di trovare la strategia che ti sembra più semplice e che dà risultati più immediati e ignorare tutte le altre.

> Non devi dipendere da una sola fonte per l'approvvigionamento dei tuoi nuovi clienti!

E questo non deve accadere per il semplice motivo che, nel caso dovessero insorgere dei problemi indipendenti dalla tua volontà, perderesti tutta la capacità di trovare nuovi clienti per il tuo salone, interrompendo un processo di crescita che, invece, deve essere costante e inesorabile.

Oggi, ad esempio, se si sa come creare delle campagne su Facebook Ads efficaci, si possono ottenere risultati fantastici a prezzi davvero irrisori.

Però tutto questo potrebbe non durare per sempre.

Qualche anno fa, ad esempio, chi aveva iniziato a creare campagne su Google Adwords (in pratica, comprare le parole chiave su Google per apparire al primo posto quando qualcuno digitava, ad esempio: "Parrucchiere a Torino"), aveva ottenuto risultati mirabilanti a fronte di costi decisamente sostenibili.

Pochi lo sanno, ma quelle attività che hanno sfruttato questa forma di pubblicità, hanno avuto delle crescite sensazionali. Conosco attività che sono passate da un punto vendita con due dipendenti a sei o sette punti vendita con decine di collaboratori!

Poi, però, è successo che, da un lato, siccome in tanti hanno scoperto questa forma di pubblicità, i costi sono aumentati a dismisura, passando da pochi centesimi a click a due o tre euro a click...mentre, dall'altro, le persone hanno iniziato a usare meno Google per utilizzare Facebook o YouTube.

Quelle attività che si sono riuscite a ri-adattare ai nuovi sistemi si sono adeguate e sono ripartite con la stessa efficacia di un tempo. Altre, invece, sono andate in crisi totale perché non riuscivano più a trovare nuovi clienti.

Pertanto, se oggi non stai usando Facebook Ads per trovare nuovi clienti ti dico che non puoi perdere altro tempo perché stai sprecando una possibilità davvero unica (puoi arrivare a pagare anche solo un euro per ogni nuova cliente acquisita...); però ti dico anche che se ti limiti a Facebook Ads commetti un grosso errore strategico.

Presto anche Facebook Ads aumenterà i propri costi, anche per un semplice fatto di maggiore competizione (se sei solo tu, nel tuo quartiere, a usare questo strumento, i costi saranno bassi, ma saliranno non appena ci saranno anche i tuoi concorrenti) e comunque, su internet, niente è per sempre e il famoso social network potrebbe essere sostituito da qualcos'altro.

Pertanto, ora vedremo come utilizzare le più svariate strategie di marketing che funzionano e che sono le seguenti:

- Il passaparola mirato;
- Le partnership;
- Le sponsorizzate su Facebook Ads;
- L'organizzazione di eventi;
- La diffusione delle recensioni;
- Il marketing di contenuto.

Vediamole assieme, una per una.

Il passaparola mirato: come attirare nuove clienti gratis

Il passaparola è un concetto di marketing basilare, il più semplice e antico della storia che sta vivendo un'epoca di grandi fraintendimenti.

Attirare clienti con il passaparola è ritenuto, ancor oggi, l'unica vera strategia di marketing possibile per chi possiede e gestisce un salone di acconciature.

Dall'altro lato, però, si sta sviluppando una tendenza diciamo più "americana" e erroneamente ritenuta innovativa, che ha a che fare con il web-marketing, che sostiene due cose ben precise:

1. Che il passaparola è morto;

2. Che tutto ciò che riguarda la promozione offline, ossia che non ha a che fare con internet, Facebook, i blog e tutto il resto è ormai inefficace.

Si tratta di due colossali **fesserie**!

Il passaparola NON è morto e non morirà MAI!

Qualunque attività voglia avere successo dovrà necessariamente soddisfare così tanto i propri clienti da spingerli, almeno in parte, a parlarne con i propri conoscenti.

Nessuno può sperare di salvarsi se non mantiene le proprie promesse, se non accontenta i propri clienti se, in definitiva, non risolve i loro problemi.

Anche se tu volessi ingaggiare i massimi esperti di marketing del mondo, disponendo di risorse illimitate, se non sei bravo ad accontentare i tuoi clienti, ben presto avrai grandi problemi.

Il marketing non fa che amplificare pregi e difetti di un'attività.

E chiunque di noi ha interesse, sia per fare bella figura sia per fare un favore a una persona cara, a parlare bene delle attività alle quali si rivolge fedelmente.

Quante volte hai consigliato un ristorante? O un idraulico? O un centro estetico? Una SPA? Uno stabilimento balneare? Immagino innumerevoli volte!

Pertanto, è evidente come, anche oggi, nell'era di internet, del web-marketing e delle persone sempre connesse, avere una fetta di clientela talmente soddisfatta da parlare di sé ad amici e parenti rappresenta un obiettivo a cui devi ambire costantemente.

Quindi no, il passaparola NON è morto.

Lo stesso discorso riguarda la convinzione, che viene propagandata da giovani (e meno giovani), guru del web-marketing, che vogliono farci credere che, ormai, il successo di un'attività si decreta online.

Le persone, è vero, trascorrono gran parte del proprio tempo con gli occhi incollati su uno schermo, si tratti di quello di una tv, di uno smartphone o di un tablet, ma ciò che accade nel mondo reale ha sempre la sua importanza.

La qualità dei servizi, come abbiamo già visto prima, resta **fondamentale**. La qualità dei prodotti utilizzati. Il passaparola spontaneo. Le pubbliche relazioni (come vedremo in seguito) e la propria reputazione, restano aspetti troppo importanti per pensare di poterli trascurare a vantaggio di ciò che avviene online, su siti, blog, social network o chat.

Come dice Frank Merenda, ormai ci siamo tutti convinti, erroneamente, che basta inviare un'email ad un potenziale cliente per conquistarlo. Ma non è affatto così. Una lettera cartacea, se scritta in un certo modo (in gergo tecnico, una Sales Letter), utilizzando il copy persuasivo, porta risultati impareggiabili.

Certo, come spesso affermo, se pensi di ottenere un qualche risultato riempiendo le buche delle lettere di volantini con le tue promozioni, allora stai sprecando tempo e denaro. Sicuramente se mettiamo su un piatto della bilancia i risultati che puoi ottenere, in termini di acquisizione clienti, tra una campagna pubblicitaria effettuata mediante volantini, ed una campagna su Facebook Ads, allora posso dirti con convinzione che non c'è partita. Facebook vince su tutta la linea.

Iniziare a promuoversi online è doveroso e necessario, perché è meno costoso ed è gestibile in modo autonomo, senza ricorrere a consulenti o esperti di marketing (tranne per quanto riguarda la formazione, sia chiaro).

Ma le strategie face-to-face (faccia a faccia), continuano ad avere una grande importanza per riuscire ad attirare clienti verso il tuo salone.

Non dobbiamo dimenticare mai la forza che hanno le relazioni sociali nel regolare, e influenzare, i nostri comportamenti.

Quando vediamo una pubblicità, di qualunque forma e tipologia, comunque sappiamo che il suo intento è quello di persuaderci, di convincerci ad acquistare un prodotto o servizio. Quindi mettiamo in campo dei meccanismi di auto-difesa naturali e inconsci.

Quando invece è una nostra cara amica a darci un consiglio, sappiamo che questo proviene spontaneamente e siamo portati a dargli retta.

Personalmente ho imparato a filtrare i consigli di amici e parenti, perché so che non abbiamo gusti simili su tutto. Però so che, ad esempio, mia sorella è molto attendibile per quanto riguarda la cura della persona, mio cognato per quanto riguarda ristoranti e tempo libero, mio marito per quel che concerne le decisioni di tipo finanziario e fiscale. E mi regolo di conseguenza.

Ma tutto questo, lungo, discorso, a cosa porta? Solo alla fissazione definitiva del principio secondo il quale il passaparola è vivo e lotta insieme a noi?

Ovviamente, no.

Tutta questa premessa è stata necessaria per comprendere un ragionamento che potrà portarti dei vantaggi incredibili nel tuo modo di gestire il tuo negozio.

Il passaparola è necessario e rappresenta uno dei (tanti) modi per promuovere il tuo negozio di parrucchiere e per attirare nuovi clienti e, proprio per questo motivo, non devi assolutamente dare per assodato il fatto che esso si debba sviluppare spontaneamente!

L'errore che viene commesso dal 90% dei titolari di saloni, ma anche da quelli di qualunque tipo di attività in Italia, è quello di considerare il passaparola come un processo autonomo, inesorabile e assolutamente non controllabile. Io lavoro bene e, di conseguenza, la mia attività avrà successo, perché le persone ne parleranno con amici e conoscenti e tutto andrà per il meglio.

Mi spiace, ma se la pensi così commetti un errore madornale!

E il motivo è molto semplice: ci sono tantissime attività nelle quali si lavora molto bene ma che non ottengono grandi risultati ed altre nelle quali, probabilmente, i servizi hanno una qualità nella media ma che, invece, vanno alla grande.

Perché accade questo?

Perché il passaparola spontaneo è insufficiente per innescare un processo virtuoso in grado di portare al successo un'attività!

Se hai un giro di, faccio per dire, 500 clienti, non puoi pensare che questo basti a trasformarle in 1500 nei prossimi anni. Anche perché, ragioniamo assieme, se sei aperta da svariati anni, com'è che questo processo non ha portato i frutti desiderati?

Su questo mi capita di discutere molto spesso con i titolari di saloni scettici: se ritieni che il passaparola sia sufficiente, perché allora, PER TE, non è stato sufficiente? Perché i risultati non arrivano o comunque non ti soddisfano? E non rispondermi che è perché c'è la crisi o perché c'è troppa concorrenza perché, altrimenti, significa che ci sono poche speranze, per te, di poter cambiare le cose.

Te lo ridico per l'ennesima volta: la crisi c'è per tutti; la concorrenza c'è ovunque, anche nel paesino sperduto di montagna, eppure ci sono attività che vanno alla grande ed altre che stentano o ristagnano.

Oppure, potrei pensare che non ottieni il successo che pur dici di meritare solo perché, evidentemente, non ci sono abbastanza persone che parlano bene di te e quindi, probabilmente, non sei poi così bravo...

La realtà è differente.

Per quanto esistano parrucchieri poco capaci o saloni troppo cari o con macchinari e prodotti non all'avanguardia, la realtà è che **il passaparola va incentivato**, per poter essere davvero utile al fine di ottenere più prenotazioni per i servizi che proponi nel tuo negozio.

Parlo di passaparola mirato intendendo, con esso, quell'insieme di strategie atte a incentivare il diffondersi del passaparola tra i tuoi clienti.

Ci sono attività, infatti, che richiamano molto meno il passaparola spontaneo. Un bravissimo dentista ottiene grandi risultati dal passaparola spontaneo. Un medico specialista molto preparato, un luminare nel suo campo, riesce ad avere l'agenda sempre piena nonostante non spenda neanche un euro in pubblicità.

Un salone di acconciature no.

A me nessuno ha mai consigliato spontaneamente, un salone di acconciature. Mi è capitato di chiedere consiglio al parco, alle mamme di altri bimbi quando mi sono trasferita e non sapevo come orientarmi. Ma nessuna mi ha detto: vai dove vado io perché è il migliore di tutti. Piuttosto, mi è stato detto: "guarda, io vado lì, mi ci trovo abbastanza bene, prova...".

Del resto, il tuo è un salone di acconciature, mica risolvi gravi problemi di salute come un dentista o un medico specialista! Prima te ne rendi conto, meglio è.

Quello che devi fare è dunque cercare di mettere in atto delle strategie in grado di dare un motivo, ai tuoi clienti, per consigliarti ad amici e parenti.

Si tratta delle classiche promozioni "*porta un'amica*", che, se fatte bene, possono portare grandi risultati.

Lo so, non è niente di nuovo ma... lo hai mai fatto? Nel modo giusto, intendo?

Perché c'è il modo di fare queste promozioni che funziona e quello che non funziona.

Quello che non funziona è quello che non prevede alcun vantaggio né per il tuo cliente che fa da "sponsor" né per l'amico, ossia il nuovo potenziale cliente.

Quello che funziona è quello che prevede, invece, dei vantaggi per entrambi.

La cliente deve avere un incentivo reale e concreto per "spendersi" per la tua attività. Se non ci guadagna niente non lo fa, ne puoi star certa.

Anche l'amica, se non vede un concreto guadagno, non abbandonerà la propria parrucchiera per venire da te.

Crea dunque delle promozioni davvero vantaggiose. Utilizza, ad esempio, i servizi base (taglio e piega, ad esempio), che per te sono piuttosto semplici da realizzare e che, ancor meglio, puoi far svolgere a una tua collaboratrice.

Su questi servizi, non proporre un poco attraente sconto percentuale ma, se pensi di potertelo permettere, regalalo a entrambe!

Darai sicuramente un incentivo reale alla tua cliente affinché distribuisca qualche buono omaggio all'amica e un vantaggio concreto a quest'ultima.

Chiaramente, dovrai fare in modo di assicurarti che il buono venga effettivamente utilizzato e, solo allora, regalerai il servizio promesso alla tua cliente sponsor.

Un'altra forma di promozione può essere quella che consente, alla tua cliente sponsor, di **ricevere un prodotto** tra quelli che lei già utilizza o che utilizzi tu nei servizi a cui lei si sottopone. In questo modo, proverai anche a fidelizzare la cliente al prodotto stesso, per poterglielo poi ri-vendere in futuro.

Mi fermo qui perché se è vero che io sono l'esperta di marketing, è ancor più vero che tu sei l'esperto del tuo salone e, per questo motivo, nessuno meglio di te conosce i comportamenti della tua clientela.

Fai delle prove, vedi cosa funziona meglio. Interrompi per qualche periodo e poi riproponi le strategie che hanno funzionato meglio.

Ma non pensare che il passaparola possa essere lasciato a se stesso!

Sempre legato al passaparola mirato, ci sono strategie quali le partnership, l'organizzazione di eventi e l'incentivo e l'utilizzo delle recensioni, come vedremo meglio in seguito.

Lo stesso principio delle promozioni "porta un'amica" può essere applicato anche alle partnership con le altre aziende, nelle modalità di cui ti parlerò nell'apposito paragrafo.

Organizzare eventi è un altro modo per attirare nuovi clienti verso il tuo salone di acconciature. Crea serate o occasioni di convivialità con i tuoi clienti abituali. Prendi come spunto la presentazione di nuovi prodotti o di un nuovo trattamento speciale, offrendo un buffet o un rinfresco. E fornisci la possibilità, per i tuoi clienti abituali, di portare una o più amiche...

Per quanto riguarda le **recensioni**, dovrai incentivarle ovunque sia possibile in tutti i mezzi che lo consentono, da Google My Business a Facebook, avendo la cura di diffondere ogni recensione ottenuta nei vari canali social e nel tuo sito, come vedremo più avanti.

Per usare un antico detto: il passaparola è morto, viva il passaparola!

Nuovi clienti per il tuo salone di acconciature con le partnership e le collaborazioni

Abbiamo visto come è possibile trovare nuovi clienti anche utilizzando strategie concettualmente vecchie quali quelle relative al passaparola, pur parlando, nel nostro caso, di passaparola mirato e incentivato.

Ciò che ora vedremo è come è possibile ampliare la clientela di un salone di acconciature attraverso le partnership e le collaborazioni in genere con altre attività in qualche modo affini.

Come acquisire nuove clienti, le strategie basilari.

Un salone di acconciature, come qualunque attività, ha un costante bisogno di acquisire nuovi clienti. Senza un flusso costante di nuovi clienti che vada perlomeno a sostituire quelli che, per un motivo o per un altro, si perdono, un'attività muore. E' inevitabile.

Ancor oggi però i titolari di saloni di acconciature mi guardano attoniti quando chiedo loro: "qual è il tuo sistema di acquisizione clienti?".

Come prima cosa devo chiarire cosa intendo per acquisizione clienti, nonostante sia piuttosto semplice (e sicuramente lo è per te, se mi segui da un po').

Per strategia di acquisizione clienti si intendono le varie modalità grazie alle quali i potenziali clienti diventano poi clienti reali.

C'è chi pensa di non avere una strategia di acquisizione clienti. In realtà ce l'ha, solo che non lo sa. Il 90% dei parrucchieri ha, come strategia per conquistare nuovi clienti, quella di non far nulla di particolare se non il limitarsi a servire i clienti che prenotano e fare qualche promozione ogni tanto.

In realtà, dietro questo immobilismo, si nascondono alcune strategie di marketing basilari, ossia:

- Conquistare i clienti attraverso la propria presenza nella via in cui si è ubicati;
- Attirare clienti mediante l'insegna, la vetrina, il logo;
- Lavorare bene e in modo onesto in modo da conservare i clienti attuali e agevolare il passaparola spontaneo.

Questo lo fanno tutti. O meglio, provano a farlo tutti.

Per il semplice fatto di avere una vetrina sulla strada della propria città si attira qualche cliente. Ci sarà sempre chi, abitando nelle vicinanze, passerà davanti al tuo negozio e si chiederà: "chissà come lavora questo salone. Prima o poi prenoto e mi tolgo la curiosità".

Allo stesso modo, molte persone saranno attirare dalla tua vetrina, dalla tua insegna, da un particolare che le colpisce quando transitano davanti al tuo negozio, a piedi o in auto.

Infine, chiunque si sforzi di lavorare bene, al giusto prezzo, e trattando con correttezza e cortesia la propria clientela, sta stimolando il passaparola naturale.

Tutte queste cose le fai anche tu, per il semplice motivo che hai un negozio, una vetrina, magari un'insegna e cerchi di lavorare con impegno.

Pertanto, nonostante tu sia scettico nei confronti di tutto ciò che ha a che fare con il marketing e l'acquisizione clienti, in realtà tu già applichi delle strategie che sono alla base dei risultati che stai ottenendo.

> Ricorda: il tuo giro di affari, gli incassi che ottieni ogni mese, sono il frutto delle strategie di marketing, e di gestione, che metti in atto quotidianamente.

Se le cose ti stanno andando bene, significa che stai facendo tutto alla perfezione e, probabilmente, questo libro, ti serve solo come ripasso e per cercare di restare aggiornato nella speranza di cogliere qualche nuova idea da applicare già da domani.

Se, viceversa, le cose non ti stanno andando bene (e, purtroppo, i numeri non mentono), allora significa che queste cose, queste strategie basilari, non le stai applicando alla perfezione.

Magari il tuo negozio è poco visibile. Magari è **indifferenziato rispetto alla concorrenza**. Magari, appunto, la concorrenza è numerosa. Magari non hai un'insegna o ce l'hai brutta e poco attrattiva. Magari non lavori così bene come pensi e quindi il passaparola, quando c'è, non è positivo e non attira nuovi clienti ma li allontana.

O magari no.

Magari queste cose le fai comunque bene ma non sono sufficienti!

Fino a 10 o 15 anni fa una buona posizione, una bella vetrina, un'insegna visibile e la qualità dei servizi che proponevi erano sufficienti a far ottenere grandi risultati a qualunque negozio di acconciature.

Quello era l'unico marketing che ti serviva!

Poi sono arrivate:

1. la liberalizzazione delle licenze;

2. la crisi;

3. la concorrenza dei negozi orientali e degli abusivi

4. l'aumento delle tasse e dei controlli

e il mantra: "lavorare bene uguale avere successo" non è stato più valido.

Oggi è necessario fare un passo in avanti, fare qualcosa in più.

Il passo successivo: esci dal tuo negozio e collabora con altre attività!

I 4 punti precedentemente citati hanno causato la chiusura di molte attività, in generale quelle gestite in malo modo (con costi fuori controllo, ad esempio) o quelle dove la qualità era troppo bassa per consentirle di stare in piedi.

Ma hanno anche portato al proliferare di attività in generale, e saloni di acconciature in particolare, che hanno rinunciato ad avere successo e si limitano a galleggiare. "si sta a galla" è il classico modo, tutto italiano, per spiegare cosa significa avere un'attività che non regala soddisfazioni economiche a chi la possiede e gestisce.

Ci sono saloni che, pur lavorando in modo pulito e onesto, magari anche proponendo servizi e trattamenti all'avanguardia, faticano a uscire dalla mediocrità e subiscono la concorrenza dei rivali.

Uno dei motivi per cui ciò accade è la scarsa indifferenziazione e specializzazione. Come visto nei capitoli precedenti, un salone di acconciature che non viene percepito in modo diverso dagli altri del quartiere o della città, farà sempre molta fatica ad emergere.

Chi sceglie una particolare specializzazione e la comunica in modo adeguato, ottiene un vantaggio incredibile.

Chi non lo fa scende nell'arena e si trova a combattere la battaglia dei prezzi.

Lavorare bene, avere un locale ristrutturato e pulito, e un negozio ben visibile non è più sufficiente nell'Italia del 2017.

E, prima di parlare delle strategie di acquisizione clienti che richiedono formazione e un minimo di investimenti, è bene preoccuparsi di fare le cose più semplici che sono poi anche quelle che non costano nulla.

Quindi, togliamoci subito di torno il classico ritornello del: "io non ho soldi da investire". Così come detto per il passaparola mirato e incentivato, anche per le strategie di acquisizione clienti attraverso partnership e collaborazioni non sono necessari investimenti.

Come ti renderai conto quando avrai terminato la lettura di questo libro, il costo di acquisizione clienti è quello che più grava sui bilanci di un'attività di successo.

Certo, se tu finora non hai mai pensato in termini di acquisizione clienti allora questa affermazione ti sembrerà una stupidaggine.

In realtà, anche se non fai nulla o quasi in termini di marketing, sostieni dei costi importanti, a cominciare da quello relativo alla vetrina, alla pulizia e alla cura del negozio, all'arredamento alla tassa per l'insegna, per continuare con gli sforzi che fai per coccolare i tuoi clienti e servirli nel migliore dei modi, specie quando si tratta di una nuova cliente che vorresti diventasse una tua cliente fedele.

Tutto questo costa. E costa, allo stesso tempo, avere un sito internet, stampare i volantini relativi alle promozioni in corso, le tessere fedeltà, il software di gestione delle schede clienti (perché ce l'hai, giusto?), curare una pagina Facebook eccetera eccetera.

Sono cose che costano, sia in termini di denaro che di tempo.

E costano, ancor di più, le strategie di marketing avanzate che i saloni di successo mettono in atto con costanza. Costano le campagne su Facebook e quelle su Google; costa aggiornare il sito e organizzare eventi e presentazioni di prodotti. Costa anche lanciare delle campagne con coupon a basso costo per il cliente (ma per te i costi ci sono eccome!).

Tutte queste cose rientrano nella voce: "Costi di acquisizione clienti". E posso dimostrarti che sono più ingenti anche di quelli che sostieni per pagare le tue collaboratrici e i fornitori.

Se i costi di acquisizione cliente, inconsapevoli e consapevoli, sono così elevati, perché non cercare di ammortizzarli dividendone la spesa con altre attività affini alla tua?

Il motivo per il quale DEVI assolutamente applicare delle strategie di partnership e collaborazione con altre attività è semplicissimo: siccome il costo di acquisizione di ogni nuovo cliente è molto elevato, collaborare con altre attività per "passarvi" i clienti è un modo molto semplice, e altrettanto efficace, per abbassare questo costo.

Se per te acquisire una nuova cliente costa, per esempio, 10 euro, se il centro estetico a te vicino te ne passerà uno gratis (ovviamente tu farai lo stesso...), due clienti ti saranno costati 10 euro anziché 20!

Come creare una partnership efficace

Eccoci finalmente arrivati al punto. La lunga premessa era necessaria per capire perché occorre impegnarsi sul serio nella strategia delle partnership e delle collaborazioni con attività affini.

Non si tratta, infatti, del semplice posizionare, vicino alla cassa, i biglietti da visita di Pasquale il Macellaio, di Adrian l'idraulico tuttofare o del ristorante Il Carciofo, nella speranza (di Pasquale e Adrian), che una tua cliente abbia proprio necessità di comprare della carne appena uscita da un servizio di acconciature o che si sia giusto rotto un tubo prima di uscire di casa e, quindi, la stessa cliente prenderà il bigliettino e chiamerà il tuo "partner".

Sperando ovviamente che molti clienti di Pasquale, di Adrian e del ristorante Il Carciofo, al momento di pagare, notino il tuo bigliettino da visita ed esclamino, tutti contenti: "Oh, guarda! Un salone di acconciature! Fammi prendere il bigliettino che domani prenoto!".

Ecco, diciamo che fatta così, la strategia non funziona.

E non pensare che io abbia esagerato. Davvero quando spiego ad una mia cliente titolare di un salone di applicare la strategia delle partnership mi dice che l'ha già fatta ma non è servita a nulla. Quando poi le chiedo *come* l'ha applicata mi spiega che ha messo i suoi bigliettini da visita dal macellaio...

Per capire come funziona davvero questa strategia devi ripassare il discorso relativo al target del tuo salone di acconciature.

Com'è composto il tuo target? Chi sono i tuoi clienti tipo?

Questo ti serve per capire che Pasquale il Macellaio probabilmente non è un'attività affine, nonostante, certamente, ci saranno molti suoi clienti che potrebbero, in teoria, essere anche tuoi clienti. E' logico: anche chi va dal parrucchiere mangia la carne, a meno che non sia vegano...

E' che quando una persona sta comprando il filetto e lo sta pagando (a caro prezzo peraltro...), difficilmente sta pensando a come diventare più bella con una seduta da questa nuova parrucchiera...

No, ciò che devi fare è trovare le attività nella tua zona i cui clienti sono, potenzialmente, anche tuoi. La tua attività e la sua condividono, almeno in parte, lo stesso target.

In linea generale e teorica, dovresti creare delle partnership con dei centri estetici; con dei solarium e centri massaggi (se non svolgono anche i tuoi servizi); con delle palestre; con delle scuole di danza o di ballo, con delle aziende di dimensioni medio-grandi nelle quali lavorano delle persone che rientrano nel tuo target.

Nella pratica, dovresti affinare ulteriormente questo ragionamento e non limitarti a fare una partnership con l'estetista dietro l'angolo, ma con quella che ha una clientela simile alla tua.

Se il tuo salone di acconciature è di livello medio-alto, ciò che devi fare è andare dalla titolare del centro estetico più fighetto del tuo quartiere e proporle una collaborazione. La stessa cosa la farai con la palestra. Delle due (o 3) palestre del tuo quartiere, con quale hai maggiore affinità? Delle aziende che ci sono in zona, in quale lavorano persone che potrebbero essere tuoi clienti?

E' chiaro, se il tuo problema è quello di avere una clientela indifferenziata e non identificabile, allora c'è da fare un lavoro a monte perché significa che ci sono altre situazioni da andare ad analizzare e a modificare.

Quindi, certo, se i tuoi clienti sono: tutte le donne (e gli uomini), di tutte le età, di tutti i ceti sociali, che prenotano per tutti i servizi che hai a listino, allora puoi benissimo andare a cercare delle partnership con qualunque tipo di attività che non sia proprio quella di Pasquale il Macellaio.

E quindi: palestre, centri estetici, negozi di abbigliamento femminile, uffici, eccetera eccetera.

Sarà solo più difficile riuscire a trovare dei titolari che abbiano davvero voglia di collaborare e che si impegnino come te nella riuscita della partnership. Ma del resto è, questo, il classico problema delle attività indifferenziate... combattere contro tutti e alla pari, senza potersi ritagliare un qualche vantaggio iniziale.

Una volta selezionato il tipo di attività con le quali vorresti collaborare è tempo di andare dal titolare delle stesse e proporre l'iniziativa. Questo è un passaggio molto delicato, perché senza la collaborazione reale e l'impegno da parte delle attività partner, l'iniziativa fallirà miseramente come falliscono quelle basate sullo scambio dei bigliettini da visita.

Pensa ad un servizio di "front-end", ossia un servizio base sul quale puntare per poter iniziare la collaborazione. Scegli un servizio che puoi proporre ad un prezzo iper-vantaggioso per la cliente e che ti consenta di andare a pari con le spese.

Come ben sai, o dovresti sapere, come tutte le strategie di acquisizione clienti, il tuo obiettivo non sono i 10 o 15 euro del servizio base quello su cui punti ma sulle prenotazioni successive a prezzo pieno da parte del nuovo cliente che punterai, quindi, a fidelizzare nel tempo.

Crea un'offerta vantaggiosa, quindi e prepara dei coupon contenenti la tua grafica, il tipo di servizio, il costo (e il costo del servizio a prezzo pieno, tanto per far comprendere il reale vantaggio alla potenziale cliente) e inserisci (dopo l'accettazione da parte della titolare dell'attività partner), il nome dell'attività con cui collaborerai. Qualcosa del tipo: "Offerta riservata ai clienti del Centro Estetico Il Sole".

A quel punto spiegherai il tipo di collaborazione che vuoi instaurare con l'attività affine, avendo cura di far comprendere la differenza tra quella collaborazione e le classiche iniziative di scambio bigliettini. (per farlo, aiutati con questo capitolo, magari stampalo e fallo leggere alla potenziale partner).

E, ciliegina sulla torta, regala un buono gratuito per lo stesso servizio al titolare dell'azienda partner. In questo modo gli farai capire che non si tratta solo di un banale scambio di raccomandazioni ma di un'iniziativa che porterà vantaggi ad entrambi.

Se lei (o lui), è titubante, lasciale comunque il buono omaggio. Se ne usufruirà, avrai un'occasione per spiegarle ulteriormente la proposta. E, per esperienza, posso dirti che se accetta il buono omaggio accetterà poi anche la collaborazione.

Tu dovrai, chiaramente, impegnarti a mandare clienti all'attività partner e dovrai chiedere alla stessa di creare dei coupon che possano essere da te distribuiti ai tuoi clienti.

E se ti frega? Se, cioè, tu le stai mandando un sacco di clienti e a te non ne arrivano... allora dovrai chiedere chiarimenti e verificare se sussistono ancora i presupposti per continuare la collaborazione...

Trasforma il tuo salone in un benefit per i dipendenti!

Con le aziende puoi applicare un'altra logica, anche se sarà necessario trovare il partner illuminato e ben disposto.

Molte aziende, infatti, elargiscono dei benefit ai loro dipendenti sotto forma di sconti in attività o omaggi particolarmente graditi, come i buoni benzina. Siccome tu a queste attività non potrai promettere di ricambiare il favore perché loro non producono un bene scambiabile con il tuo, allora la strategia dovrà essere diversa rispetto a quanto visto finora.

Dovrai puntare sul *benefit* che, in modo molto vantaggioso anche per loro, i titolari di queste attività potranno elargire alle loro dipendenti. Tu farai stampare dei buoni gratuiti riservati ai dipendenti di quell'azienda e il titolare dell'azienda te li pagherà con un prezzo molto conveniente e decisamente scontato rispetto al prezzo di listino.

In questo modo, il titolare potrà fare una bella figura con i dipendenti (o regalarli come premio di produzione) e tu dapprima incasserai la somma pattuita e, soprattutto, attirerai in negozio nuovi clienti che potrai fidelizzare in futuro, aumentando il tuo giro di clientela.

Ora che hai letto come si crea una partnership secondo il mio metodo, immagino che tu sia meno scettico rispetto a quando hai iniziato la lettura di questo capitolo.

La pubblicità non serve a niente, se non sai come farla

Uso anche io questa frase, un po' abusata, per ricordarti una cosa molto importante: se fino ad ora ti ho parlato solo di strategie di acquisizione clienti a costo zero o quasi, non significa che metterle in pratica trasformerà il tuo salone di acconciature in un'impresa di successo.

Ciò che dovrai fare successivamente è ragionare in modo diverso arrivando a comprendere che quelli spesi per trovare nuovi clienti non sono soldi sprecati ma investiti.

Certo, avrai provato anche tu a "fare pubblicità", prendendo delle sonore batoste. Volantini, manifesti, sponsorizzazioni, il sito nuovo, il posizionamento su internet eccetera eccetera... tutte cose molto costose e poco efficaci.

Si è sempre chiamata "pubblicità", questo tipo di marketing vecchio stile.

Oggi, invece, il mio metodo è quello del marketing a risposta diretta, insegnato in Italia, appunto, da Frank Merenda e da altri.

Nel marketing a risposta diretta non ci sono investimenti in pubblicità gettati a caso nella speranza che portino a qualcosa. Ci sono, invece, delle strategie che richiedono la risposta da parte del cliente e i cui risultati sono assolutamente misurabili.

Nei volantini che sicuramente ti hanno convinto a fare più di una volta, hai messo i tuo logo, qualche slogan senza senso del tipo: "la tua bellezza nelle nostre mani", l'indirizzo e, se proprio chi te li ha proposti ne capiva un po' meno di zero, anche i prezzi scontati relativi ad alcuni servizi.

Purtroppo questa strategia viene utilizzata anche nei canali più moderni, come Facebook. Come afferma Emiliano Lemma, uno dei massimi esperti di Facebook Ads in Italia, creare un'inserzione pubblicitaria nella quale non si propone un'offerta realmente vantaggiosa (il costo, scontato, di un servizio) e non si inserisce una chiamata all'azione (la possibilità di effettuare una prenotazione, una telefonata o una richiesta di informazioni), non serve a niente. E' come inviare un volantino.

Nel marketing a risposta diretta, che taluni chiamano, giocando un po' con le parole al fine di apparire originali, marketing diretto, viene invece sempre proposta un'offerta speciale realmente vantaggiosa, corredata da una richiesta di azione.

Ti do la possibilità, ad esempio, di prenotare per un servizio base a prezzo davvero scontato (tipo taglio e piega 10 euro), ma solo se chiami questo numero entro tot giorni o se compili un form lasciando i tuoi dati.

Qual è il vantaggio di questo tipo di azioni? Che saprai, in ogni momento, quanti clienti avrai ottenuto ogni tot euro spesi. Potrai, in questo modo, fare i tuoi calcoli, modificare le proposte, le creatività, le offerte e, una volta ottenuto i risultati migliori, decidere di aumentare il budget.

Con il marketing a risposta diretta hai sempre il controllo di ciò che spendi sulla base dei risultati che ottieni. E tutto questo ha poco a che fare con la "pubblicità".

Pubblicità su Facebook per trovare nuovi clienti

Tra le strategie per l'acquisizione clienti che forniscono maggiori risultati a fronte di una spesa decisamente contenuta troviamo, senza dubbio alcuno, Facebook Ads.

Facebook Ads è ciò che per Google è Adwords, ossia lo strumento per la creazione di campagne pubblicitarie all'interno del famoso social.

Fare pubblicità su Facebook al fine di attirare nuovi clienti rappresenta, oggi, la migliore arma a disposizione dei titolari di un salone di acconciature. In questo capitolo, vedremo come e perché utilizzare questo strumento.

Perché cercare clienti su Facebook

Perché Facebook? Perché usare Facebook per attirare nuovi clienti per il proprio negozio?

Beh, il motivo è piuttosto semplice: pur non essendo l'arma segreta che porterà al successo il tuo salone di acconciature, Facebook può assicurarti risultati entusiasmanti, specie se avrai la pazienza di dedicartici con attenzione senza scoraggiarti nel caso in cui ti dovessi trovare dinanzi a qualche problema. Il tutto, ad un costo impareggiabile.

E' sufficiente come motivo? Probabilmente no, non ancora almeno. Quindi, proseguiamo.

Usare Facebook per trovare clienti, purtroppo, sta diventando abbastanza costoso. Però puoi scegliere tu quanto spendere, e questo è già un aspetto rilevante. Puoi stabilire un budget complessivo e decidere in quanti giorni utilizzarlo. Oppure puoi inserire un minimo di 5 euro e far partire la tua campagna.

Usare Facebook per trovare clienti è (quasi) un sistema infallibile. Infatti, la possibilità di creare campagne con una spesa piccolissima, ti consentirà di effettuare molti test, ossia delle prove di campagne che andrai a migliorare giorno per giorno. Se un'inserzione fatta in un certo modo ti porta un cliente ogni 2 euro spesi, proverai a crearne un'altra per vedere quale delle due "converte" meglio.

Proverai poi a cambiare l'immagine utilizzata, a modificare il titolo o a migliorare il testo dell'inserzione, fino a quando troverai l'inserzione vincente, quella che ti porterà più clienti al prezzo inferiore.

Inoltre, Facebook Ads ti consente di gestire il marketing (o meglio, una parte di esso) senza l'aiuto di nessun consulente o esperto.

Perché, infatti, pagare qualcuno per fare qualcosa che, con un po' di pratica e tanta buona volontà, sei in grado di fare da solo? E, attenzione, lo puoi fare nei ritagli di tempo, mica dedicandoci ore e ore da sottrarre al tuo lavoro!

Con questo non sto sostenendo, come ogni tanto qualcuno mi accusa di fare, che le agenzie di marketing non servano a nulla e che tutti i vari guru ed esperti farebbero meglio a trovarsi un nuovo lavoro. Se lo sostenessi... che credibilità avrei, visto che questo è il mio lavoro?

Ciò che sostengo, e lo chiarisco una volta per tutte, è che l'imprenditore, in qualunque settore operi, DEVE necessariamente avere delle conoscenze relative ad un aspetto fondamentale del proprio lavoro, ossia le strategie di marketing.

Perché, a differenza di quel che si è sempre pensato in Italia, il lavoro dell'imprenditore non è, solo, occuparsi della gestione e della produzione ma è anche, e soprattutto, occuparsi della vendita, laddove per vendita si intendono tutte quelle strategie finalizzate all'acquisizione di nuovi clienti ai quali vendere i tuoi prodotti e servizi in modo continuativo.

Detto in parole ancor più semplici, il tuo lavoro non è solo quello di aprire il negozio la mattina, di occuparti dei conti e della gestione dello stesso, per poi occuparti dei servizi da svolgere personalmente per i clienti. Il tuo lavoro è anche quello di fare in modo che ci siano sempre nuovi clienti che scoprono il tuo salone di acconciature e che effettuino una prima prenotazione alla quale ne seguiranno altre.

A quel punto, potrai decidere, a seconda delle dimensioni del tuo negozio, delle tue aspettative di crescita e delle tue disponibilità, se seguire personalmente gli aspetti basilari del marketing o se affidarti ad un'esperta (come me...) o un'agenzia.

Ma ciò che devi assolutamente sapere è che solo se conosci la teoria del marketing applicato al settore del beauty, sarai in grado di evitare le fregature e potrai spendere bene i tuoi soldi.

Molto spesso, infatti, ricevo email di persone che mi dicono: "Michela, ma come faccio a fidarmi? Ho ricevuto un sacco di proposte e tutti dicono di possedere la ricetta miracolosa. Chi mente? Chi no? E poi, sono stata già fregata più di una volta...". La risposta è molto semplice: io non ti prometto niente, **io ti insegno a fare qualcosa!**

Ti insegno le strategie che utilizzo in prima persona con i miei clienti titolari di saloni di acconciature e di centri estetici. Ovviamente, posso dire di svolgere queste attività con successo, altrimenti i miei clienti non mi rinnoverebbero i contratti e, invece, per fortuna (ma la fortuna in questo caso conta poco), ho l'agenda piena e non accetto nuovi clienti da mesi...

Comprando i miei libri, i miei mini-corsi e leggendo i miei materiali gratuiti imparerai un metodo da applicare in prima persona o, qualora non fossi in grado o non volessi farlo da solo, da far applicare a chi si proporrà come consulente.

Se ricevi chiamate o lettere o email da chi si propone come esperto o come consulente... non abboccare! **Devi essere tu a scegliere!**

E per poter scegliere senza farti fregare devi conoscere le strategie che sono alla base del mio metodo.

Se sai cosa deve contenere il tuo sito, perché te l'ho spiegato io, nessuno potrà rifilarti un costoso sito che però sarà inutile per la tua attività. Se conosci quali sono le strategie di acquisizione clienti, non ti farai abbindolare da chi ti dirà: dammi 200 euro al mese e ti farò essere primo su Google.

A te di essere primo su Google (almeno nel modo in cui intendono loro, i sedicenti stalker telefonici non autorizzati), non deve fregare niente.

A te deve importare solo di imparare a utilizzare le strategie di cui parlo in questo libro. Una volta che le avrai comprese, avrai la possibilità di decidere di fartele gestire da qualcun altro che, però, non potrà fregare anche te come, magari, fa con tanti altri tuoi colleghi.

Ma Facebook non è gratis? Perché devo fare pubblicità su Facebook?

"Ma allora, perché mi hai parlato di Facebook Ads, ossia di un sistema a pagamento, quando Facebook è gratuito? Io ho già il mio account, ho già la mia pagina Facebook e la curo con attenzione. Addirittura, ho anche l'account di Instagram che, mi è stato detto, funziona molto bene nel mio settore..."

Purtroppo Facebook è un'azienda privata che vive e prospera grazie alla pubblicità e, per questo motivo, ha strutturato il proprio business facendo in modo che solo pagando si potrà avere adeguata visibilità.

Chiariamoci una volta per tutte su un aspetto: se anche la tua pagina Facebook ha un miliardo di "mi piace", solo una piccolissima parte di questi riceverà i tuoi aggiornamenti. Non è una mia considerazione, è la realtà.

L'algoritmo di Facebook che regola ciò che ognuno di noi vede quando visita il sito (o l'App dal cellulare), fa in modo che tu veda i contenuti (gratuiti) dei tuoi amici e quelli a pagamento. Vedrai solo una piccola parte di ciò che pubblicano tutte le varie pagine a cui hai messo "mi piace".

Non ci credi? Verifica tu stesso. Guarda su Facebook le pagine alle quali hai messo "mi piace" (c'è l'elenco completo, da qualche parte...) e poi visitale una per una. Quanti degli aggiornamenti che sono stati pubblicati tu hai visualizzato? Una parte piccolissima...

Inoltre, anche se TUTTE le persone che hanno messo "mi piace" alla tua pagina, ricevessero tutti gli aggiornamenti, si tratterebbe comunque di persone che sono GIA' tuoi clienti. Quindi, non puoi fare di certo acquisizione di nuovi clienti con la tua pagina Facebook...

Questo non significa che curare la tua pagina sia inutile, anzi. E' bene che i tuoi clienti diventino anche fan della tua pagina. Potrai inoltre utilizzare la pagina Facebook per tenerti in contatto con i clienti e per risolvere loro eventuali problemi.

Se però vuoi davvero approfittare della forza di Facebook per ottenere nuovi clienti per la tua attività, allora ti devi rassegnare ad aprire il portafogli...

Un importante accorgimento è relativo al tipo di contenuti da promuovere su Facebook: l'era delle promozioni per attirare nuovi clienti è abbondantemente terminata. Fino a qualche anno fa, semplicemente creando delle offerte per i nuovi clienti si potevano ottenere grandi risultati. Oggi, tante piccole attività hanno cominciato a usare questo sistema e il risultato è stato duplice:

- da un lato, le campagne sono diventate più costose e meno efficaci;

- dall'altro, le persone sono sempre meno interessate, anche perché bombardate da costanti offerte.

Il modo migliore per usare Facebook Ads per attirare nuovi clienti è quello di creare dei contenuti interessanti per il proprio target: post e video che parlino delle esigenze, dei problemi delle persone relativamente ai propri capelli, o che forniscano delle idee riguardo ad acconciature di tendenza.

Questa è la parte che noi definiamo come Marketing di contenuto, e la spieghiamo in modo molto esaustivo durante i nostri corsi di marketing dal vivo. Spiegarlo in un libro è troppo complesso e difficilmente si riesce a far comprendere la complessità dell'argomento.

Se vuoi partecipare al prossimo corso, visita la pagina www.corsohs.it

Alcune indicazioni sulle campagne pubblicitarie

Fare pubblicità su Facebook è diventata un'esigenza per chi ha un salone di acconciature, ma è bene comprendere come questa non sia l'unica modalità per promuoversi e attirare nuovi clienti, anzi.

Negli ultimi anni, molto più efficaci stanno risultando le campagne su Google Ads, il servizio pubblicitario di Google. In pratica, si tratta di apparire ai primi posti del motore di ricerca, tra gli annunci sponsorizzati.

Perché usare Google anziché Facebook?

Perché su Google c'è quella che viene definita "domanda consapevole". Si tratta cioè di persone che stanno effettivamente cercando qualcosa. Se una persona vuole trovare un nuovo parrucchiere non lo cerca di sicuro su Facebook, ma prende in mano il cellulare ed esegue una ricerca su Google. Il cliente è, come si suol dire, caldo. Pronto cioè ad effettuare un acquisto.

Su Facebook, invece, le persone stanno facendo altro. Passano il tempo, chattano con gli amici, seguono le pagine preferite, si informano (si fa per dire). Nessuno cerca un prodotto o un servizio. Questo non significa però che non sia ugualmente efficace. Ma si tratta di un processo più lungo.

Quel che posso dirti è che, oggi, per un salone di acconciature che cerca clienti è più utile sponsorizzare annunci su Google Ads.

Facebook è indicato per un salone che ha saputo creare una propria idea differenziante e la diffonde attraverso i propri contenuti.

Un salone specializzato in un determinato tipo di colore, come il balayage (seguo direttamente alcuni saloni di successo che si sono specializzati in questa tecnica), può creare dei contenuti a tema, sia in video che come post del blog, e sponsorizzarli su Facebook Ads.

In questo caso, e solo in questo, Facebook fornisce ottimi risultati.

Se ancora non hai creato il tuo posizionamento, il tuo brand specializzato, il consiglio è quello di frequentare un corso di marketing come quello di

Hair Stylist di Successo e, solo successivamente, creare delle campagne pubblicitarie su Facebook.

Un altro caso in cui puoi effettuare delle campagne su Facebook Ads promuovendo direttamente le tue offerte (e non, quindi, i contenuti), è quello in cui utilizzi il remarketing.

Il remarketing è un modo di rifare marketing su un target già colpito.

Ad esempio, è possibile riproporre delle campagne pubblicitarie a chi ha già visitato il nostro sito o ha interagito con i nostri post su Facebook.

In questo caso, si tratta di potenziali clienti che, avendo già interagito con noi, con i nostri materiali di marketing, hanno manifestato interesse rispetto a quel che vendiamo. Anche se non hanno acquistato subito.

Questo significa che, continuandolo a "seguire", ci faremo trovare pronti quando loro saranno pronti a prenotare.

Si tratta di un concetto avanzato ma che puoi capire pensando a cosa succede quando cerchi un prodotto su Amazon. E' vero che, nei giorni successivi, quel prodotto ti ricompare ovunque, sia su Facebook che nei siti che visiti? Ecco, quello è il remarketing e la bella notizia è che si tratta di un tipo di strategia facilmente implementabile da chiunque abbia un minimo di dimestichezza con gli strumenti web.

Ci sono delle regole che puoi fare tue senza metterle in dubbio e sono le seguenti:

- utilizza delle immagini accattivanti ma che siano contestualizzate con il tipo di servizio;

- scrivi titoli semplici e che richiamino l'interesse. Non parlare delle caratteristiche del servizio ma punta ad attirare l'attenzione di chi ne usufruirà.

- Nella descrizione, metti sempre una scadenza all'offerta. Le persone devono sempre sentire l'urgenza della prenotazione, devono sempre avere paura di non fare in tempo e di perdere un'irripetibile opportunità, altrimenti rimanderanno la scelta e la prenotazione.

- Siccome i click li paghi, evita di far cliccare persone fuori target. Chiarisci la tua area geografica, il tuo quartiere, la tua zona. Non solo eviterai i click inutili ma attirerai maggiormente l'attenzione delle persone in target.

Inoltre, ricorda sempre anche queste cose:

1. Nelle inserzioni su Facebook deve SEMPRE esserci una chiamata all'azione (del tipo: clicca qui per prenotare). Le inserzioni che dichiarano la tua esistenza e stop non servono a nulla;

2. Crea un servizio di front-end, ossia di ingresso: il tuo fine non è l'incasso immediato ma l'incremento della tua clientela. Guadagnerai con le future prenotazioni;

3. Non creare campagne di acquisizioni clienti solo un paio di volte l'anno. Nella pubblicità tradizionale si faceva così: facciamo un giro di volantini e poi ne riparliamo tra 6 mesi. Tu devi SEMPRE avere delle strategie di acquisizione clienti attive perché necessiti di un flusso costante di nuovi clienti;

4. Ragiona da imprenditore, non da consumatore. Non importa quanto costa una campagna ma quanto ti porta. Da consumatore 1000 euro ti possono spaventare, da imprenditore no, specie se da quei 1000 euro ne ricaverai il doppio o il triplo...

Organizzare eventi e iniziative per coinvolgere la clientela e trovare nuovi clienti

Una delle strategie più efficaci e meno utilizzate per incrementare il proprio giro di clienti per un salone di acconciature è quella relativa all'organizzazione di eventi e iniziative speciali.

In questo capitolo vedremo come è possibile aumentare i propri clienti e fidelizzare contemporaneamente quelli già esistenti organizzando eventi ed iniziative speciali.

I canali per trovare nuovi clienti

Uno dei principi che fanno parte del mio metodo per trasformare un semplice parrucchiere in un imprenditore di successo è quello che prevede la **multicanalità dell'acquisizione clienti**.

Ossia: l'unico modo per assicurarti una fonte costante di nuovi clienti in grado di far decollare il fatturato del tuo salone e di sostituire i clienti che, per svariati motivi, si perdono per strada (il cosiddetto turnover dei clienti) è quello di **avere più strategie differenti** per attirare nuovi clienti in negozio.

Devono essere più di uno i canali attraverso i quali ci saranno sempre nuove persone disposte a sottoporsi ai tuoi servizi, siano essi quelli di base o più complessi.

Non puoi pensare che basti una sola fonte per avere successo. Se hai un solo modo per trovare nuovi clienti ti stai precludendo un sacco di opportunità. Inoltre, andrai a utilizzare un solo canale e, quindi, attirerai solo una parte del tuo target.

Per esempio, se decidi di utilizzare solo Facebook Ads per l'acquisizione clienti, non riuscirai ad arrivare alle persone che non utilizzano Facebook, che non hanno internet, che sono troppo anziane, o troppo giovani, per avere dimestichezza con la tecnologia.

Nessuna attività potrà mai avere successo se cerchi clienti solo online.

La strategia di successo è quella che prevede il giusto mix di online e offline, di strategie nuove e vecchie.

Come abbiamo già visto nei precedenti capitoli , le modalità per acquisire clienti sono le seguenti:

- Con Facebook Ads.

- Con Google Ads.

- Con il posizionamento del proprio sito sui motori di ricerca.

- Con la visibilità delle pagine del Google Local Pack (Google MyBusiness).

- Con il passaparola, sia esso naturale che mirato e incentivato.

- Con le partnership e le collaborazioni con altre aziende.

- Con l'organizzazione di eventi speciali.

Per riepilogare, ti ricordo che:

con Facebook Ads puoi trovare nuovi clienti grazie alla pubblicazione di inserzioni a pagamento destinate a persone che vivono (o viaggiano) nel quartiere o nelle immediate vicinanze del tuo negozio. L'importante è creare delle offerte che siano realmente attraenti e convenienti per i potenziali clienti, puntando a fidelizzare questi ultimi sul lungo periodo.

con Google Ads. Il modo più semplice, ma un po' più complesso e anche costoso, per trovare online nuovi clienti per la tua attività è quello di acquistare le parole chiave legate alla tua attività in modo che i tuoi annunci appaiano quando una persona le cerca su Google. In figura ti mostro quali sono gli annunci di Ads per la ricerca: "salone di acconciature a Torino".

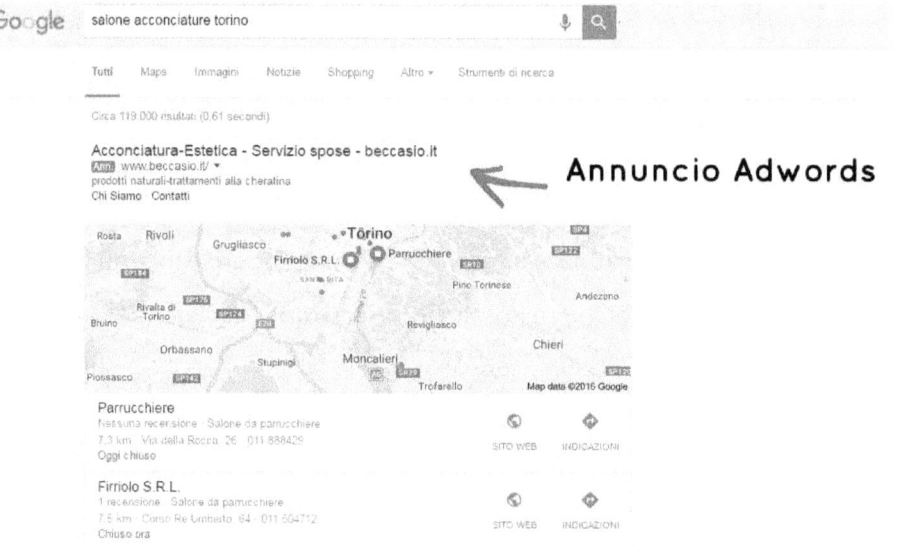

con il posizionamento organico sui motori di ricerca. Quando si parla di motori di ricerca si parla quasi esclusivamente, almeno in Italia, di Google. Essere presenti nei risultati organici di una ricerca specifica (in figura i risultati relativi alla ricerca "salone di acconciature a Torino"), significa godere di uno strumento gratuito di promozione costante e continua.

Infatti, è dimostrato come gli utenti di Google, quando effettuano una ricerca, cliccano per primi sui risultati di Google Ads e, successivamente, sui primi che appaiono tra i risultati organici, come appare in figura.

E' inoltre dimostrato che molti utenti, e quindi potenziali clienti, sanno che i primi risultati che appaiono sono delle inserzioni pubblicitarie e le saltano, cliccando direttamente su uno dei primi risultati organici.

Quanto costa posizionarsi su Google? In teoria, non costa nulla. In pratica, costa molto.

Costa in termini di denaro, perché occorre rivolgersi ad un esperto di SEO (posizionamento sui motori di ricerca) e, checché te ne dicano i millantatori vari, si tratta di una competenza davvero rara da reperire sul mercato e, quindi, molto costosa. Inoltre, ci vuole del tempo, perché un vero SEO non può garantire risultati in breve tempo.

Se il tuo sito, o blog, è ben realizzato e ben promosso nei vari canali, in parte riuscirà a posizionarsi in modo naturale. Ma non aspettarti di essere al primo posto per la ricerca "parrucchiere a ..." senza rivolgerti ad un SEO esperto.

Come posizionarsi nelle mappe di Google

Cosa si intende per pacchetto di Google Local Pack? Lo possiamo vedere nella figura più in basso. Come si può vedere, le pagine MyBusiness che sono comprese nel pacchetto Google Local Pack hanno una grande visibilità sulle ricerche che vengono effettuate nel motore di ricerca Google, il più utilizzato in Italia (praticamente l'unico...).

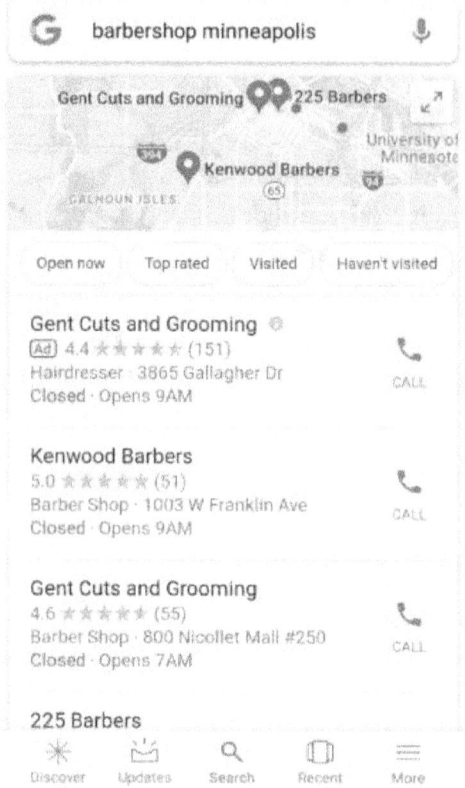

Il vantaggio di queste pagine non consiste solo nel posizionamento che si può raggiungere nella pagina di ricerca di Google ma anche, e soprattutto, nella possibilità di inserire informazioni molto utili per gli utenti a partire dalla mappa, per proseguire con i contatti, gli orari di apertura, le foto e le recensioni degli utenti.

Ovviamente non tutte le attività hanno visibilità in prima pagina. Sebbene non vi sia una ricetta per comparire ai primi tre posti, è certo che, per guadagnare posizioni, occorre compilare tutti i dati della propria scheda, corredarla di foto di buona qualità e farle ottenere molte recensioni.

Come vedremo in seguito, le **recensioni** sono molto importanti anche per attirare nuovi clienti. Infatti, la recensione sarà letta da centinaia di persone che cercheranno una parrucchiera nella tua città e valuteranno quale scegliere anche sulla base di ciò che dicono le persone che ci sono già state.

Incentiva le recensioni da parte delle tuoi clienti sui canali disponibili e quindi:

1. Sulla tua pagina Facebook.
2. Sulla tua pagina Google MyBusiness.

La prima cosa che devi fare, quindi, è verificare l'esistenza di una scheda su Google MyBusiness dedicata alla tua attività e, se non ne possiedi le credenziali di accesso, rivendicarle tramite l'apposito modulo che troverai nella pagina stessa.

Successivamente, dovrai compilare in modo completo tutti i campi della scheda e incentivare e stimolare le recensioni da parte dei tuoi clienti.

Il tutto, è bene ricordarlo, è assolutamente gratuito.

Con il passaparola, sia esso naturale che mirato e incentivato

Abbiamo già parlato in un precedente capitolo di come è possibile fare in modo che l'arma di marketing e di acquisizione clienti più antica, e comunque valida e sempre funzionante del mondo, ossia il passaparola, possa essere utilizzato al fine di ottenere un flusso costante di nuovi clienti.

Bisogna però capire che, a differenza di quanto pensino la maggior parte dei titolari di saloni, il passaparola, da solo e senza che sia in qualche modo incentivato, non è sufficiente a garantire un costante afflusso di nuovi clienti.

Occorre invece pensare a strategie che inducano i tuoi clienti soddisfatte a parlare di te e a farsi, in qualche modo, sponsor della tua attività.

Una delle iniziative di maggior efficacia è quella relativa alle promozioni del tipo "**porta un'amica**". Promozioni però che devono regalare un chiaro ed evidente vantaggio sia per chi ti sponsorizza, e quindi per la tua cliente, sia per chi viene invitato, e quindi per l'amica della cliente.

Non badare al costo dell'operazione ma concentrati sui vantaggi che ne ricaverai sul lungo periodo, ossia l'arrivo di nuovi clienti per il tuo salone di acconciature e la fidelizzazione ulteriore dei tuoi clienti "sponsor" che saranno gratificate dai vantaggi che riservi loro per ringraziarle della collaborazione.

Con le partnership e le collaborazioni con altre aziende.

Anche di partnership e collaborazioni con aziende affini abbiamo già parlato.

Si tratta di espandere ulteriormente il concetto di passaparola mirato e incentivato spostandolo nel mondo business to business, ossia in quello degli affari.

L'idea di fondo è quella di abbassare i costi di acquisizione cliente che rappresentano la voce più pesante nei bilanci di un'azienda come la tua (o come dovrebbe essere la tua), condividendoli con aziende partner e affini.

Se tu sostieni dei costi per acquisire nuovi clienti (con il passaparola, con il posizionamento sui motori di ricerca, con le promozioni, con le campagne su Facebook Ads, con gli annunci su Google Adwords eccetera eccetera, ma anche solo sforzandoti di lavorare nel migliore dei modi utilizzando prodotti molto validi e quindi costosi), e anche il centro estetico posto a 50 metri dal tuo negozio fa lo stesso, così come fa la palestra e la profumeria (tanto per fare degli esempi), perché non fare in modo che questi costi vengano, in qualche modo, spartiti e suddivisi tra i titolari di tutte queste attività?

Se nel tuo salone di acconciature hai un target ben definito, e riesci a individuare le aziende partner che si rivolgono allo stesso pubblico, allora probabilmente state sostenendo tutti dei costi per le stesse persone.

Tu stai cercando di conquistare la stessa donna quarantenne in carriera che si fa la piega una volta la settimana, che prova un taglio nuovo al mese e che acquista prodotti e trattamenti a valore aggiunto senza badare troppo al costo purché sia consapevole di ciò che acquista e che le venga spiegato alla perfezione tutto il procedimento, e la stessa cosa sta facendo il centro benessere posto a 100 metri dal tuo negozio.

E magari anche la palestra più trendy del tuo quartiere.

State pagando tutti per acquisire come cliente la stessa persona!

Trovare il modo per collaborare in modo da scambiarsi i clienti significa **condividere i costi di acquisizione cliente** e abbassarli sensibilmente.

Una volta che hai compreso questo concetto, ciò che dovrai fare è convincere gli altri titolari delle attività partner, perché solo se fatta in un certo modo, con impegno e serietà, questa collaborazione porta dei risultati, altrimenti varrà come mettere i bigliettini da visita del macellaio vicino alla cassa...

Con l'organizzazione di eventi speciali

L'organizzazione di eventi speciali è una delle più classiche strategie di marketing che, però, viene maggiormente ignorata dai titolari di saloni di acconciature.

Ed è un vero peccato, perché organizzare eventi all'interno del proprio negozio rappresenta un'ottima opportunità per raggiungere due dei principali obiettivi che ogni titolare dovrebbe inseguire con costanza e senza lesinare investimenti:

1. la fidelizzazione dei clienti

2. la conquista di nuovi clienti

Si fidelizzano i clienti perché li si rende partecipi di qualcosa che va molto oltre l'abituale gestione di un salone di acconciature. Io non mi aspetto che la mia parrucchiera mi coinvolga in iniziative speciali e riservate. Invece lei lo fa. E mi gratifica ogni volta che mi invita.

Il tuo obiettivo deve essere quello di trasformare ogni tuo cliente in un appartenente ad un club esclusivo, dal quale non saranno mai tentati di andare via, per il semplice motivo che, negli altri saloni, troveranno soltanto dei parrucchieri.

Da te no. Da te c'è molto di più. Offrirai costantemente ai tuoi clienti fedeli dei vantaggi da fare invidia a tutte le altre persone che si rivolgono alla concorrenza, magari solo perché attratte da prezzi più bassi.

I tuoi clienti saranno suddivisi da te in diverse liste (come vedremo quando parleremo delle strategie per fidelizzare i clienti) a seconda del loro grado di coinvolgimento nelle iniziative che pensi per loro e sulla base della loro capacità di spesa.

E per ognuna di queste liste penserai a delle iniziative importanti.

Gli eventi sono una di queste.

Organizza un evento per trovare nuovi clienti

Come si organizza un evento?

La tua fantasia e la tua esperienza ti diranno cosa è meglio fare, ma qualche dritta posso dartela comunque.

Intanto, occorre chiedersi perché organizzare degli eventi per i tuoi clienti.

I motivi sono due, come abbiamo appena visto:

1. Coccolare le tue migliori clienti;

2. Conquistare le amiche delle tue migliori clienti.

Due risultati non da poco.

Quando ti dico, e te lo dico spesso, che il fatto di trattare "bene" e con professionalità i tuoi clienti, non è sufficiente a farti avere successo, in realtà dico una verità solo parziale.

Intanto perché, com'è ovvio e intuitivo, se tratti male i tuoi clienti, se non li accontenti, se non hai i prezzi percepiti come giusti e onesti, se non utilizzi prodotti di qualità, difficilmente riuscirai ad ottenere grandi successi. Al massimo, potrai stare in piedi giocando sulla quantità e facendo in modo di battere i tuoi concorrenti con i prezzi più bassi del quartiere.

Una scelta folle, a mio parere.

Ciò che però vorrei che tu capissi è che questi aspetti sono indispensabili per crearti una base di clientela sufficiente a farti stare in piedi. Il classico: qualità-convenienza-cortesia, che si è sempre pensato fosse la ricetta segreta per portare al successo un'attività è ormai scontata e pretesa dai clienti.

L'assenza di anche solo uno di questi aspetti ti costringerà a portarti dietro dei limiti insuperabili.

Quel che devi fare tu è estremizzare ulteriormente il concetto del qualità-convenienza-cortesia e, per farlo, dovrai, oltre che lavorare nel migliore dei modi, anche far sentire i tuoi clienti come appartenenti ad un circolo esclusivo, ad un club per VIP nel quale sentirsi apprezzati e coccolati.

Non è difficile. Ci sono tanti modi per raggiungere questo risultato e, nel corso del libro, li vedremo tutti. Qui ti faccio una rapida carrellata di quel che puoi fare per i tuoi clienti in modo che si sentano molto più che dei semplici "clienti di un salone di acconciature".

Puoi utilizzare le schede clienti per imparare a conoscere comportamenti, gusti e preferenze di ognuno di loro, fino a ricordarti i nomi dei figli e annotarti eventuali problemi, professionali e personali.

Puoi creare delle occasionali promozioni speciali riservate a chi è tuo cliente da tempo.

Puoi inventarti per ogni stagione dei piccoli gadget da regalare ai clienti più fedeli, dai calendarietti a delle pochette personalizzate, dalle chiavette

USB (in cui inserire, magari, qualche video da te girati, delle presentazioni di trattamenti o qualunque altra forma di promozione del tuo negozio). Scatena la tua fantasia, vedrai che usciranno fuori idee molto carine.

Quanto ai costi, penso non sia un grande problema. Non dovrai realizzare 1000 gadget alla volta ma ne basteranno un centinaio, anche perché le riserverai ai clienti più preziose. Ricorda inoltre che, se acquistati all'ingrosso, questi gadget hanno dei costi piuttosto accessibili.

Puoi creare, infine, degli eventi speciali nei quali invitare i tuoi clienti, chiedendo loro di portare una o due amiche.

Organizza un aperitivo per celebrare l'arrivo della stagione primaverile. O per celebrare il Santo Patrono della città. O per la presentazione di una nuova linea di prodotti. O per presentare, con tanto di dimostrazione dal vivo, un nuovo trattamento esclusivo.

Tutti questi eventi rappresenteranno, per te e per il tuo salone di acconciature, un'occasione per promuovere la tua attività ma anche, come detto prima, per coccolare i tuoi clienti più fedeli i quali si sentiranno privilegiati rispetto ai loro amici o amiche che si rivolgono agli anonimi saloni che puntano solo sui prezzi concorrenziali.

Infine, ultimo ma non ultimo, il vantaggio derivante dalla creazione di eventi speciali è quello di acquisire nuovi clienti!

Infatti, sfrutterai la possibilità data ai clienti di portare una o più amiche, per farti conoscere e apprezzare, per farti conoscere personalmente godendo dell'atmosfera conviviale dell'evento e del vantaggio derivante dalle referenze della cliente presentatrice.

Uno degli elementi più trascurati del marketing è quello di sfruttare le referenze

Quando è un tuo cliente fedele che consiglia, con entusiasmo, ad un'amica di cambiare parrucchiere e di prenotare un appuntamento presso il tuo salone, l'impatto è notevole e il risultato quasi sicuro.

Inoltre, se questo avviene durante un momento di rilassatezza e di divertimento, l'efficacia della strategia è straordinaria!

Riepilogando, quindi, con l'organizzazione di eventi nel tuo salone ottieni:

1. Il rafforzamento della fedeltà dei clienti che già "possiedi";

2. la conquista di nuovi clienti;

3. la creazione di un sistema infallibile di referenze

Chiaramente non puoi permetterti di organizzare un evento alla settimana, sia perché non ci staresti dentro con i costi, sia perché finiresti per dover scongiurare le persone a partecipare. Per questo motivo, devi limitare l'organizzazione di eventi a non più di uno ogni 2 o 3 mesi.

Però fallo, ne vale davvero la pena!

Come utilizzare le recensioni per incrementare la tua clientela

Tra le strategie che puoi utilizzare per incrementare il numero di clienti del tuo salone di acconciature uno è particolarmente trascurato e a torto: quello dello s**fruttamento delle recensioni** ricevute e pubblicate laddove viene consentito farlo.

Si tratta di un grosso errore anche perché utilizzare le recensioni per attirare nuovi clienti è una strategia non solo molto funzionale ma anche gratuita.

In questo (capitolo nel libro) parleremo di come ottenere recensioni per il proprio salone di acconciature e come utilizzarle per ottenerne sempre di più e aumentare la propria clientela.

Cosa sono le recensioni

Croce e delizia di alcune categorie di imprenditori, a partire dai ristoratori e dagli albergatori, le recensioni stanno cambiando il modo di fare impresa e il rapporto con i propri clienti.

Per queste categorie, non è più possibile ignorare le recensioni scritte sui vari siti e sui social network, perché, parlando del loro locale o della loro struttura, i clienti suggeriscono ad altri potenziali clienti se recarsi nello stesso posto oppure no.

Ci sono molte diatribe e polemiche anche a causa del carattere spesso vendicativo dei clienti e delle recensioni false che però vengono pubblicate e influenzano le scelte delle persone.

Le recensioni però influenzano non chi le scrive ma sicuramente chi le legge. Le testimonianze sono fondamentali per questo motivo: le persone sono diffidenti e scettiche e, per quanto riguarda il nostro settore, hanno già il loro parrucchiere di fiducia.

Per convincerle a cambiare occorre stimolare, come abbiamo già visto, sia il passaparola che affidarsi alle partnership con altre aziende sono strumenti utili perché contribuiscono ad abbattere questa diffidenza.

Le recensioni contribuiscono ulteriormente ad abbattere la diffidenza dei potenziali clienti. Leggere di persone che hanno provato quel servizio e ne sono rimaste soddisfatte, rappresenta il modo migliore per convincerle a fare una prova anche loro (e la conseguenza di questo ragionamento è che, per convincerle, devi avere un prodotto di front-end, ossia un servizio base da far provare a prezzo decisamente conveniente, come abbiamo visto in precedenza).

Come ottenere recensioni positive

Innanzitutto: siccome tu non hai un ristorante e non esiste un sito come TripAdvisor relativo ai centri estetici, allora dove puoi raccogliere le recensioni?

In due luoghi molto ben frequentati:

1. Su Google, nella scheda MyBusiness
2. Su Facebook, nella pagina della tua attività

Nelle schede Google MyBusiness, fondamentali per la tua attività e per essere posizionati sia sul motore di ricerca che nel suo servizio Google Maps, come abbiamo visto nel precedente capitolo, compaiono le recensioni e i voti da parte degli utenti.

Ora magari sono poche ma, con il tempo, si diffonderanno sempre più.

Perché è importante ottenere recensioni, possibilmente positive e in gran numero?

Intanto perché ottenendone tante, e con voti positivi, si scala la classifica, ossia la posizione in cui il proprio negozio viene elencato nei risultati di ricerca rispetto alle altre attività simili.

E poi perché le persone, appunto, vengono influenzate dai giudizi dei clienti che già hanno frequentato un'attività lasciandone un giudizio.

Su Facebook, invece, le recensioni appaiono in un'apposita sezione della pagina relativa alla tua attività.

Google e Facebook sono, assieme a Youtube, i siti o le App più visitati del mondo.

Essere presenti e sfruttare tutte le possibilità che questi mettono a disposizione è un dovere.

Come è possibile ottenere recensioni in quantità?

Se lasciamo che siano i clienti, spontaneamente, a lasciare recensioni, ne riceveremmo ben poche.

Non solo, corriamo il rischio che quelle poche che riceveremo possano essere negative!

Infatti, nonostante probabilmente la maggioranza dei tuoi clienti esce soddisfatta dal tuo negozio, capiterà sempre quella persona poco contenta o che cerca il pelo nell'uovo.

Purtroppo è stato dimostrato che le recensioni vengono rilasciate perlopiù da persone che hanno sentimenti molto estremi, ossia o molto soddisfatte o molto insoddisfatte.

Siccome nel settore della bellezza, la pratica del redarre recensioni positive per premiare l'esperienza vissuta da parte del cliente, così come avviene per i ristoranti o gli alberghi, è poco diffusa, essa viene praticata solo dalle persone particolarmente insoddisfatte o arrabbiate.

Per ovviare a questo inconveniente e raggiungere l'obiettivo di far parlare molto e positivamente della propria attività, occorre trovare il modo di **incentivare le recensioni**.

Le modalità sono molteplici.

Una di queste è di **chiederlo a voce**, molto semplicemente.

Al termine del servizio, basterà chiedere alla cliente di farti la cortesia di rilasciare una recensione su Google o su Facebook, magari essendo pronte a mostrare "come si fa" prendendo in mano il proprio cellulare.

Un altro sistema, molto efficace, è quello di **chiederlo via email**.

Alla base del mio sistema di marketing per i saloni di acconciature c'è quello della raccolta degli indirizzi email dei propri clienti, per inserirli, con il loro consenso, nella lista clienti gestita non dal proprio gestionale ma da un software (gratuito) come MailChimp, che ti consente di contattare tutti i clienti inviando un'email.

Vedremo come funziona quando parleremo delle strategie di fidelizzazione dei clienti. Qui ti basta seguire la logica del ragionamento.

Siccome hai la possibilità di comunicare in modo costante con i tuoi clienti anche quando loro non sono nel tuo negozio, e questo grazie alla tua lista clienti, potrai sfruttare questo a tuo vantaggio, inviando delle email nelle quali proporre alla cliente di lasciarti una recensione su Facebook e/o su Google.

Un altro sistema è quello di **scriverlo** in modo visibile in punti strategici del negozio, magari vicino ad uno specchio o sui tavolini in cui vengono riposte le riviste che intrattengono i clienti che aspettano il loro turno.

Scrivi qualcosa di simile: "Sei soddisfatto del modo in cui ci prendiamo cura di te? Ti va di scriverlo su Google? O sulla nostra pagina Facebook?".

La combinazione di queste 3 strategie, più altre che sicuramente ti verranno in mente grazie alla tua esperienza, porterà all'incremento delle recensioni che riceverai.

Come diffondere le recensioni degli utenti

Più recensioni riceverai, più scalerai le classifiche su Google Maps e, magari, riuscirai ad apparire anche nel cosiddetto "Local pack", ossia apparire nei primi 3 posti delle mappe di Google significa essere la prima cosa che le persone vedono quando cercano un salone di acconciature su Google nei pressi della sede del tuo negozio!

Questo rappresenta un modo formidabile, e assolutamente gratuito per attirare nuovi clienti!

Non solo.

C'è un modo per rendere virtuoso il meccanismo delle recensioni, che è poi la stessa cosa che è necessaria fare per ottenere clienti, come vedremo dopo.

Siccome, come sostiene Robert Cialdini nel suo favoloso libro: "Le armi della Persuasione" (che ti consiglio di leggere perché ti sarà utile, molto utile, nel tuo lavoro), le persone vengono contagiate da quel che fanno le altre e tendono ad imitarle per non sentirsi diverse, la strategia di diffondere OGNI RECENSIONE OTTENUTA, rappresenta un'arma che devi sfruttare per ottenere un risultato importante, quello di ottenere altre recensioni ancora!

Le recensioni, se ci pensi, sono uno dei segreti che stanno facendo crescere a dismisura Amazon. Se hai mai comprato qualcosa da Amazon sicuramente avrai letto le recensioni di chi ha acquistato quel prodotto prima di te. Io lo faccio sempre...

Infatti, se tu prenderai ogni recensione che avrai ricevuto e le ripubblicherai ovunque ne abbia la possibilità, farai scattare il meccanismo dell'imitazione. I tuoi clienti saranno stimolati a fare la stessa cosa delle altre, ossia scrivere una recensione.

Pertanto, agisci in questo modo:

Pagina Facebook

Ogni recensione che ricevi, sia essa su Facebook, che su Google, che via email (fino ad arrivare, se proprio sei brava e hai intenzione di ottenere il massimo da questa strategia, alle video-testimonianze), ne farai uno screenshot, ossia una "istantanea" che cattura lo schermo.

Con i cellulari è semplicissimo: con l'iPhone, ad esempio, vai sulla recensione, la visualizzi a schermo pieno, poi premi in contemporanea il tasto "home" e quello dello spegnimento o blocco tastiera e avrai lo screenshot dello schermo tra le foto del rullino (per gli android cambia da telefono a telefono).

A quel punto, quell'immagine la ri-pubblicherai nella tua pagina Facebook.

E se è logico farlo per le recensioni ottenute su Google o via email o le testimonianze raccolte in video, perché occorre farlo anche per quelle ricevute su Facebook?

Il motivo è molto semplice: perché non sono visibili se non dovendosele andare a cercare con vari passaggi. Prova ad aprire, specie dal tuo cellulare, Facebook e la relativa pagina del tuo salone di acconciature, e cerca le recensioni o i post degli utenti. Farai fatica a trovarle.

Se invece sarai tu a condividerle o a postare l'immagine con lo screenshot, essa sarà visibile nel "diario" di chi ha messo "mi piace" sulla pagina.

Sito web

Anche nel tuo sito puoi ripubblicare le recensioni che man mano otterrai. Infatti, ti basterà creare una sezione, una pagina, intitolata: "**Dicono di noi**", "**Testimonianze**", "**Le recensioni dei clienti**"... scegli tu, e, in questa pagina, pubblicare le varie recensioni che ricevi, in qualunque forma esse siano.

Puoi farlo anche nella tua pagina Google +. Google + è il social di Google e se hai creato, come spero tu abbia fatto, la tua pagina Google MyBusiness, quella che compare anche nelle mappe di Google, allora ne possiedi una.

Per recuperarla e utilizzarla, ti basta andare a cercarla nel seguente modo: accedi a Google e "loggati", inserendo il tuo nome e password laddove c'è scritto: "Accedi". Clicca poi sulla tua foto in alto a destra e vedrai comparire la scritta "Profilo Google +".

Nella pagina potrai postare non solo eventuali articoli scritti sul tuo blog o quelli relativi ad argomenti che possono interessare i tuoi clienti, come dovresti fare anche nella tua pagina Facebook (ricerche che spiegano l'efficacia dei principi attivi dei prodotti che utilizzi; promozioni; iniziative speciali; presentazione di nuovi trattamenti eccetera eccetera) ma anche le immagini relative agli screenshot delle testimonianze che hai ricevuto.

Potrai quindi sbizzarrire la tua fantasia e trovare altri modi per mostrare le recensioni entusiaste dei clienti.

Alcuni titolari di saloni con cui ho lavorato hanno creato delle pareti nelle quali incollare, come fossero dei post-it, le recensioni più belle che hanno ricevuto.

Quei "muri" di recensioni entusiaste attirano molto i clienti che si soffermano lì davanti e leggono con attenzione (e, probabilmente, una volta a casa lasceranno anch'essi una recensione").

Come trovare clienti grazie alle recensioni

Prima ho citato Cialdini e le sue teorie relative alle armi della persuasione. Beh, una di queste teorie spiega come il fatto che tante persone parlino bene di un prodotto, un servizio o un'attività, induca inconsciamente anche le altre a pensare che, in effetti, quel prodotto o servizio siano davvero di alta qualità.

Se sono fan della pagina Facebook di un salone di acconciature e leggo costantemente post di clienti entusiasti, sarò senz'altro spinta a toccare con mano e a fare una verifica di persona. E se anche magari ero una cliente ma poi mi sono allontanata per chissà quale motivo, sarò portata a rivedere il mio giudizio e a riprovare a prenotare un servizio.

Inoltre, come accennato prima, ormai le persone cercano le attività su Google con il proprio cellulare come un tempo le cercavano sulle Pagine Gialle.

Essere presenti su Google e, in particolare, sulle Mappe, significa attirare l'attenzione delle persone che stanno cercando proprio quel tipo di servizio che tu proponi con la tua attività. E siccome nessuno prenota mai senza prima pensarci, ragionarci sopra o fare confronti, il fatto di avere:

- una scheda su Google MyBusiness piena di recensioni positive e con un voto medio molto alto;

- un sito web ben fatto e che riporta le testimonianze di tanti clienti soddisfatti;

- una pagina Facebook molto attività e nella quale appaiono, anche qui, testimonianze entusiaste;

significa convincere i potenziali clienti a prenotare un servizio da te!

Grazie alle recensioni e alla loro **ri-pubblicazione** nei vari canali è dunque possibile trovare nuovi clienti per il tuo salone di acconciature.

Come blog, video e articoli possono far crescere il tuo brand

Tra le strategie per l'acquisizione clienti che il titolare di un salone di acconciature può mettere in atto ci sono quelle di cui abbiamo parlato sinora e di cui avrai già sentito parlare anche all'infuori di questo libro.

La strategia di cui ti parlerò ora è più evoluta e raffinata, richiede molto più impegno e deve essere attuata solo dopo che sono state applicate le altre strategie di cui abbiamo parlato.

Ma si tratta di uno strumento che ti farà fare la differenza.

Sono stra-sicura che nessuno dei tuoi concorrenti più prossimi la sta attuando, a meno che non si tratti di un negozio che fa parte di una grande catena di saloni e che può godere, dunque, del marketing fatto a livello nazionale da parte della casa madre.

Sto parlando della strategia che sfrutta la creazione di contenuti multimediali al fine di attirare nuovi clienti. In gergo tecnico, si chiama "**Content Marketing**"; ossia marketing di contenuto.

Cosa si intende con marketing di contenuto?

Si intende la messa a punto di una strategia che preveda la pubblicazione di materiale informativo per i clienti, riguardo le seguenti attività:

- Trattamenti e prodotti speciali utilizzati nel tuo salone di acconciature;
- Informazioni che chiariscano i dubbi dei clienti;
- Presentazione di prodotti e trattamenti;
- Testimonianze e recensioni da condividere;
- Eventi e iniziative;

Se questi sono i possibili spunti da cui trarre ispirazione per creare contenuti da condividere con i potenziali clienti al fine di convincerli a prenotare un servizio o a restare fedele al tuo salone di acconciature, dove, invece, vanno diffusi e condivisi?

I canali sono i seguenti:

- Il proprio sito web;

- La pagina Facebook;

- I canali social: Twitter, Instagram, Pinterest, Google +;

- Il canale YouTube;

- I gruppi Facebook della propria città;

- Via email;

- Offline, direttamente nel tuo negozio;

Concentriamoci ora sui contenuti che è possibile creare e poi vedremo come condividerli in modo da farli vedere a più potenziali clienti possibili.

Quali contenuti creare

Prima di chiederti quali contenuti creare dovresti chiederti: quali sono le informazioni che potrebbero spingere alcune persone che non sono miei clienti a scegliermi? O, ancor meglio, quali sono i dubbi, gli ostacoli, che non consentono ad alcune persone di prenotare da me?

Oppure, potresti chiederti: perché alcuni miei clienti non prenotano i trattamenti a valore aggiunto, che pure sono quelli che mi garantiscono maggiori margini?

I motivi potrebbero essere i più svariati.

Ci sono, infatti, le classiche **scuse** che ti dicono quando proponi loro uno di questi trattamenti: "**costa troppo**", "**non ho soldi**", "**ho paura che non funzioni**", "mi hanno detto che quel principio attivo ha controindicazioni", eccetera eccetera.

Si tratta, talvolta, solo di scuse, appunto, al fine di liquidare un tentativo di vendita da parte tua o di una tua collaboratrice ma, spesso, rappresentano veri e propri ostacoli, problemi, dubbi, convinzioni errate che fanno sì che una cliente che potrebbe essere interessata ad un trattamento speciale poi non si decida mai a svolgerlo.

Il tuo compito, pertanto, sarà quello di **risolvere questi problemi e queste convinzioni.**

Se è un **problema di prezzo**, puoi proporre una formula di pagamento dilazionata o delle condizioni comunque favorevoli, o, ancora, un primo trattamento prova omaggio.

Una delle strategie più efficaci, in tal senso, è quella di proporre l'inizio immediato con un primo trattamento gratuito se, però, la cliente accetta di pagare tutto il trattamento subito...

Se il problema è, invece, di **motivazione**, dovrai essere bravo a spiegare tutti i vantaggi del trattamento, arricchendo la tua dimostrazione con dei video (ecco uno dei primi vantaggi derivanti da girare dei video), o dei depliant.

Se il problema è quello di **un'errata convinzione**, starà a te dimostrarne il perché, avvalendoti di spiegazioni valide, corredate da dati tecnici ed eventuali ricerche scientifiche.

Ogni volta, per ogni cliente, dovrai spiegare il tutto, cercando di essere sempre convincente e senza infastidirti per il tempo che stai perdendo e per le risposte magari distaccate o scortesi dei clienti.

Quel che allora dovrai fare sarà di **mettere per iscritto tutte queste spiegazioni** e crearne degli articoli da pubblicare sul tuo blog. E di girare anche dei video. E di raccogliere poi le testimonianze di tuoi clienti soddisfatti.

Mostrerai così questi articoli ai tuoi clienti, con le varie modalità a tua disposizione.

Li **pubblicherai sul blog** e li diffonderai sulla tua pagina **Facebook**. Su tutti i vari social. Pubblicherai eventuali video e testimonianze su **YouTube** (con il permesso dei clienti). E, infine, **invierai i link ai clienti iscritte alla tua lista** via email.

Il risultato sarà quello di vincere le resistenze dei tuoi clienti e ottenere molte prenotazioni per questi servizi e trattamenti a valore aggiunto.

Perché, è chiaro, creare contenuti sul blog o video per i servizi base non ha una grande utilità. Non è che le persone prenoteranno una piega perché avranno letto un tuo articolo in cui spieghi quanto sei bravo.

Se, viceversa, utilizzi una soluzione inedita e innovativa anche per un servizio base, allora avrai tutto l'interesse a creare uno o più contenuti relativi nei quali spiegherai come funziona, perché si tratta di una soluzione innovativa e, soprattutto, quali vantaggi ci sono per i clienti.

Altra possibile modalità di sfruttamento di questa strategia: se il cliente ti manifesta i suoi dubbi relativi all'efficacia di un trattamento o un servizio speciale, tu gli inizierai a spiegare perché, invece, dovrebbe fare una prova ma senza insistere più che tanto.

Gli dirai, o le dirai, invece: guarda, facciamo così, ti mando via email il link relativo ad un articolo in cui ti spiego perché dovresti provare questo trattamento. Poi mi fai sapere.

Così, ti prenderai un appunto e, il giorno dopo, farai trovare nella casella email della cliente il link all'articolo o al video e, in allegato, magari un coupon o un'offerta speciale a lui riservata purché approfitti della stessa entro una data prestabilita o secondo condizioni particolari (modalità di pagamento, ad esempio).

In questo modo, otterrai sicuramente l'attenzione del cliente che non solo apprezzerà la tua professionalità e la cura che hai avuto nel cercare di informarlo, ma anche il fatto di poter ottenere attenzione nel fargli comprendere i vantaggi derivanti dal sottoporsi al trattamento o servizio.

Inoltre, il parlare (o scrivere) con cognizione di causa ti farà apparire come una professionista davvero preparata.

Questo deve essere il triplice fine di ogni contenuto che andrai a creare, ossia.

- Abbattere i dubbi dei clienti;

- Mostrate professionalità e attenzione verso i clienti;

- Convincere nuovi clienti.

Il terzo punto è una conseguenza dei primi, perché se è vero che userai il tuo materiale, i contenuti che avrai prodotto, per convincere chi è già tuo cliente è ancor più vero che questi contenuti li propagherai, li diffonderai anche su quei canali che raggiungono anche persone che ancora non sono tuoi clienti.

Se tu questo post molto lungo, ben scritto e arricchito di immagini e, magari, video, in cui mostri l'efficacia di un trattamento speciale, le caratteristiche dei prodotti che utilizzi e i risultati che garantisci a chi vi si sottopone, lo prendi e lo condividi:

- Sul tuo blog (ovviamente)

- su Facebook;

- su Instagram;

- su Twitter;

- con delle inserzioni su Facebook Ads;

- sulla pagina Google +;

- su Youtube (relativamente ai video)

attirerai l'attenzione di molti tuoi potenziali clienti che saranno incentivati a effettuare una prenotazione.

Sfrutta tutti i canali disponibili per condividere i tuoi contenuti e vedrai che i risultati arriveranno!

Vuoi imparare il Metodo dell'Hair Stylist di Successo?

Partecipa all'unico corso di marketing pratico che ti insegnerà a rendere unico e rinomato il tuo salone, senza balli, canti e abbracci collettivi.

Scopri l'offerta che ti è stata riservata e ricevi SUBITO i bonus esclusivi!

Clicca qui ==> www.corsohs.it

5: Fidelizzare i clienti di salone di acconciature

La scena che tipicamente un cliente di un salone di acconciature si trova a vivere quando ha appena terminato un servizio, è quella di pagare il conto, vedersi salutare e uscire dal negozio senza che gli vengano chiesti i propri dati.

Immagino lo faccia anche tu, anche se spero fortemente che non sia così.

Ci sono parrucchieri che rispondono senza riflettere ad alcuni miei post o stati su Facebook, qualcosa del tipo: "Ma io ho clienti che vengono da me da 10 anni! Significa che so come si fidelizzano!".

E io non posso certo dar loro torto. Se hanno clienti da 10, 20, 100 anni è sicuramente un aspetto positivo. Però non significa niente.

Perché non conta la frase "ho clienti fedeli da 10 anni" ma conta, invece, quantificare questo dato. E comprendere se, dietro, c'è un sistema. Questo è fondamentale.

Chiunque abbia un'attività aperta ed economicamente sostenibile ha dei clienti fedeli, altrimenti significa che c'è qualcosa che non va. Se una panetteria non avesse clienti fedeli, sicuramente si troverebbe a dover tirare giù la serranda per sempre, perché non potrebbe di certo vivere solo con i nuovi clienti.

Se ci fai caso, anche in ristoranti dove si mangia male e dove il servizio è pessimo, ci sono clienti abituali.

Spesso si sceglie un servizio indipendentemente dalla qualità.

Lo si sceglie per convenienza, perché, magari, le alternative sono più costose.

Lo si sceglie per opportunità, perché, magari, si presenta l'occasione giusta al momento giusto (un'offerta, una promozione).

Lo si sceglie per urgenza, come quando ci si trova a dover risolvere un problema grave e impellente e non si ha il tempo di fare un'opportuna ricerca del giusto "risolutore" del problema, come nel caso di un tubo rotto.

Lo si sceglie per un'analisi costi-benefici, come quando non ci si trova benissimo con la propria estetista ma le alternative sono troppo costose o troppo distanti e un cambio non risulterebbe conveniente.

Per quanto riguarda un parrucchiere, una parte dei tuoi clienti ti è fedele perché ti trova bravo, preparato, pulito, simpatico, professionale e non ti sostituirebbe mai.

Ma una parte dei tuoi clienti ti è fedele per i motivi appena citati, e quindi solo perché costi meno degli altri, o usufruisce di sconti e promozioni (da qui il rischio di fare promozioni costanti rivolte a chi è già cliente...) oppure, ancora, per un'urgenza (per i trattamenti più importanti si rivolge ad altri ma per i servizi base viene da te perché fa prima) o, per finire, perché gli altri saloni sono o più cari o troppo distanti.

Al di là di come lavori, sicuramente molti tuoi clienti rientrano in questa statistica.

Tutto questo discorso serve per dirti due cose molto importanti:

1. se i tuoi clienti ti sono fedeli per opportunità, necessità o costo, potrebbero abbandonarti da un giorno all'altro;

2. il fatto che tu abbia clienti fedeli non significa che sei sulla strada giusta.

Solo i clienti che ti scelgono per la tua professionalità e competenza possono darti una misura della tua abilità e solo questi possono essere considerate "in cassaforte", ossia abbastanza sicuri.

Chi ti sceglie per comodità o per il prezzo ti sarà fedele solo fintanto che ti troverà più comodo di altri o più conveniente. Il giorno in cui aprirà un concorrente a 50 metri da te potresti perderlo, così come se un tuo concorrente deciderà di abbassare i prezzi ponendoli al di sotto dei tuoi.

Ma soprattutto, se non hai alcun sistema, alcun metodo per incentivare i tuoi clienti ad esserti fedeli e non hai alcun modo per misurare questa fedeltà, stai perdendo l'opportunità per rendere la tua attività un'impresa davvero redditizia.

Tornando alla frase: "ho clienti che mi sono fedeli da 10 anni", essa si presta ad una considerazione tanto semplice quanto cruda, ossia: e che significa? Quanti sono? Come li hai resi fedeli per sempre? Cosa ti dà la certezza che ti saranno fedeli ancora a lungo?

Se non sai quanti sono, con che frequenza vengono da te, che servizi utilizzano e quanto spendono ogni anno, allora la tua considerazione non vale praticamente nulla. E' come dire: la mia attività ha successo perché è aperta.

No, mi spiace, non è così. Il fatto che la tua attività sia aperta non significa che sia redditizia. Ci sono attività che sono aperte ma piene di debiti; altre che sopravvivono a stento e altre ancora nelle quali le titolari guadagnano talvolta meno delle dipendenti.

Un'impresa è di successo se lo dicono i numeri. E, per numeri, intendo il fatturato e, ancor di più, l'utile finale.

Allo stesso modo, il fatto che tu abbia clienti fedeli non significa nulla. Tutti li hanno. Un'impresa di successo, invece, è quella che:

- ha un sistema per fidelizzare i clienti;
- misura tutti i dati utili dei clienti fedeli;

Un sistema per fidelizzare i clienti è indispensabile per "forzare" in qualche modo la mano alle persone e incentivarle a tornare da te. E questo è ancor più indispensabile nel caso in cui tu metta in atto, come spero davvero tu faccia, delle strategie di acquisizione clienti.

Un cliente che entra per la prima volta nel tuo negozio NON PUO' andarsene senza averti lasciato i suoi dati.

Perché è tramite questi dati, il nome, il cognome, il numero di telefono e l'indirizzo email, che potrai ricontattarlo in futuro cercando di convincerlo a tornare da te anche attraverso l'utilizzo di incentivi e dedicandole ulteriori attenzioni.

Tutte queste cose le vedremo in seguito nei dettagli, qui è bene capire questa cosa:

tu sei il titolare di un salone di acconciature, ma i parrucchieri sono tanti, tantissimi, troppi. E tutti uguali, aggiungerei.

Tu ti ritieni sicuramente unico, il più bravo, il più simpatico e il più conveniente del tuo quartiere, ma per i tuoi clienti non è necessariamente così.

Per i tuoi clienti tu rappresenti un'opzione. Un'opzione come le altre. Per il cliente venire da te ha lo stesso valore che andare da una delle tue decine di concorrenti presenti nello stesso quartiere.

E se oggi, per qualche motivo, magari perché hai creato una campagna su Facebook Ads o perché hai un bel sito ben posizionato su Google o perché hai creato una partnership efficace, un cliente ha varcato la porta del tuo negozio, non significa affatto che lo farà nuovamente. Anche se sarai bravo, attento e conveniente.

Questo è bene che te lo metti in testa prima possibile. I clienti non hanno sufficienti motivi per preferirti ad una tua concorrente. Ai loro occhi scegliere te equivale a scegliere la tua concorrente che si trova a 100 metri dal tuo negozio.

Ma tutto ciò non significa che tu debba arrenderti a questo fatto ineluttabile! Hai la possibilità di approfittare di alcune strategie per convincere i clienti a continuare a sceglierti ancora e ancora.

Lascia alle tue concorrenti la speranza che i nuovi clienti torneranno da loro anche per la seconda e per la terza volta. Tu utilizza le strategie che sono indispensabili per trasformare il tuo negozio in un salone di acconciature di successo!

Perché questo deve essere il tuo obiettivo!

Quando ti ho convinto ad acquistare questo libro, tramite un mio post sul blog, tramite un mio stato su Facebook, tramite una campagna su Facebook Ads o tramite un'email, ti ho promesso proprio questo: darti gli strumenti indispensabili affinché tu possa lavorare come un imprenditore di successo.

Perché questo è l'errore che commettono i parrucchieri di periferia o del paesello, quello di pensare di non poter fare qualcosa di diverso per poter migliorare le cose. Loro si lasciano sopraffare dagli eventi, quando dovrebbero invece controllarli e direzionarli.

E' lo stesso principio relativo alla fedeltà dei clienti.

La parrucchiera che ragiona come una dipendente della sua stessa impresa pensa che le clienti le saranno fedeli perché lei è brava e conveniente.

L'imprenditrice sa che deve applicare delle strategie per aumentare il numero di clienti fedeli e poi di utilizzare i dati che raccoglie per incrementare il fatturato.

La parrucchiera-dipendente della sua attività pensa che solo lavorando bene avrà successo e che l'unica forma di "marketing" davvero applicabile è quella del passaparola.

L'imprenditrice sa invece che applicando le strategie di acquisizione clienti di cui abbiamo parlato nel capitolo precedente, genererà un **flusso costante di nuove clienti che poi trasformerà in clienti fedeli** nel tempo.

Poi non bisogna meravigliarsi del fatto che le parrucchiere-dipendenti della loro stessa attività non faranno mai abbastanza soldi per realizzare i loro sogni e sentirsi delle donne, delle imprenditrici, affermate, mentre chi studia, chi si aggiorna, chi applica le strategie di acquisizione e fidelizzazione clienti, chi, in definitiva, ragiona da imprenditrice occupandosi sia del prodotto (la realizzazione dei servizi e dei trattamenti), che del marketing, questi grandi risultati riesce a ottenerli.

E' così in ogni campo, in ogni settore.

C'è l'estetista che lavora per tutta la vita senza ottenere altro che quanto basta per sopravvivere, e c'è la titolare di un Centro Estetico che applica le strategie che insegno nel mio libro "Estetista Imprenditrice, manuale pratico per l'estetista di successo" che diventa un'imprenditrice affermata.

C'è il ristoratore che pensa che basta servire bene i clienti presentando loro piatti buoni per portare al successo il proprio locale e che, invece, si fa un mazzo così senza riuscire mai a svoltare e c'è invece l'imprenditore che opera nel settore della ristorazione che sa come differenziare il suo ristorante da quello degli altri, che sa applicare le strategie di marketing, che sa creare un'idea di cucina e la sa comunicare, che ha il locale sempre pieno e, spesso, dopo qualche anno vende e si inizia a godere la vita.

Posso assicurarti che nessun salone di acconciature, centro estetico, ristorante, bed and breakfast, o altra attività ha successo solo perché lavora bene e si affida al passaparola. E in nessuna di queste attività si lascia che i loro clienti escano dal negozio o dal locale senza aver lasciato i loro dati.

Se vuoi trasformare il tuo salone di acconciature in un'attività di successo devi necessariamente imparare ad applicare le strategie di acquisizione clienti e quelle di fidelizzazione degli stessi.

Come raccogliere i dati dei clienti

Una delle mie clienti aveva escogitato un sistema un po' laborioso per informare le sue clienti sulle novità o le promozioni del suo salone di acconciature: quando le vedeva passare davanti al negozio, usciva fuori e le chiamava, illustrando loro la novità o formulando la proposta.

Geniale, vero?

Sarà, ma io preferisco fare diversamente.

I titolari che applicano il mio metodo, non hanno bisogno di rincorrere i clienti per informarli su una promozione o su un nuovo trattamento.

No, perché i miei clienti hanno una lista di indirizzi email e di numeri di cellulare AUTORIZZATE che consente loro di inviare un coupon, un volantino, un codice sconto, un invito a un evento o anche solo gli auguri di compleanno con un paio di click e nel giro di pochi minuti.

Questo sì che è geniale, non trovi?

I parrucchieri che utilizzano il mio metodo possono contattare i loro clienti via email, scrivendo un messaggio e inviandolo una volta sola a tutti quanti, o via sms, tramite un messaggio inviato alle liste broadcast di WhatsApp.

O, ancora, possono inviare delle lettere di vendita (le cosiddette Sales Letters), direttamente a casa per posta ordinaria (strategia laboriosa ma che ha una altissima percentuale di conversione, ossia di clienti che prenotano il servizio o il trattamento proposto).

Il funzionamento del sistema è molto semplice, anche se richiede un po' di lavoro e l'applicazione delle soluzioni.

Per spiegare come avviene la fase di raccolta dei dati delle clienti ti racconto un aneddoto: un anno fa circa mi sono recata in un hotel di Rimini per partecipare ad un convegno di marketing.

Al mio arrivo nella struttura, senza alcuna premessa o spiegazione, l'addetto alla reception mi pone davanti un foglio che mi viene chiesto di compilare. Le uniche parole che l'addetto mi ha comunicato sono state: "può compilarmi questo foglio per la privacy?".

Io sapevo qual era l'intento dell'operazione e ho firmato, non prima di aver verificato che fossero contenuti i riferimenti alla tutela della privacy e la spiegazione delle finalità relative alla raccolta da dati da parte dell'hotel.

Avrei potuto rifiutare e non ci sarebbero stati problemi. Non l'ho fatto... e da quel giorno, di tanto in tanto, ricevo delle email da questo hotel di Rimini... email che contengono offerte, informazioni relative ad eventi che si svolgono nella località romagnola o gli auguri per Natale e per il mio compleanno...tutte cose che fanno piacere e non disturbano.

Sto per caso dicendoti di estorcere con l'inganno i dati delle tuoi clienti? Assolutamente no!

Sto invece dicendoti che spesso ci facciamo troppi problemi a chiedere ai clienti i loro dati, immaginando di dover dare qualcosa in cambio o temendo uno sdegnato rifiuto.

Non è affatto così!

Su internet si è soliti chiedere l'iscrizione alla propria mailing list o lista clienti dando in cambio del materiale gratuito, si tratti di un ebook o di una serie di video di valore. Immagino che se ti sei iscritto alla mia lista quasi certamente lo hai fatto ricevendo in cambio un mio ebook.

Non penso che la cosa ti sia dispiaciuta... anche perché l'iscrizione è avvenuta nei termini previsti dalla legge e puoi cancellarti dalla lista in qualunque momento.

Tornando all'esempio dell'hotel, è chiaro che, per quel tipo di attività, probabilmente se l'addetto alla reception mi avesse detto: "le andrebbe di essere iscritta alla nostra lista clienti in modo che poi le inizieremo a inviare delle email?", la mia risposta sarebbe stata un cordiale: "no, grazie".

Un salone di acconciature si trova a metà strada tra un impersonale hotel e l'iscrizione ad una lista di un'esperta di marketing che può aiutarti nello svolgimento del tuo lavoro.

In un hotel che non hai frequentato per una vacanza ma per un motivo professionale, difficilmente sarai incentivato a lasciare i tuoi dati in modo spontaneo, né può funzionare una strategia di incentivo troppo marcata.

Se invece ti viene proposto, in cambio della tua adesione ad un modulo privacy, la possibilità di accedere ad un video o a un ebook che potrebbe esserti utile per il tuo lavoro, allora non avrai particolari problemi a compilare il modulo e accettare di ricevere poi delle comunicazioni.

E in un salone di acconciature?

Non ti consiglio di fare come l'hotel, perché i tuoi clienti potrebbero non gradire la raccolta dei dati senza spiegarne le finalità e senza la dovuta chiarezza.

E non ti consiglio nemmeno di sprecare denaro nel regalare dei prodotti o degli sconti in cambio di una firma su un modulo privacy.

Le strade che puoi percorrere sono tre:

1. raccogliere i dati dei nuovi clienti direttamente online, nel caso in cui tu utilizzi una strategia di acquisizione clienti tramite Facebook Ads o marketing di contenuto;

2. spiegare a voce la finalità dell'operazione ai clienti, facendola passare come una formalità che non solo non creerà disturbo ma che porterà dei vantaggi ai clienti stessi.

3. Siccome utilizzi prodotti che possono creare problemi a soggetti che soffrono di qualche allergia, puoi creare un modulo in cui chiedi se il cliente soffre di allergie ai prodotti che utilizzi e, nello stesso, inserisci l'autorizzazione al trattamento dei dati per fini commerciali.

Nel primo caso sto parlando di quando scegli, come strategia di acquisizione clienti, la creazione di offerte da diffondere tramite Facebook Ads, oppure mediante la pubblicazione di articoli sul blog. Ne abbiamo parlato nel capitolo precedente e quindi dovresti sapere di cosa stiamo parlando.

Se crei un'offerta di front-end,ossia la creazione di una promozione molto vantaggiosa relativa ad un servizio base riservata ai nuovi clienti, che diffonderai mediante delle inserzioni su Facebook Ads, allora farai in modo che i clienti, quando "atterrano" sul tuo sito dopo aver cliccato sull'inserzione, prima di scaricare il coupon, dovranno accettare l'informativa sulla privacy e l'iscrizione alla tua lista clienti.

Non è nulla di difficile o complicato, anche se richiede l'intervento di un tecnico che ti creerà un sistema di adesione alla tua lista che sia vincolante al fine di poter scaricare e stampare il coupon.

Una volta che il cliente avrà accettato di essere iscritto alla tua lista clienti, lo farai accedere alla pagina nella quale potrà stampare il coupon oppure, se vuoi farla ancora più semplice, poter compilare il form per la prenotazione online o, ancor più semplicemente, visualizzare il numero di telefono da chiamare per effettuare la prenotazione.

Si tratta di far compiere un passo in più al cliente prima di dirgli come fare a prenotare.

Ovviamente si corre il rischio di perdersi per strada qualche potenziale cliente che non accetterà la forma con la quale gli viene chiesto di aderire ad una promozione.

Un'altra soluzione allora può essere quella di far mettere, nella stessa pagina di scaricamento o stampa del coupon, o dove è contenuto il form per l'invio di un messaggio o un'email per effettuare la prenotazione, due "check", ossia due clausole da accettare prima di proseguire. Immagino tu lo abbia fatto decine di volte.

Ormai su internet per qualunque servizio ci si voglia iscrivere, viene prima richiesto di accettare la normativa relativa alla privacy e l'iscrizione alla lista secondo le modalità che devono essere descritte in un documento a parte.

Se invece preferisci fare tutto dal vivo il mio consiglio è quello di stampare il foglio contenente la normativa della privacy e di lasciarlo in un punto ben visibile vicino alla cassa e di stampare poi decine di fogli per l'iscrizione alla tua mailing list.

In questi fogli si chiederà ai clienti di firmare l'accettazione dei documenti a norma di legge e con il pieno rispetto della loro privacy, rimandando la lettura della normativa che si trova, appunto, in un punto ben visibile.

L'importante è che tutto avvenga nel rispetto delle procedure, ossia:

- deve esserci la normativa di legge che può essere letta, se desiderato, da ogni cliente;
- il foglio di adesione che firmeranno i clienti deve contenere tutti i riferimenti di legge, le finalità del trattamento e le modalità con le quali si utilizzeranno i dati.

Agendo in questo modo, non si corre alcun rischio di venire sanzionati per violazione della privacy. Può sembrare assurdo in un paese nel quale le leggi vengono poco rispettate perché si sa che difficilmente si sarà sanzionati, ma per quanto riguarda la privacy le multe vengono fatte eccome.

Ad ogni modo, basta procurarsi i fac-simile di adesione alla privacy per essere al sicuro.

Tutto ciò però non risolve il problema di spiegare ai clienti il perché di questa operazione.

Cosa devi dire ai tuoi clienti per convincerle a firmare?

Detto che la pratica utilizzata dall'hotel di Rimini non è consigliabile, cosa occorre fare per non urtare la sensibilità dei clienti e ottenere una percentuale molto elevata di adesioni?

Il modo migliore, che sta dando i migliori risultati ai clienti che seguo o che applicano il mio metodo, è quello relativo al terzo punto dell'elenco di cui sopra.

Siccome utilizzi, durante i tuoi servizi, dei prodotti che possono essere non tollerati da alcune persone che soffrono di allergie, puoi sfruttare questo aspetto per ottenere il consenso da parte del cliente all'utilizzo dei dati personali.

Ti basterà dire al cliente: "può compilarmi questo modulo? Mi serve per sapere se soffre di allergie particolari e per creare la sua scheda cliente".

Nessuno ti dirà di no. Chiunque compilerà il modulo anche perché ti serve davvero per evitare di creare problemi a chi soffre di allergie.

Rendila una pratica obbligatoria.

Al fondo del modulo, dove avrei chiesto i dati completi del cliente (nome, cognome, numero di telefono, indirizzo, indirizzo email, data di nascita), metterai una richiesta di autorizzazione all'utilizzo commerciale dei dati, con una spunta.

Il cliente può, quindi, rifiutarsi di accettare lo sfruttamento dei suoi dati e tu dovrai accettare il suo rifiuto. É fondamentale che tu non inserisca in lista le persone che non hanno dato il loro consenso. Si rischiano multe rilevanti.

Per diminuire al minimo la percentuale di persone che non aderiscono, ti basterà aggiungere un "se può mettere una crocetta anche su quel quadratino... così posso avvisarla quando ci sono delle promozioni...".

Usa questo sistema e vedrai che otterrai tassi di adesione superiori al 90%. Questo significa che, in pochi mesi, avrai un archivio completo con tutti i dati dei tuoi clienti!

Una volta trovata la formula adatta, utilizzala sempre allo stesso modo e standardizza la procedura per tutti i tuoi collaboratori.

Non deve infatti accadere per nessun motivo al mondo che, in tua assenza, qualcuno si dimentichi di effettuare la procedura!

Crea un documento in cui spieghi, per iscritto, in cosa consiste la procedura per la raccolta dei dati e stampala, facendola studiare a tutti i tuoi collaboratori.

Impara a mettere per iscritto ogni procedimento, sia tecnico che di marketing, aggiornandolo di tanto in tanto sulla base di possibili opposizioni o commenti da parte dei clienti o dei collaboratori.

Crea una sorta di manuale pratico per chi lavora nel tuo negozio e rendine obbligatorio lo studio per chiunque vi lavori.

Vedrai che otterrai risultati davvero incredibili, riducendo al minimo la possibilità di errori da parte tua e da parte dei tuoi collaboratori, presenti e futuri.

Come fidelizzare i tuoi clienti vecchi e nuovi

Una volta raccolti i dati dei clienti, cosa ce ne facciamo?

Dobbiamo, in parole semplici, utilizzarli in modo da convincerli a ricordarsi della nostra esistenza.

Per farlo, ci basterà utilizzare delle semplici strategie di cui parleremo ora.

Ciò che devi capire è che i tuoi clienti saranno lusingati dal fatto che tu, il titolare del salone di acconciature cui si sono rivolti una o più volte, continui a pensare a loro.

Può sembrare assurdo, detta così, ma questo è quel che accade.

Anche io che sono un'addetta ai lavori e che so riconoscere le strategie di marketing anche più nascoste e furbesche, ogni volta che ricevo un'email da parte di un negozio di cui sono cliente resto piacevolmente impressionata. Sono contenta, insomma.

Questo accade, ad esempio, quando La Rinascente di Torino mi informa che, in quanto titolare della tessera Rinascente Card, ho diritto, alcuni giorni prima dell'inizio ufficiale dei saldi, di acquistare a prezzo scontato gli stessi prodotti che magari avevo visto la settimana prima a prezzo pieno. O che è stato inaugurato un nuovo reparto o che sono presenti le nuove collezioni di alcuni marchi che io apprezzo particolarmente.

O come quando ricevo un'email da parte del ristorante che solitamente frequento nelle occasioni speciali nella quale vengo invitata, assieme al mio compagno, ad una serata speciale nella quale avrò diritto ad uno sconto del 30% o nella quale vengo invitata ad una degustazione di prodotti speciali o di un vino particolare.

Così come mi fa piacere che la banca, la compagnia telefonica e Sky si ricordino del mio compleanno. Lo so bene che avviene tutto in automatico e che non c'è veramente una persona che dice: "oh, oggi è il compleanno di Michela! Ora le mando gli auguri". Però fa piacere comunque.

E immagina quindi il piacere che regalerai ai tuoi clienti nel momento in cui riceveranno una tua email in cui sarà contenuto un invito ad un evento, un coupon per utilizzare un servizio a prezzo scontato, una seduta omaggio per un nuovo trattamento appena introdotto o, semplicemente, degli auguri di compleanno!

Farà loro davvero piacere anche perché non ci sono abituati! O meglio, sono forse abituati a ricevere certe attenzioni da parte di altre aziende, dall'Ikea piuttosto che dalla Rinascente, da Sky o dalla banca, ma non da parte del salone di fiducia!

In Italia, per ora, i commercianti non hanno ancora capito l'importanza della raccolta dei dati dei loro clienti.

E questa è una follia.

E' una follia perché si affidano al caso nella speranza che i clienti tornino sempre nonostante non facciano nulla per incentivarli. Si illudono di essere così unici, così speciali, così bravi da non aver bisogno di far altro che "trattarli bene, in modo professionale e onesto".

Ma ci sono talmente tanti tuoi concorrenti da rendere impossibile questo atto di "fedeltà" disinteressato e non incentivato.

Sai quante volte vado in un ristorante, mi ci trovo abbastanza bene, e poi me ne dimentico per sempre? E' normale, ci sono talmente tanti locali che si finisce per ricordarsi solo di quello migliore in assoluto o di quello peggiore.

Di parrucchieri bravi, onesti e corretti come te ce ne sono tantissimi. Se vuoi essere davvero percepito come unico, devi ricordarti dei tuoi clienti anche quando sono a casa.

Un altro aspetto che viene trascurato è quello di non comprendere la vera funzione delle promozioni e delle offerte. Come abbiamo visto nel capitolo precedente, ci sono persone che accettano di cambiare la loro parrucchiere abituale solo perché hanno visto un'offerta particolarmente vantaggiosa.

Sai cosa fanno? Aderiscono all'offerta e poi tornano alla loro parrucchiere abituale.

E tu, così, avrai sprecato il denaro relativo alla spesa della campagna e avrai incassato, a parità di tempo, molto meno di quanto ti consentirebbe di fare senza la promozione.

I costi di acquisizione di un cliente sono molto elevati, costano le campagne e costano i servizi che metti in promozione accettando consapevolmente di guadagnare meno.

Tutto ciò ha un senso solo se questi costi saranno assorbiti da un numero importante di nuovi clienti che ti resteranno fedeli nel tempo.

E per fare in modo che la maggior parte dei clienti che aderiscono ad una promozione tornino una seconda e una terza volta, garantendoti finalmente un margine di guadagno, devi predisporre delle strategie di fidelizzazione collaudate.

E, attenzione, anche automatiche!

Perché è ovvio che se tu dovessi inviare personalmente un'email o un messaggio ad ogni cliente finiresti per non avere tempo per fare altro!

Esistono dei software che gestiscono l'invio automatico di questi messaggi.

Si chiamano "autorisponditori" perché, appunto, inviano in automatico delle email alle persone inserite in una lista, senza che tu debba fare niente.

Uno dei software che consiglio di usare è **MailChimp**.

MailChimp e GetResponse sono due degli autorisponditori più utilizzati e, soprattutto, sono anche in italiano.

In pratica funziona in questo modo:

- raccogli l'indirizzo di un nuovo cliente;

- lo inserisci all'interno del software;

- predisponi una sequenza di email che, in automatico, cominceranno ad essere inviate ai nuove clienti secondo le tempistiche che avrai deciso tu.

Ogni nuova cliente, quindi, riceverà un'email, ad esempio, il giorno dopo l'adesione del servizio, poi una dopo 3 giorni e una dopo 15 giorni. E via di questo passo. In pratica sarà come avere una segretaria che lavora per te costantemente!

Immagino che tutta questa spiegazione possa averti un po' confuso e forse anche spaventato. Ciò che mi dicono i miei clienti titolari di saloni quando spiego loro questa strategia è: "Michela, ma io non sono capace! E non ho tempo!".

La mia risposta è molto semplice: "ti assicuro che, una volta imparato quei due o tre passaggi necessari, potrai iscrivere e inviare email ai tuoi clienti senza neanche pensare a cosa stai facendo. E che il tempo che perdi nell'iscrivere una persona è davvero poco." Come ti ho già detto, **funziona praticamente in modo automatico**.

La stessa cosa puoi farla con la popolare App "WhatsApp".

Non spaventarti per il lavoro che c'è da fare.

Se ti sei convinto che le strategie di acquisizione clienti sono necessarie per aumentare il giro di clientela del tuo salone di acconciature, allora devi assolutamente fare questo successivo step, perché se con Facebook, con gli eventi, con le partnership e tutto il resto di cui abbiamo parlato, attirerai nuovi clienti nel tuo salone, è solo con la fidelizzazione degli stessi che ti garantirai degli incassi superlativi!

E posso dirti una cosa in assoluto segreto? Se hai imparato le tecniche necessarie a diventare un bravo parrucchiere o una brava parrucchiera, ti assicuro che creare delle campagne su Facebook e inviare delle email ai tuoi clienti è davvero molto, molto più semplice!

Se hai aperto un salone di acconciature, sei già una persona "con le palle" e non potrà essere un software o qualche piccolo ostacolo tecnologico a fermarti sul più bello.

Come incrementare il fatturato grazie ai dati dei tuoi clienti

Vediamo ora, finalmente, come è possibile raggiungere quello che è, in fin dei conti, il vero obiettivo di chiunque sia titolare di un'attività: l'incremento del fatturato.

E vediamo come farlo utilizzando le strategie di fidelizzazione della clientela di cui abbiamo appena parlato.

Nel momento stesso in cui abbiamo la firma della cliente, o del cliente, sul nostro modulo per il consenso della privacy, dobbiamo avere la consapevolezza di aver messo le mani su un tesoro, su una risorsa capace di imprimere una svolta nel nostro business.

Infatti, devi entrare nell'ottica di pensiero che dal momento stesso in cui un cliente entra nel tuo negozio e viene da te servito, tu hai una grande occasione per conquistarlo per sempre.

Non sei più, infatti, un estraneo. Il tuo salone di acconciature smette di essere solo una vetrina in quella strada vicino casa. Sa chi sei, sai come lavori. Non è poco, te lo assicuro!

Nel mondo attuale vincere la resistenza di un cliente è uno degli ostacoli maggiori contro cui si scontrano, ogni giorno, gli imprenditori. Nel tuo caso, le persone hanno già un salone di acconciature di fiducia e se, finora, non sono mai venute da te (o hanno smesso di venirci), significa che non si fidavano, perché non ti conoscevano.

L'abitudine è sempre difficile da scardinare.

Se non vuoi sprecare questa occasione devi, ovviamente, dare il massimo di te stesso. Lavora come non hai mai fatto. Riserva a quella nuova cliente la massima cura, un'attenzione maniacale.

Mostrale gentilezza e competenza.

Ma anche determinazione.

Infine, **raccogli i suoi dati.**

Una volta che avrai:

1. soddisfatto la cliente con il tuo servizio o trattamento;
2. raccolto i suoi dati;

sarai sulla giusta strada verso il successo.

E non si tratta di quei concetti che vanno tanto di moda su internet nel tentativo di convincere le persone ad acquistare un servizio, un corso, un libro.

Sto parlando di successo vero e proprio. Pensaci: se, grazie alle campagne di acquisizione clienti di cui abbiamo parlato in precedenza, sarai in grado di portare in negozio ogni mese decine di nuovi clienti e se, appunto, saprai servirli nella miglior maniera possibile e ne raccoglierai i dati, avrai la possibilità di ampliare a dismisura il tuo giro di clientela.

E questo si traduce in una sola cosa: maggior guadagni!

Eseguito il servizio e raccolti i dati sei a 2/3 dal raggiungimento dell'obiettivo.

Ciò che ti manca è l'ultimo passo.

A grandi linee, ciò che devi fare con i dati raccolti.

La logica che c'è dietro la strategia di fidelizzazione che ho messo a punto nel corso degli anni e sulla base dell'esperienza effettuata con decine di saloni di varie dimensioni e in tutte le parti d'Italia, è quella di dover **continuare a corteggiare il cliente** ricordandogli la tua esistenza.

Sì, può sembrarti assurdo ma questo è ciò che accade alle persone: tendono a dimenticarsi della tua attività, specie se sono venute da te una volta sola.

Se per i tuoi clienti abituali è normale pensare a te quando hanno necessità di darsi un'aggiustata ai capelli, per quelli che sono venuti solo una volta, magari perché hanno trovato un coupon o un'offerta particolarmente conveniente su Facebook Ads, la cosa non è affatto spontanea.

Ricorda che i nuovi clienti devono ancora essere conquistati in modo definitivo! Sono venuti da te perché li hai incentivati a farlo, perché ne hanno colto la convenienza, ma non è detto che torneranno. Magari preferiranno tornare nel salone di cui sono clienti da anni.

Ben altra cosa accade quando mettiamo in atto la nostra **strategia di fidelizzazione clienti**.

Infatti, ora abbiamo i dati del nuovo cliente e siamo intenzionati a sfruttarli.

E possiamo farlo in svariati modi.

In pratica, utilizziamo gli indirizzi email raccolti per inviare, il giorno dopo che la persone è venuta per il servizio base (il prodotto di front-end), un'email nella quale la ringraziamo per la fiducia, le chiediamo un parere spassionato sul servizio e la invitiamo a mettere "mi piace" sulla nostra pagina Facebook.

Ti assicuro che l'effetto sorpresa è garantito.

La persona in questione non è mai stata trattata con tale cura.

Sarà molto contenta del fatto che tu ti sia ricordata di lei e che ci tieni alla sua opinione.

Per premiarti di questa attenzione, ti risponderà con sincerità e, quasi certamente, metterà "mi piace" sulla tua pagina Facebook.

In questo modo otterrai 3 risultati molto importanti:

1. l'avrai sorpresa positivamente;

2. imparerai, dai giudizi che riceverai, a correggere eventuali errori che commetti;

3. farai in modo che la tua pagina Facebook abbia i "mi piace" di tutte i tuoi clienti.

Non male, eh?

Ma non finisce qui.

Nella stessa email, o in una successiva, potrai chiedere alla stessa cliente di scrivere una recensione su Google My Business e su Facebook.

Tu potrai poi prendere queste recensioni e metterle in evidenza sul tuo sito, nella sezione: "dicono di noi", o "testimonianze" e sulla tua pagina Facebook.

Come ti ho già spiegato, questa forma di **utilizzo delle recensioni** scatenerà una sorta di effetto di imitazione che spingerà altri clienti a scrivere a loro volta le recensioni.

E la pubblicazione delle recensioni positive servirà a convincere molti potenziali clienti del valore dei tuoi servizi. E questo ti porterà nuove prenotazioni!

Non solo.

Come ti ho spiegato nel capitolo precedente, **più recensioni positive otterrai** su Google MyBusiness, **più migliorerà la tua posizione** nella "Local 3-pack", ossia la parte più in evidenza, con tanto di mappa, che appare alle persone quando cercano "parrucchiere", "salone di acconciature", e le altre parole correlate alla tua attività su Google, anche con il loro cellulare.

Direi che già queste motivazioni che ti ho elencato dovrebbero farti capire quanto sia indispensabile che tu impari ad applicare questo metodo.

E' gratuito e non richiede alcun sbattimento.

La tua unica fatica sarà quella di imparare a usare un software di gestione della lista clienti, come MailChimp o, meglio ancora, GetResponse, e inserire i dati delle clienti man mano che si iscrivono.

Il software, una volta che hai imparato ad utilizzarlo, inizierà a lavorare per te gratis e in maniera automatica!

Infatti, una volta che il cliente sarà uscito dal negozio, inserirai i suoi dati nel software e lui inizierà a inviare le varie email che avrai preparato e impostato.

Scatta, infatti, la sequenza di email automatiche, senza che tu debba fare niente.

Ogni nuovo cliente, quindi, il giorno dopo l'inserimento dei dati riceverà la prima email, quella nella quale chiederai un parere, ringrazierai per la fiducia e chiederai una recensione e un "mi piace" su Facebook.

Poi, il giorno successivo o un paio di giorni dopo, invierai una nuova offerta per un nuovo servizio, a prezzo conveniente (ma certo non basso come quello del prodotto di front-end, quello delle promozioni), inserendo un periodo entro cui utilizzarlo.

Se il cliente accetterà di utilizzare questo nuovo invito, posso assicurarti che probabilmente l'hai conquistato.

Si renderà conto della convenienza che si ottiene diventando tuo cliente e aspetterà con trepidazione tue nuove comunicazioni.

Ovviamente non invierai solo promozioni e offerte. Certo, ci sarà qualche cliente che penserà di ricevere costantemente offerte. E non sarà così. **Non devi svendere la tua professionalità** e non devi lavorare a prezzi più bassi rispetto a quelli che hai in listino.

Chi penserà che è così si accorgerà dell'errore e andrà alla ricerca di nuove offerte da altre parti. Non disperare: a te quel tipo di clienti non interessano.

A te interessano i clienti che, oltre ai servizi base, a prezzo pieno o, di tanto in tanto, in promozione, acquistano i prodotti di mantenimento e si sottopongono ai tuoi trattamenti speciali, quelli cioè che ti garantiscono dei margini di guadagno più elevato.

E infatti, queste sono le altre modalità che hai per utilizzare i dati dei clienti per incrementare il fatturato.

Come vendere prodotti e trattamenti sfruttando la lista clienti

Come vedremo meglio nel prossimo capitolo, la vendita di prodotti e trattamenti deve diventare un capitolo fondamentale del tuo business, una voce rilevante del tuo fatturato.

Sono i prodotti e i trattamenti a darti i margini di guadagno più elevati e, quindi, su questi dovrai concentrarti.

Puoi utilizzare la tua lista clienti in svariati modi per poter ottenere un incremento nella vendita di prodotti e trattamenti.

Uno di questi consiste nello **spiegare i vantaggi** derivanti da un trattamento o dall'utilizzo di uno o più prodotti di mantenimento al cliente mentre si sta sottoponendo ad un servizio.

Se conosci bene il cliente saprai sicuramente quali servizi utilizza maggiormente e quali problematiche ha e che deve provare a risolvere.

Bene, il tuo compito è quello di proporle delle soluzioni ai suoi problemi. Soluzioni che, ovviamente, puoi garantire con i tuoi trattamenti e i prodotti.

Il tuo obiettivo sarà quello di convincere il cliente ad effettuare immediatamente l'acquisto del trattamento o dei prodotti ma, nel caso in cui dovessi incontrare delle resistenze (cosa piuttosto frequente), allora agirai diversamente.

Ciò che dovrai fare è **raccogliere tutte le obiezioni** tipiche dei clienti di fronte ai tuoi tentativi di vendita di prodotti e servizi e creare del materiale a supporto, invece, della funzionalità degli stessi.

Nessuno meglio di te conosce quali scuse o quali dubbi i clienti hanno quando proponi loro un trattamento o un prodotto.

Ad esempio, uno dei motivi potrebbe essere relativo ai risultati. Davvero si ottengono i risultati che vengono promessi?

Bene, ciò che dovrai fare è scrivere, o fare scrivere, un bel post nel tuo blog in cui dai prova dell'efficacia del trattamento o del prodotto.

Hai testimonianze di persone che l'hanno utilizzato? Bene, raccoglile e pubblicale.

Hai degli studi scientifici che dimostrano l'efficacia del principio attivo del prodotto?

O hai del materiale, dei video, magari forniti dal produttore o dal fornitore?

Bene, durante il servizio, senza scocciarti per l'opposizione del cliente, promettigli di inviargli, via email, l'articolo, il video, le testimonianze che hai a disposizione.

In questo modo, il cliente avrà un motivo in meno per ostacolare l'acquisto del trattamento o del prodotto.

Se proprio vuoi avere una maggiore garanzia di successo nella vendita, un paio di giorni successivi alla prima email, quella nella quale hai fornito al cliente maggiori informazioni e le prove che il trattamento funziona, scrivi un'altra email nella quale:

- chiedi se ha visto il materiale che gli hai mandato (se non l'ha fatto, inserisci nuovamente i link o gli allegati);
- chiedi cosa ne pensa e se ha ulteriori dubbi;

- invita il cliente ad una prova gratuita, o al ritiro di un campione omaggio o, ancora, proponigli una formula di pagamento conveniente (con una scadenza ben precisa).

Crea una lista di tutti i dubbi, le scuse, le motivazioni che spingono le persone a non acquistare i tuoi prodotti o a non sottoporsi ai tuoi trattamenti.

Dopodiché, crea del materiale relativo che, invece, scardini queste errate convinzioni.

Non convincerai tutti i clienti ad acquistare, anche perché molti saranno troppo scettici, o poco propensi all'acquisto per motivi economici, ma sicuramente incrementerai le vendite in modo esponenziale.

Infatti, molte persone vorrebbero acquistare ma hanno dei dubbi reali e anche delle motivazioni forti che non consentono loro di lasciarsi andare e di aderire all'offerta.

Spesso si tratta di dover motivare la spesa con se stesse o con i propri mariti.

Se sarai abbastanza bravo da fornire delle reali prove dell'efficacia dei trattamenti e se saprai risolvere il numero più elevato possibile di scuse e di dubbi dei clienti, allora otterrai risultati esaltanti.

Metti alla prova questa strategia, poi, fammi sapere!

Offerte last-minute via WhatsApp

E' possibile creare dei gruppi di clienti su WhatsApp.

Potrai sfruttare questo canale per creare delle offerte last-minute di grande successo!

Stai bene attento perché sto per regalarti una strategia davvero formidabile.

Crea delle liste di clienti sulla popolare App gratuita di messaggistica.

Differenziale sulla base dei diversi tipi di servizi utilizzati o in base alla loro propensione alla spesa (vedi paragrafo successivo, quello relativo alla segmentazione delle liste).

Dopodiché, sfrutta questo canale per le vendite last-minute.

E' lunedì mattina e ti accorgi che hai una settimana un po' fiacca?

Che hai poche prenotazioni?

Bene, invia un messaggio ai tuoi clienti proponendo loro un servizio a tua scelta (non lasciare loro la possibilità di scegliere...) ad un prezzo molto vantaggioso, ma solo per le prime persone che prenoteranno (stabilisci tu il numero e comunicalo nel messaggio) e solo per determinati giorni o fasce orarie.

Questo è un ottimo modo per riempire l'agenda nei periodi di fiacca.

Altro possibile utilizzo: ti sono rimasti in magazzino dei prodotti che proprio non riesci a piazzare. Bene, crea un'offerta sul tuo blog (il blog ti serve anche a questo), nella quale spighi di che prodotti si tratta e a cosa servono, e metti il link in un messaggio da inviare ai clienti.

O, ancora: una cliente ti ha dato buca poche ore prima dell'appuntamento? Bene, messaggio via WhatsApp ai tuoi clienti per coprire il buco con un'offerta particolarmente vantaggiosa.

Vedrai che i tuoi clienti non vedranno l'ora di ricevere una tua nuova offerta last-minute!

Segmenta le tue liste per ottenere risultati più efficaci

Non tutti i clienti sono uguali, anzi.

Ci sono quelli che utilizzano solo i servizi base e, per quanti sforzi tu faccia, non c'è verso di vendere loro dei prodotti o dei trattamenti.

Ci sono quelli che sono particolarmente amanti del tuo lavoro al punto da fidarsi di te quasi incondizionatamente.

O, ancora, ci sono quelli che hanno un'elevata capacità di spesa e quelli che sono molto propensi ad acquistare prodotti e trattamenti, soprattutto se adeguatamente stimolati.

Insomma, grazie alla tua esperienza sarai sicuramente in grado di dividere i tuoi clienti in svariati gruppi a seconda delle loro caratteristiche.

Conoscere, e riconoscere, queste categorie è molto importante, e ancor più importante è capire come sfruttare adeguatamente queste liste di clienti.

Ogni programma di gestione dei dati dei clienti ti fornisce la possibilità di effettuare una segmentazione delle liste a seconda delle caratteristiche dei clienti stessi.

Ai miei clienti consiglio di creare delle liste segmentate di clienti con MailChimp, con GetResponse o, meglio ancora, con un gestionale completo e aggiornato. Puoi comunque ottenere lo stesso risultato anche con altri software.

L'importante è sapere secondo quali criteri suddividere e raggruppare i tuoi clienti.

Infatti, ogni tipologia di cliente reagisce in modo diverso alle tue proposte o alle tue offerte.

Ci sono, come abbiamo già detto, clienti che sono talmente "in fiducia" nei tuoi confronti da accettare qualunque tipo di sollecitazione per acquistare un prodotto o prenotare un trattamento.

Con loro è tutto molto più facile e a te basterà formulare la giusta offerta per ottenere i risultati auspicati.

I clienti, invece, più difficili, quelli che prenotano solo i servizi base o che hanno una capacità di spesa (o una propensione alla spesa) bassa, dovranno essere stimolati in modo differente.

Con loro servirà un lavoro più certosino di convincimento, che passi anche attraverso delle prove gratuite. Con loro sarà necessario fornire più prove relative all'efficacia del servizio che vuoi proporre.

Con loro dovrai usare parole più nette quando parli delle possibili conseguenze relative alla mancata risoluzione di un problema o di un inestetismo.

Prova a pensare ad alcuni tuoi clienti a caso e inizia a suddividerli in diverse categorie. E pensa a come formulare, per ognuno di loro, una specifica strategia per la vendita di un prodotto o servizio.

Siccome le persone sono diverse e hanno un modo di agire e di pensare differente, è evidente e banale comprendere come sia inutile e dannoso rivolgere a tutte lo stesso tipo di messaggio.

Il linguaggio stesso che utilizzi, sia a voce che via email deve essere diverso!

Se hai come cliente una cinquantenne avvocato che gradisce essere trattata con formalità dovrai formulare un'offerta altrettanto formale e rispettosa delle distanze mentre con le clienti tue coetanee, più alla mano, potrai utilizzare un linguaggio amichevole.

Come risvegliare i clienti "dormienti"

Se saprai costruire una lista clienti molto ricca di dettagli e di dati, arriverai a sapere con esattezza quali servizi o prodotti i tuoi clienti abitualmente acquistano. E, di conseguenza, proporre loro dei prodotti o dei trattamenti di completamento o che vadano a intervenire nelle stesse aree del corpo trattate con frequenza.

Al di là della mailing list, dovrai tenere un database molto aggiornato e ricco di dettagli, per fare in modo da conoscere tutti i particolari di ogni cliente.

Questo è uno strumento che può fare la differenza.

Non so se ti è mai capitato di vedere qualche film o serie tv nella quale i politici di alto grado si fanno accompagnare da un assistente che ha il compito, difficilissimo, di suggerire velocemente all'orecchio del suo "capo", il nome e il ruolo della persone che stanno per incontrare. Può capitare ad un party o ad una serata di beneficenza.

Anche nel film "Il Diavolo veste Prada" la giovane assistente ha il compito di suggerire nome, professione e anche aspetti personali delle persone che stanno per incontrare la potente giornalista interpretata magistralmente da Meryl Streep.

Bene, la tua scheda clienti deve diventare la tua assistente personale!

Annota tutti i dettagli possibili e immaginabili dei tuoi clienti!

I servizi e i prodotti che utilizzano. Gli argomenti di cui avete parlato. I nomi dei figli o se hanno avuto un problema di salute. Gli eventuali dubbi che hanno manifestato quando hai proposto loro un trattamento.

Prendi poi l'abitudine, prima di iniziare un nuovo servizio, di consultare la scheda del cliente, in modo da ricordarti, in pochi secondi, tutto quel che di importante c'è da ricordare.

I tuoi clienti saranno piacevolmente sorpresi dalla tua attenzione e dalla tua capacità di ricordare tutti questi dettagli.

Potrai sfruttare questa empatia e questa conoscenza per incrementare il fatturato della tua attività.

Hai, ad esempio, nel precedente appuntamento, proposto alla cliente una soluzione per un problema ai propri capelli di cui essa soffre? Bene, preoccupati di chiedere se il problema è stato risolto. Se non lo è stato, proponi una soluzione alternativa.

Se la cliente, invece, ha rimandato l'acquisto di un trattamento che le hai consigliato in precedenza per risolvere un particolare problema, ricordati di sottolineare, con tatto e delicatezza, che probabilmente il problema non si è ancora risolto e anzi, si è aggravato e occorre provvedere prima che sia troppo tardi.

O, ancora, se in precedenza hai inviato del materiale alla cliente scettica e indecisa se prenotare un trattamento o acquistare un prodotto, verifica se il materiale (video, articolo del blog o altro), è stato visionato e se ci sono ulteriori dubbi.

Di questi aspetti parleremo nei dettagli nel prossimo capitolo, quello relativo alla vendita dei prodotti e dei trattamenti. Qui è importante che tu comprenda l'importanza della raccolta dei dati dei clienti, perché più ricca e aggiornata è la scheda di una cliente, maggiori saranno le opportunità di vendita per te.

Chiaramente una delle cose che devi ASSOLUTAMENTE fare è quella di appuntarti le date degli appuntamenti delle clienti. Perché?

Perché, di tanto in tanto, dovrai andare a consultare il tuo archivio, il tuo database dei clienti e iniziare l'**operazione di recupero dei clienti dispersi.**

Ci sono clienti che abitualmente venivano da te una volta al mese e ora sono 3 mesi che non si fanno vivi.

E' evidente che c'è un problema.

E' successo qualcosa durante il vostro ultimo incontro?

E' rimasto scontento del trattamento ricevuto?

O, semplicemente, ha cambiato residenza?

Il tuo compito è quello di scoprire il motivo per il quale il cliente ha smesso di frequentare il tuo salone di acconciature.

Dimostra di desiderare ardentemente di tenere strette a te ogni cliente, per sempre.

Prendi il telefono e inizia a chiamare i clienti con i quali hai maggiore confidenza.

Chiedi, con cortesia ma anche fermezza, se ci sono dei problemi, se hai sbagliato qualcosa.

Dovesse emergere un problema, una lamentela, un motivo di scontento, provvedi immediatamente a fornire una soluzione. Proponi un servizio gratuito. O qualche altra forma di incentivo al ritorno da parte del cliente. E scusati.

Non sai quante volte basta un semplice: "mi dispiace, ho sbagliato" per recuperare un cliente.

E con i clienti con le quali hai meno confidenza?

Beh, di sicuro non devi rinunciare a provare a recuperarli!

Due sono le strade a tua disposizione: un'email o una lettera cartacea.

Scrivi alla tua cliente e chiedi spiegazioni circa la sua "assenza". Chiedine i motivi e proponi una soluzione. Qualcuno ti ignorerà, ma parecchie accetteranno di concederti una seconda possibilità.

Questo è un aspetto importante che voglio che tu non dimentichi.

Non importa se il cliente ha ragione o meno. Se si è risentito per qualche tuo comportamento o per un servizio che non ha gradito, devi recuperare, senza mai rigirare sulla cliente la colpa.

Non fa niente se il cliente è venuto per un trattamento anti-forfora e più che un trattamento avrebbe avuto bisogno di un miracolo. Se non è contento, prova a rimediare.

Certo, ci sono quei clienti che tu non vuoi più che siano tali, perché sono fuori target, perché sono arroganti, perché non rispettano il tuo lavoro, perché fanno tardi o perché saltano gli appuntamenti senza neanche avvisare.

Per loro tutto questo discorso non conta, anzi. Devi ambire a lavorare solo con una clientela educata e rispettosa del tuo lavoro. Di sicuro non puoi decidere dall'oggi al domani di rinunciare ai clienti che, pur maleducati e arroganti, ti pagano con puntualità e frequentano il tuo salone di acconciature più volte in un mese, però puoi, un po' alla volta, educare gli stessi clienti o allontanarli.

Se ti garantirai un flusso costante di nuovi clienti in target e se saprai fidelizzarli con le strategie di cui abbiamo parlato in questo capitolo, allora non ti peserà perdere una decina di clienti che ti rovinano le giornate e che condizionano il funzionamento del tuo negozio.

L'altra strada, dicevamo, è quella di **scrivere una bella lettera** ai tuoi clienti. Si tratta delle *Sales Letter*, le lettere di vendita, che hanno come finalità quella di convincere i tuoi clienti a prenotare un trattamento speciale o ad aderire ad una offerta.

Imparare a scrivere delle sales letter di sicuro impatto è un compito che non si può assolvere nello spazio di questo libro, poiché ne servirebbe uno appositamente dedicato allo scopo.

Mi riprometto, nel corso dei prossimi mesi, ti preparare del materiale che tratti l'argomento, ti avviserò attraverso la mia mailing list quando sarà il momento opportuno.

Nel frattempo, ciò che devi imparare a fare è scrivere una lettera ai tuoi clienti che da un po' di tempo non ti fanno visita spiegando quanto tu sia dispiaciuto per questa situazione e vorresti davvero conoscerne il motivo. Proponi poi un incentivo per dimostrare la tua buonafede, sotto forma di buono sconto o omaggio.

Può sembrare un controsenso, in un libro come questo, scritto, tra l'altro, da una persona che si promuove perlopiù online, parlare di una cosa "vecchia" come le lettere di carta.

Ma è il momento di chiarire un aspetto molto importante relativo al mio metodo.

L'online, e quindi internet, Google, i siti, i motori di ricerca, le email, i social network, Facebook e le App di messaggistica, rappresentano una vera e propria manna dal cielo per tutte le titolari di saloni di acconciature che, per anni, hanno sprecato i loro soldi in inutili campagne pubblicitarie che non hanno portato risultati.

Fare promozione online è una risorsa assoluta e fondamentale, che nessuno può oggi trascurare.

Ma questo non significa né che sia l'unica forma di promozione da praticare, né che quelle "tradizionali" siano del tutto da buttare via, anzi.

Inoltre, dato da non tralasciare, anche nel 2017 ci sono persone che NON sono online. Ci sono donne, e uomini, che per scelta non utilizzano nulla che non sia, al massimo, un telefono cellulare. Ci sono donne, e uomini, che per età e cultura non hanno accesso ad internet.

Puoi permetterti di non avere tra i tuoi clienti anche queste persone?

A te la decisione. Secondo me, no.

Come dicevamo prima, ci cono attività da fare offline, ossia nel mondo "reale" (per distinguerlo da quello virtuale), che non puoi trascurare, anzi.

Abbiamo parlato delle Public Relations. Avere delle partnership e delle collaborazioni con attività simili alla tua o che si rivolgono allo stesso target di persone è fondamentale per acquisire nuovi clienti abbassandone i costi.

Allo stesso modo, anche il buon vecchio e caro passaparola non si decide ad abdicare. Certo, non si tratta del passaparola concepito come "se lavoro bene non mi resta che aspettare che le persone parlino bene di me alle loro amiche...", ma di forme di passaparola più evoluto, come quello che io ho definito passaparola mirato o incentivato, e di cui ti ho parlato nelle precedenti pagine.

E, tanto per restare in tema di cose da fare "offline", e quindi nel mondo reale, è bene non dimenticare mai una cosa:

> il marketing non fa altro che amplificare il tuo modo di lavorare. Se lavori bene, amplificherai il tuo lavorare bene ma se lavori male, non farai altro che amplificare la tua incapacità, con effetti devastanti.

Ti ho già parlato della stupidità di quei titolari di attività che utilizzano delle forme di promozione per acquisire clienti quali le promozioni o in coupon e poi trattano i clienti che vi aderiscono come dei clienti di serie B, da servire alla buona e in fretta perché, tanto, non portano guadagni reali.

Fa' in modo che il tuo salone di acconciature funzioni alla perfezione, che ci sia personale preparato e ben formato, che le procedure siano standardizzate e applicate da tutti. Utilizza prodotti di qualità e soddisfa le richieste dei clienti.

A quel punto, e solo a quel punto, potrai concentrarti sulla promozione del tuo salone di acconciature.

Sperare che sia una campagna Facebook a portare al successo la tua attività disorganizzata e inefficiente è pura follia. Rischi di bruciare la tua credibilità come professionista e ti farai una nomea tale da limitare, per sempre, la crescita della tua attività.

Infatti, un salone di acconciature è un'attività fortemente locale. Pochi sono i clienti che prendono l'auto e attraversano una grande città per andare ad effettuare un trattamento da un parrucchiere, quando sicuramente nel suo quartiere ci sono una decina di saloni presso i quali rivolgersi.

Per questo motivo, amplificare, con il marketing, le inefficienze del tuo salone significa condannarlo all'insuccesso per sempre. In breve tempo tutte le donne del quartiere sapranno che lavori male o che sei poco rispettoso dei clienti e la tua fama sarà irrimediabilmente lesa.

Meglio lavorare sull'efficienza del tuo salone piuttosto che sulla sua promozione.

Meglio, successivamente, lavorare sulla promozione offline, fatta di pubbliche relazioni, collaborazioni e passaparola incentivato piuttosto che sulla diffusione rapida, e online, dei servizi che proponi.

Il ragionamento credo che sia chiaro e di facile comprensione: nonostante tu debba ambire al successo e ad avere l'agenda sempre piena, devi prima sistemare tutto quel che ancora non funziona all'interno del tuo negozio.

Poi inizierai a lavorare sul resto.

Tutto questo discorso per giustificare, anche, l'utilizzo di forme "tradizionali" e "vecchie" di promozione. Se è assolutamente vero che i volantini fatti distribuire da immigrati che lavorano senza alcuna tutela di legge nelle buche delle abitazioni del quartiere è del tutto inutile, è invece falso che le persone non siano sensibili ad una lettera personale.

Se è vero, come è vero, che tutti noi siamo stanchi di aprire la cassetta delle lettere e liberarla di carta inutile che finisce direttamente nel cestino della raccolta differenziata, è ancor più vero che quando riceviamo qualcosa di veramente utile ne rimaniamo colpiti.

Non siamo interessati al volantino del nuovo negozio di pizza al taglio che ha aperto nel quartiere ma siamo interessati alla lettera che ci è stata inviata da una persona che conosciamo, e che contiene qualcosa di utile per noi.

Quindi, ricevere una lettera personale da parte del salone di acconciature che conosciamo poiché ne siamo clienti, e che contiene un messaggio riservato e che chiede il motivo per il quale da un po' di tempo non prenotiamo per un appuntamento, è una cosa che ci interessa. Se poi, in questa lettera, è anche contenuto un coupon, un omaggio o una qualunque forma di vantaggio a noi riservato, è chiaro che ne saremo piacevolmente colpiti.

Non trascurare nessuna forma di promozione o di fidelizzazione della tua clientela. O meglio, trascura solo quelle che hai provato e che non ti hanno portato alcun risultato.

Nel prossimo capitolo affineremo alcune delle tecniche cui abbiamo già accennato per ottenere maggiori vendite di prodotti e trattamenti a valore aggiunto.

Vuoi imparare il Metodo dell'Hair Stylist di Successo?

Partecipa all'unico corso di marketing pratico che ti insegnerà a rendere unico e rinomato il tuo salone, senza balli, canti e abbracci collettivi.

Scopri l'offerta che ti è stata riservata e ricevi SUBITO i bonus esclusivi!

Clicca qui ==> www.corsohs.it

6: Vendere, e venderemo!

In questo capitolo, dal titolo un po' provocatorio ma, credo, sicuramente efficace, approfondiremo molte di quelle strategie di vendita dei prodotti e dei trattamenti di cui abbiamo parlato più volte nel corso di questo libro.

Da quando lavoro a stretto contatto con i saloni di acconciature e i centri estetici, mi sono resa conto di quanto l'aspetto della vendita sia accantonato o relegato a secondario rispetto alla semplice esecuzione dei servizi richiesti.

Vendere prodotti rappresenta una voce minima nel conto economico di un salone di acconciature tipo.

Vendere è un'attività che non viene vista mai di buon occhio in Italia, come se essa implicasse sempre e comunque una qualche forma di forzatura, come se tutti noi avessimo un po' la coda di paglia.

Chiariamo subito un aspetto fondamentale: se si vendono prodotti o servizi di qualità e che davvero risolvono un problema del cliente, allora non solo non bisogna avere rimorsi morali o remore, ma occorre sentirsi doppiamente soddisfatti di noi stessi in caso di vendita finalizzata, sia perché abbiamo ottenuto un guadagno supplementare, sia perché abbia fornito al cliente una soluzione efficace ad un suo problema.

Quando vendo una copia del mio libro o un corso o quando acquisisco un nuovo cliente io sono molto felice. Lo sono perché incasso denaro, certo. Ma lo sono soprattutto perché so che se anche l'acquirente decidesse di mettere in pratica un terzo delle strategie contenute nel libro, ne ricaverà dei vantaggi davvero rilevanti.

Lo faccio per me, certo, ma lo faccio anche per loro.

Non sto fregando nessuno, anzi! Sto vendendo la mia conoscenza, la mia esperienza, il frutto dei miei studi e delle campagne applicate con i miei clienti titolari di centri estetici e saloni di acconciature e tutto questo ha un valore ben più elevato dei 20 o 30 euro lordi che sto incassando.

Allo stesso modo devi ragionare tu: se un tuo prodotto, o un tuo servizio, risolve un problema di un cliente, allora non devi provare a venderglielo solo per incassare qualche euro in più ma per fargli, davvero, un favore.

Questo è lo schema concettuale che devi applicare nelle tue trattative di vendita. Anzi, questo è lo schema concettuale che devi applicare in tutto quel che fai all'interno del tuo negozio.

Chi prenota da te un trattamento anti-caduta, per fare un esempio, non lo fa per trascorrere il proprio tempo ma perché ha un problema, ossia quello della perdita eccessiva di capelli. Il tuo servizio fornisce una soluzione a questo problema. Il cliente ti dà del denaro in cambio della soluzione ad un suo problema.

Questo vale anche per la vendita dei prodotti.

Purtroppo so bene qual è il motivo che blocca la vendita dei prodotti e dei trattamenti da parte dei titolari di saloni di acconciature: è il **pregiudizio**, tutto italiano, nei confronti di chi vende qualcosa. Qualunque cosa.

Un pregiudizio che, purtroppo, ha una giustificazione piuttosto valida: la gente è diffidente nei confronti dei venditori perché ha paura di venire da loro fregata. E non si tratta di una paura atavica e irrazionale: purtroppo, in Italia, davvero spesso chi vuole venderti qualcosa ti vuole fregare.

Funziona così, e penso che tu possa raccontarmi decine di situazioni nelle quali ti sei fidata in buona fede di un venditore e ti sei ritrovata fregata o, quantomeno, con un prodotto che non corrispondeva alle aspettative.

Pertanto, è chiaro che dovrai lavorare con attenzione affinché i clienti possano fidarsi di te e abbassare le resistenze all'acquisto, ma è ancor più chiaro il fatto che tu debba, come prima cosa, convincerti della bontà di ciò che fai. Non stai fregando nessuno, anzi!

Grazie ai tuoi prodotti sarai in grado di eliminare, o di attenuare, un inestetismo di un cliente. E, grazie ai tuoi trattamenti, sarai in grado di regalare benessere e felicità alla tua cliente.

Una volta che avrai fatto tuo questo ragionamento, il più è fatto.

Quel che resta da fare è, ora, vincere la diffidenza e la paura di venire fregati che fa parte del modo di pensare di ogni cliente.

Rispetto a chi prova a vendere un servizio o un prodotto porta a porta o, come usa fare oggi, via telefono tramite call-center, tu hai un grosso vantaggio: il cliente ti conosce già, ha già fiducia in te e si sta già sottoponendo alle tue "cure" e attenzioni.

Questo è un vantaggio non da poco.

Non stai provando a fare una vendita a freddo pescando dei nominativi a caso da un elenco telefonico, ma stai provando a vendere una soluzione ad un problema ad una persona che già ti conosce e, se è tuo cliente da un po' di tempo, si fida di te.

Certo, vendere non è facile, specie se non si sa come farlo.

Vediamo quindi prima di tutto perché devi insistere sulla vendita di prodotti e trattamenti e, successivamente, come applicare delle strategie di vendita di successo.

Perché devi, anche, vendere prodotti e trattamenti?

La motivazione per la quale devi sforzarti di vendere prodotti e trattamenti è molto semplice: perché solo fornendo un servizio "completo" ai tuoi clienti sarai in grado di accontentarli e di aiutare a risolvere in modo definitivo, o comunque duraturo, il problema di cui soffrono.

Se il problema è il diradamento dei capelli per una donna, non sarà di certo una seduta di trattamento a risolverlo. Sicuramente sarà necessario l'acquisto di un prodotto per il mantenimento casalingo e ulteriori sedute di trattamento.

E gli esempi potrebbero essere decine.

Ma questo è l'aspetto che riguarda maggiormente i clienti.

Dal tuo punto di vista, vendere è importante perché ti fa guadagnare.

La differenza tra un salone di acconciature che guadagna e uno che arranca non è quasi mai misurabile con il numero di prenotazioni in agenda. **Avere un'agenda piena quasi solo di servizi base non ti fornirà mai guadagni importanti.**

I margini di guadagno sono superiori in quei saloni nei quali titolari, e dipendenti, applicano delle procedure standardizzate finalizzate alla vendita di prodotti e trattamenti speciali.

Immagina, infatti, di prendere tutti i servizi che hai eseguito nel mese precedente a quello attuale. Prendi la cifra relativa agli incassi e immagina quanto, invece, avresti incassato se fossi stato in grado di vendere anche un po' di prodotti.

Anzi, facciamo così: prova a calcolare con esattezza questo dato. Prendi il servizio più utilizzato e associagli un prodotto di mantenimento. Immagina di aver venduto almeno un prodotto alla metà dei tuoi clienti. Ricalcola ora il tuo guadagno teorico.

Immagino che la cifra che avrai ricavato da questo calcolo ti abbia lasciato senza parole. Potresti, con abitudine e dopo vari esperimenti raggiungere quel risultato. E magari anche un po' di più.

Per le casse del tuo salone sarebbe un miglioramento davvero rilevante.

Inoltre, un obiettivo simile lo puoi applicare anche per la vendita dei trattamenti. Anzi, i trattamenti rappresentano la tipologia di servizi che ti fornisce i margini di guadagno più elevati.

Applicando le strategie di cui ti parlerò nel prossimo paragrafo sarai in grado di incrementare notevolmente gli incassi del tuo salone.

Pensare di non essere portato, di non avere clienti abbastanza ricettivi e disponibili all'acquisto, significa commettere un errore strategico davvero grave.

Chiarisci subito una cosa con te stesso: solo con i servizi base e vendendo prodotti e servizi solo quando sono i clienti a chiederlo, non otterrai mai guadagni sufficienti a fare diventare il tuo salone di acconciature un'attività di successo.

Non ci sono "ma", "però" o altre obiezioni che tengano.

Svolgere solo servizi base ti fa lavorare tantissimo senza ottenere una reale gratificazione economica.

Come vendere i prodotti e i trattamenti: la strategia che nessuno ti ha mai fatto scoprire

Arriviamo, finalmente, a scoprire come fare in modo che la vendita di prodotti o trattamenti avvenga nel modo più naturale possibile, senza che il cliente si infastidisca e senza che tu ti senta, in qualche modo, costretto a forzare la mano con il cliente stesso.

Come abbiamo detto in precedenza, infatti, ai clienti non piace l'idea che qualcuno voglia loro vendere qualcosa che vada oltre il servizio per il quale hanno prenotato.

Se la loro scelta è libera e consapevole, ma soprattutto non indotta, allora accettano di buon grado di pagare il giusto prezzo mentre, viceversa, se si sentono forzati o spinti ad acquistare qualcosa di ulteriore, allora fanno scattare i meccanismi di auto-difesa.

Per evitare che ciò accada, occorre cambiare prospettiva e modo di interpretare la propria professione.

Occorre cioè comprendere che non si è dei parrucchieri ma dei professionisti che risolvono dei problemi dei loro clienti, stimolandone sentimenti positivi quali il sentirsi più belli e socialmente apprezzati.

Un conto è, infatti, percepirsi come l'addetto con qualche abilità manuale che fa una piega, un lavaggio, una colorazione e un altro è sentirsi come il professionista che fa sentire più belle e più desiderate delle persone che hanno dei problemi da risolvere ai loro capelli.

Se ci pensi con attenzione, fa tutta la differenza del mondo.

Infatti, se ci si percepisce come parrucchiere, allora ci si sente nel giusto solo se ci si fa pagare per il lavoro svolto e niente più ma se ci si sente un professionista che regala benessere ad una persona, allora ci si sentirà ancor più felici se si riuscirà a far ottenere alla stessa un maggior benessere rispetto a quello chiesto al momento dell'appuntamento.

Quando si va dal medico, magari un medico specialista e non convenzionato con il Servizio Sanitario Locale, non ci si aspetta solo una diagnosi, ma anche una cura. E la cura, in genere, consiste nell'assunzione di medicine. A quel punto, lo si paga per la visita e si spendono altri soldi per le medicine.

Ci sembra del tutto logico, giusto? Nessuno si offende quando un medico ti prescrive delle medicine.

Allo stesso modo devi percepire la tua professione. Non sei un parrucchiere ma uno specialista in grado di risolvere problemi ai capelli e regalare, al contempo, benessere ai propri clienti.

Vero che suona diversamente?

Bene, se così stanno le cose, allora devi comportarti, con i tuoi clienti, come un medico specialista. Infatti, anche se loro non lo sanno, i tuoi clienti vengono da te non solo per un nuovo taglio o una colorazione quanto per sentirsi delle donne (o degli uomini) più desiderate, più belle, più curate.

Ogni donna vorrebbe, se potesse permetterselo, regalarsi massaggi e trattamenti speciali per i propri capelli come per il proprio corpo.

Quello che tu devi porti come obiettivo è il rendere possibile questo desiderio.

La cliente viene da te per un servizio base, ma in realtà vorrebbe sentirsi più bella, più desiderata o risolvere in modo definitivo un problema di cui soffre.

Il tuo compito, dunque, è farle capire che quello che è forse solo un sogno, è in realtà un qualcosa a portata di mano. Non servono chissà quanti soldi, anche perché tu avrai pronte delle soluzioni vantaggiose per la cliente. Serve solo comprendere che quel desiderio può trasformarsi in realtà.

Lo so cosa stai pensando ora: "Michela, ho capito, serve un cambio di approccio... ma in concreto, come li vendo questi cavolo di prodotti e trattamenti?".

Hai ragione, ho insistito molto sulla teoria, cosa che non faccio quasi mai, ma l'ho fatto perché si tratta di un passaggio fondamentale.

Le altre strategie di cui ti ho parlato in questo libro, sono molto pratiche. Ti basta applicarti, studiare, investire un po' di tempo e di denaro nella realizzazione delle stesse ed il gioco è fatto.

Per fare una partnership con una palestra o una campagna su Facebook Ads non è che serva chissà quale cambiamento di prospettiva o di mentalità.

Ma per imparare a vendere sì. Non basta provarci e metterci tutta la propria buona volontà. Occorre capire perché si vende.

Per guadagnare, certo, ma anche per completare la propria missione di professionista, che mira a rendere felici, più belle, più desiderati e più sani i propri clienti.

Se davvero sei sicura di aver compreso il senso di quanto ti ho scritto, allora possiamo iniziare a scoprire come applicare le mie strategie di vendita di prodotti e trattamenti.

La vendita di un prodotto o di un trattamento inizia nel momento stesso in cui la cliente entra nel tuo negozio.

Anzi, perdonami, questo punto va precisato meglio. Se si tratta di un cliente nuovo, allora si inizia quando varca la soglia del tuo punto vendita ma se, invece, si tratta di un cliente che già conosci, allora inizia la mattina appena hai aperto e tirato su la serranda.

Se il cliente è nuovo, tu ancora non conosci la sua storia, i suoi problemi, la sua propensione alla spesa e il modo con cui reagisce ai tuoi tentativi di "vendita".

Magari è arrivato grazie ad una promozione o in virtù di un accordo di partnership con un'altra attività.

Ecco, con questi clienti non è il caso di provare a vendere qualcosa.

Il cliente non ti conosce e se provi a vendere un upgrade, un aggiornamento più costoso del servizio a cui si sta sottoponendo o a vendere un prodotto, allora rischi di non vederlo più.

Il ragionamento che il cliente farà, in questo caso è: "ah, ecco dov'era la fregatura. Mi ha tentato con il prezzo basso per guadagnarci poi con altro. Questo non mi vede più".

Ci sarà tutto il tempo per "spremere", in senso buono ovviamente e sempre per il suo bene, il cliente in seguito. Nel primo appuntamento devi conquistarlo con la tua bravura, professionalità e attenzione.

Ma questo non significa che la strategia di base sia differente!

Fa' attenzione a questo punto.

Sia per il cliente nuovo che per quello fedele, la tua strategia di base è la medesima:

tu vuoi far sì che egli risolva il suo problema e si senta più bello, desiderato e felice!

Ciò che cambia è il modo di mettere in pratica questa strategia.

Con i clienti abituali, di cui già conosci la storia, puoi provarci sempre, o quasi (se hai percepito che il cliente non ha alcuna intenzione di acquistare altro che il servizio base… direi che è meglio arrendersi o aspettare che si convinca da solo…).

Con i nuovi clienti rimanderai la fase della vendita al secondo, o terzo, appuntamento.

Chiarito questo punto, possiamo andare avanti.

Il modo in cui devi comportarti nel momento in cui inizi a lavorare sul cliente deve essere lo stesso di un medico specialista.

Cosa fa il medico? Ti chiede quali sono i tuoi problemi, i sintomi del tuo malessere, in modo da fornirti una cura.

Tu devi fare qualcosa di più e di diverso. Le persone, infatti, non pensano di venire in uno studio medico ma in un salone di acconciature e di certo non gradirebbero molto il sentirsi chiedere: "allora, qual è il problema? Che problemi hanno i suoi capelli?".

Il tuo lavoro sarà quello di iniziare il servizio richiesto e, nel frattempo, andare alla ricerca dei problemi del cliente o dei suoi desideri.

Cerca di capire quali problemi ha il cliente sin dal lavaggio, e inizia a indagare sul modo in cui egli ha provato a intervenire nel corso del tempo.

Il cliente non si offenderà (certo, quello particolarmente suscettibile e nervoso ti capiterà, ma devi correre il rischio), specie se saprai effettuare la tua diagnosi con garbo e gentilezza, sfoderando tutta la tua professionalità e la tua competenza.

Un conto, infatti, è affermare, magari in modo che sentano anche gli altri clienti, qualcosa tipo: "ma signora! Ma che capelli sfibrati che ha! Ha mai pensato di fare qualcosa in merito?". Un altro è chiedere "vedo che i suoi capelli sono un po' sotto-tono, un po' sfibrati. Si tratta di un problema solo di questo ultimo periodo o è presente da tempo?" e, dopo aver ascoltato la risposta, continuare "cosa ha fatto, finora, per risolvere il problema?".

Così facendo ci si pone in modo molto più professionale e rispettoso della persona.

Sulla base delle risposte ottenute, si comincerà a proporre una soluzione.

Una soluzione che può essere un prodotto o un trattamento.

"Lo sa che molte mie clienti stanno ottenendo dei grandi risultati con il trattamento Pinco Pallo? Si tratta di un trattamento esclusivo che pratichiamo solo noi, utilizzando dei prodotti che hanno come principio attivo il XXX, che consente di ridare tono ai capelli e di mantenere i risultati per molto tempo."

A quel punto, si valuta la reazione della cliente.

Se si pone eccessivamente sulla difensiva, si alleggerisce un po' la presa ma senza mollare del tutto.

Infatti, come abbiamo visto nel capitolo precedente, è possibile sfruttare i dati della cliente per inviare loro del materiale informativo.

Puoi dunque proseguire così: "capisco che magari ha già provato altri servizi simili e i risultati non l'hanno soddisfatta. Però davvero il nostro trattamento è particolare e specifico per il suo problema. Facciamo così: siccome ho il suo indirizzo email, le invio un articolo che ho scritto su questo trattamento (oppure: le mando il link di un video in cui mostro come si svolge il trattamento e i risultati che si possono ottenere), lei lo legge e poi, al limite, ne parleremo la prossima volta".

Il tutto, mi raccomando, senza apparire minimamente infastidito o irritato!

Se, invece, la cliente si dimostra interessata o comunque non ha fornito segnali di insofferenza alla tua spiegazione, allora dovrai affondare il colpo.

Continua con la spiegazione concentrandoti, in particolare, sui risultati che si possono ottenere.

E, nel finale, prova a piazzare la vendita.

Per piazzare la vendita concentrati su un incentivo. Infatti, dire, di punto in bianco: "costa 350 euro e si svolge in 3 sedute" può spaventare.

Invece, dire: "il trattamento avviene in 3 sedute e, se lo desidera, possiamo anche iniziare subito, visto che, la prima seduta, dura solo 1 ora. Il costo della prima seduta glielo abbuono se mi prenota le successive sedute e mi dà un acconto", o qualcosa di simile.

Studia delle proposte che, in qualche modo, incentivino la cliente ad accettare subito la tua proposta, rendendola vantaggiosa.

Si può trattare, appunto, di una prima seduta gratuita o di uno sconto importante dietro pagamento immediato dell'intera cifra o con versamento di un cospicuo acconto. Sarai tu a studiare le varie formule e verificare quelle più funzionali.

Non dimenticare mai di porre una scadenza alla tua proposta!

Questa è una delle basi del marketing e della scienza della persuasione. Dare una scadenza fa, quasi sempre, la differenza.

Un conto è dire alla cliente che il trattamento costa tot e che le proponi una formula vantaggiosa.

Un altro è, invece, dire che tale offerta scadrà entro una settimana o che hai disponibili solo ulteriori 3 posti (e per uno di questi, magari, attendi la risposta in giornata).

Ti assicuro che i risultati saranno decisamente diversi se introdurrai SEMPRE una scadenza alle tue offerte.

Ovviamente per la vendita dei prodotti è tutto ancora più semplice.

L'analisi del problema, la diagnosi e la soluzione sono rese ancora più semplici dalla tipologia di ciò che proponi: non si tratta di un costoso trattamento bensì di un prodotto da poche decine di euro!

Ricapitolando, ciò che dovrai fare è:

- effettuare una diagnosi relativa ai problemi di cui soffre la cliente o scoprire i suoi desideri;

- indagare sulla natura del problema, chiedendo da quanto tempo ne soffre e quali soluzioni ha già provato;

- illustrare il tuo servizio, concentrandoti sui risultati che sei in grado di fornire e dandone le prove (ne parlo tra breve); se si ha del materiale (volantino, articolo sul blog o video), tirarlo fuori o inviarlo via email;

- proporre l'immediata accettazione del trattamento, magari iniziando subito o prenotando direttamente e in anticipo le sedute, fornendo un incentivo rilevante e specificando una scadenza (o la scarsità dei posti).

Affinché tutto funzioni alla perfezione è necessario **mostrare del materiale**. Un articolo di un blog, un video, dei volantini. Nel tuo salone di acconciature deve esserci un tablet che utilizzerai per mostrare dei video ai tuoi clienti.

In questi video, mostra come svolgi il trattamento e i risultati che si possono ottenere.

Non spaventarti pensando di non essere in grado di realizzare un video! Tutti, oggi come oggi, possono girare dei video professionali!

Sottoponi un cliente alla registrazione del video (o, meglio ancora, una tua collaboratrice). Chiedi ad un'altra persona di effettuare le riprese. Se possiedi un cellulare di ultima generazione non ti serve altro, la qualità dei video è più che sufficiente.

Quando avrai ultimato il video, caricalo su Youtube. Cerca su Google "caricare un video su YouTube", vedrai che è molto semplice, e puoi farlo direttamente dal tuo cellulare!

Se poi avrai bisogno di fare un minimo montaggio, chiedi aiuto ad una persona che sa un po' "smanettare" sul computer e vedrai che si tratta di un gioco da ragazzi.

Un video girato da te, anche se con qualche imperfezione o una qualità non eccezionale, colpirà molto di più i clienti rispetto ad un video girato da una modella e fornito dal tuo fornitore.

Un altro aspetto fondamentale è quello di **fornire le prove dell'efficacia** del trattamento.

Appena lanci il trattamento (e ti consiglio di crearne uno unico, solo tuo, con un nome scelto da te e dei prodotti con il tuo marchio), presentalo durante un piccolo evento o una serata speciale riservata ai tuoi migliori clienti e, a qualcuno di loro, proponi il trattamento a prezzo molto basso (o addirittura gratuito...) in cambio di una testimonianza video.

Le **testimonianze** video sono lo strumento di vendita più forte che esiste!

Infatti, i tuoi clienti titubanti scioglieranno le loro riserve quando vedranno i video che hai registrato nei quali altri clienti dichiarano di essersi sottoposti al trattamento e di essere entusiasti dei risultati!

Non tralasciare questo aspetto! Le testimonianze, che siano scritte (magari su Facebook) o video, sono uno strumento irrinunciabile se vuoi massimizzare la vendita dei trattamenti a valore aggiunto.

Ricorda sempre che non è indispensabile vendere al primo colpo.

Se, infatti, è vero che tu vorresti vendere subito, è ancor più vero che, spesso, il tuo cliente non è altrettanto pronto. Magari è scettico e ha bisogno di tempo per pensarci. Magari ha delle difficoltà economiche. Magari deve parlarne con il marito o con la moglie.

Per questo motivo, non devi forzare a tutti i costi la vendita di un trattamento. Quel che puoi fare è incentivarlo e costringere, in qualche modo, il cliente a decidersi in fretta, visto che quel trattamento, a quel prezzo o a quelle determinate condizioni, è disponibile in quantità limitata o scadrà entro qualche giorno.

Però devi dare il tempo alle persone di riflettere e darsi delle giustificazioni per la cifra che dovranno spendere.

Pertanto, se la vendita si chiude subito, bene, sarà contento il cliente e sarai contento ancor di più tu. Altrimenti, **utilizza l'arma delle email**.

Siccome hai raccolto i dati dei clienti (devo ancora spiegarti perché è indispensabile che tu lo faccia? Spero proprio di no!), utilizzali per continuare l'opera di convincimento per il cliente.

Prometti al cliente l'invio di un video o di un articolo e, il giorno successivo, fallo davvero. Poi, chiedi, con un'altra email un altro giorno, se il materiale è stato visionato e ri-proponi l'incentivo.

Ricorda al cliente che le particolari condizioni di cui gli hai parlato in negozio sono valide solo per altri tot giorni o che i posti si stanno esaurendo.

Infine, invia un'ultima email l'ultimo giorno che hai fissato come scadenza per l'offerta riservata al cliente, nella quale, appunto, la avvisi dell'ultima possibilità per usufruire delle particolari condizioni previste.

I tassi di conversione, ossia di prenotazione dei trattamenti saliranno alle stelle!

Chiaramente non puoi pensare che tutto funzioni fin dall'inizio.

La strada è quella di cui ti ho parlato. Le parole da usare, le promozioni da creare, le forme di pagamento, gli incentivi, i materiali da mostrare e tutto il resto è a tua discrezione.

Dovrai trovare il tuo modo di proporre i trattamenti e le frasi che più ti suonano adeguate. E dovrai raggiungere la forma perfetta anche passando per ripetuti tentativi ed errori.

Quando avrai trovato la strategia che funziona meglio, non modificarla più e, soprattutto, standardizzala in modo che anche le tue collaboratrici possano applicarla con successo.

Questo è un aspetto molto importante.

L'approccio che abbiamo visto è particolarmente consigliato per la vendita dei trattamenti. E per i prodotti?

La strategia di base per la vendita dei prodotti è praticamente la stessa.

Si tratta anzi di una modalità di vendita ancor più semplice.

La prima cosa che devi fare è prendere il tuo listino prezzi e associare ad ogni trattamento base un prodotto di supporto o mantenimento. Un prodotto che immagino tu abbia già e che deve essere di alta qualità e nel quale devi credere tu stessa per prima.

Ne devi conoscere ogni caratteristica e saper spiegare al cliente come interviene e con quali risultati.

Dopodiché la strategia da applicare sarà la stessa già vista per i trattamenti: durante ogni servizio punterai a convincere il cliente dell'opportunità di acquistare un prodotto capace di risolvere in modo duraturo un eventuale problema del cliente o, semplicemente, in grado di far durare più a lungo i risultati ottenuti durante il servizio.

Le alternative di vendita dei prodotti, pertanto, sono due:

1. la vendita dei prodotti direttamente collegati al servizio, che hai scelto a priori;

2. la vendita di prodotti che vanno a risolvere i problemi di cui soffre il cliente, o che contribuiscono a farle ottenere i risultati che egli desidera.

Quel che farai, in concreto, sarà iniziare a lavorare sul cliente parlandogli, nel frattempo, o di come potrebbe risolvere il suo problema in modo più duraturo o di come potrebbe ottenere dei miglioramenti capace di farlo sentire più bello e desiderato.

Inizierai quindi a parlare del prodotto, delle sue caratteristiche e, soprattutto, dei risultati che si possono ottenere. Non stai cercando di piazzare un prodotto scollegato dal servizio che stai svolgendo ma stai fornendo una soluzione utile al cliente, affinché possa risolvere un problema o raggiungere un obiettivo di benessere desiderato.

È quindi una situazione ben diversa rispetto alle cosiddette vendite a freddo, nelle quali uno sconosciuto ti chiama al telefono o entra in negozio e prova a venderti un servizio di cui non alcun bisogno, come un nuovo contratto per l'energia elettrica.

Non parlare del prezzo e non cercare di "chiudere" la vendita mentre ancora stai lavorando sul cliente.

Questo passaggio è molto importante.

A differenza del trattamento, che essendo più costoso e richiedendo molte spiegazioni, anche attraverso materiale di supporto, un prodotto non rappresenta un qualcosa per cui un cliente deve pensarci chissà quanto o parlarne con il marito o la moglie.

Un prodotto, in linea di massima, se interessa lo si compra!

Quel che devi fare, allora, oltre alla consueta diagnosi e alla spiegazione del tipo di prodotto adatto alla cliente soffermandosi in particolare sui risultati che si possono ottenere, è poi quello di provare a **chiudere la vendita durante il check-out**, ossia durante il pagamento alla cassa.

Mentre il cliente arriva alla cassa, tu dovrai prendere il prodotto dall'espositore, che sarà ben visibile, a portata di mano, e ben presentato (e pulito!), e porgerlo tra le mani del cliente, dicendo qualcosa del tipo: "vede, questo è il prodotto di cui le parlavo. Le consiglierei di provarlo perché i risultati che si possono ottenere sono proprio ciò di cui ha bisogno. Costa tot euro ma, questa settimana, è in offerta a tot euro. Glielo incarto?".

Non si tratta di una forzatura ma di rendere lineare un tipo di ragionamento e di analisi professionale. Se hai fatto la diagnosi corretta e hai fornito la soluzione, devi dare in mano alla cliente la "medicina", ossia il prodotto.

Se non lo fai, il cliente più accorto quasi ci resterà male, perché magari si è convinto di effettuare l'acquisto ma non ricorda il nome del prodotto o è imbarazzato nel chiederlo.

Si tratta di una strategia stra-collaudata anche in altri campi, solo che c'è il modo per farla bene e quello per farla male.

Ti faccio un esempio relativo alle grandi catene di vendita di scarpe da ginnastica sportive, che ormai sono presenti in tutte le città italiane.

Ce n'è una che adotta la seguente strategia: ti fa provare le scarpe e poi, se decidi di acquistarle, quando sei alla cassa prova a venderti, in sequenza, dei calzini o il lucido per tenerle sempre pulite.

Ce n'è un'altra, invece, che adotta un altro tipo di strategia. Mentre stai provando le scarpe la commessa inizia a dirti che, con questa soletta (che trova in un contenitore strategicamente posto vicino all'area di prova delle scarpe), si evita il tipico problema della sudorazione del piede e, a maggior ragione, se la scarpa non calza benissimo ma è un po' stretta, è possibile acquistare quella di mezzo numero più grande e utilizzare la soletta, in modo da recuperare un po' di spessore e stare più comodi.

Non conosco i dati, ma posso immaginare che la prima catena fa più fatica a vendere dei prodotti in up-selling (ossia una vendita supplementare e ulteriore mentre il cliente ha già deciso di acquistare qualcosa) mentre la seconda di solette ne piazza alla grande.

Se fossi io la responsabile del marketing della prima catena attuerei una strategia diversa: farei dire alle commesse mentre fanno provare la scarpa al cliente, che quel modello si mantiene particolarmente bello e resta come nuovo se lo si tratta con questo prodotto (che verrà magicamente estratto da un espositore lì vicino).

Ma io non mi occupo di negozi di scarpe e quindi mi tengo per me il suggerimento...

Questo esempio serve però per comprendere che la tempistica in una trattativa di vendita è fondamentale, così come lo è il motivare un ulteriore acquisto.

Le persone, di base, non vogliono comprare altro rispetto a quel che hanno già acquistato. Ma quando percepiscono l'ulteriore acquisto come un modo per mantenere un risultato ottenuto dopo un trattamento o risolvere un problema di cui si soffre e che è stato ben illustrato in precedenza da una professionista, allora le cose cambiano e l'acquisto diventa logico e razionale.

Inoltre, il fatto stesso di mettere in mano il prodotto al cliente contribuisce ulteriormente ad abbattere la diffidenza. Il cliente se lo troverà tra le mani e inizierà a pensare che davvero basta acquistarlo per ottenere i risultati di cui gli abbiamo appena parlato.

E, a quel punto, visto che comunque sta tirando fuori il portafogli per pagare il servizio, percepisce come più semplice il fatto di spendere qualche euro in più per assicurarsi il prodotto che, peraltro, ha già tra le mani.

Come per il caso dei trattamenti, non è detto che sia quella che ti ho illustrato la formula che si adatta al tuo caso.

Prova quella che si adatta di più al tuo modo di fare, di comunicare, di relazionarti con i clienti e, soprattutto, prova quella che funziona meglio! Fa' delle prove e, una volta trovata la strategia corretta, applicala all'infinito con tutti i clienti.

Inoltre, **devi insegnarla alle tue dipendenti** perché è necessaria la loro collaborazione per poter vendere i prodotti ai clienti che loro stesse hanno servito.

Provare a vendere un prodotto al cliente se però il servizio lo ha svolto una collaboratrice rappresenta un errore, perché sa di strategia preparata e finalizzata, in qualche modo, alla "fregatura". Le persone, come abbiamo detto prima, se pensano di essere state convinte con l'inganno ad acquistare qualcosa, si irrigidiscono e pensano che si tratti di una fregatura, pertanto, alzano un muro e non effettuano l'acquisto.

So che, a questo punto, se hai un salone di acconciature con delle collaboratrici, sarai stata assalita dallo sconforto nel pensare di affidare loro l'applicazione di questa strategia.

Molte dipendenti sono poco cortesi con i clienti, sono distratte e si limitano a svolgere il loro compitino senza metterci troppo impegno e applicazione. Chiedere loro di fare anche le venditrici potrebbe essere inapplicabile.

È bene però affrontare il problema perché il tuo salone di acconciature non decollerà mai se non sarai supportata nel tuo lavoro dalle persone che lavorano con te.

Se non puoi chiedere loro di collaborare alle strategie di marketing contenute in questo libro allora devi iniziare a pensare a come sostituirle con persone più adeguate allo scopo.

Vendere prodotti e trattamenti non è un qualcosa che puoi scegliere se fare oppure non fare. Essa rappresenta la migliore modalità per incrementare gli incassi del tuo salone.

Le tue collaboratrici devono collaborare al fine di raggiungere l'obiettivo.

Già, ma come fare?

Beh, la cosa fondamentale e più importante che devi fare in tal senso è quella di **standardizzare le procedure**.

Standardizzare le procedure per semplificare il lavoro

Sai cosa rende molto più redditizie le grandi catene in franchising di qualunque tipo di attività rispetto a quelle autonome e con un singolo punto vendita?

La standardizzazione delle procedure.

Sì, perché laddove in un punto vendita di un negozio qualsiasi, le strategie di vendita, come quelle di accoglienza dei clienti o della raccolta dati (che in genere non si fa...), sono affidate al caso e all'iniziativa della singola persona, nei negozi delle grandi catene tutto si svolge secondo un rituale ben preciso.

E si tratta di un rituale non casuale ma frutto di studi di marketing e di comportamento della propria clientela che derivano da anni di esperienza in svariate parti d'Italia e, in taluni casi, del mondo.

Ci sono delle regole ben precise che chiunque deve seguire.

Dietro alle strategie di accoglienza dei clienti e di vendita di prodotti in up-selling (come nel caso dei calzini o, per quanto ci riguarda, dei prodotti di mantenimento), ci sono delle strategie di marketing ben precise che sono state studiate nei minimi dettagli e che sono state testate, provate in migliaia di test ed esperimenti e che sono quelle che hanno dimostrato di portare maggiori risultati.

Benetton, Original Marines, Mc Donald's, Rossopomodoro, per citare alcuni tra i più famosi, ma anche le piccole catene di saloni di acconciature che magari hanno 4 o 5 punti vendita in una stessa città, funzionano nella stessa maniera sia nel negozio di Milano che in quello di Reggio Calabria. Se non ci credi, verifica di persona.

I clienti vengono accolti in un determinato modo, vengono serviti secondo un preciso rituale, si raccolgono i loro dati (spesso mediante delle tessere fedeltà, che però hanno lo stesso scopo delle strategie di fidelizzazione dei clienti che ti ho esposto in questo libro) e si prova a vendere loro in up-selling qualcos'altro... e tutto ciò avviene sempre nella stessa maniera, indipendentemente dalla persona che serve, dal responsabile o dalla città.

Queste sono le procedure standardizzate ed il motivo per il quale ci sono persone disposte a versare migliaia e migliaia di euro per entrare in un franchising è, principalmente, questo.

O meglio, è questo, ossia l'esistenza di una serie di procedure che funzionano e che devono solo essere applicate, e il marketing a livello nazionale (o internazionale), che viene fatto e di cui ogni singolo punto vendita si avvale.

Se le persone preferiscono comprare da Benetton piuttosto che nel singolo punto vendita è perché Benetton è un marchio conosciuto che spende milioni di euro l'anno in pubblicità.

Chi ha acquistato una licenza in franchising, acquista entrambe le cose: procedure standardizzate e marketing a livello nazionale.

Ovviamente per quanto ti riguarda, la parte relativa al marketing a livello nazionale non c'è, ma il resto sì.

Devi fare in modo che ogni cliente venga trattata secondo un preciso rituale, che va applicato da tutte le persone che lavorano nel negozio, a partire da te in prima persona.

Chiaramente non si arriva ad un risultato perfetto solo chiedendo alle dipendenti di fare determinate cose.

Occorre agire su tre punti:

- formazione
- incentivi
- controlli

Una volta che avrai creato il tuo metodo, il tuo insieme di procedure standard che hai verificato essere quelle che funzionano meglio, allora **devi insegnarle** alle tue dipendenti.

Organizza dei veri e propri corsi di formazione nei quali insegni loro cosa fare e cosa dire.

Non si tratta di tempo perso. Solo non lasciando alcuno spazio di autonomia alla dipendente otterrai dei risultati.

Niente deve essere lasciato al caso. Se la cliente dice così allora tu rispondi così. Quando inizi il lavoro fa queste operazioni e pronuncia queste frasi. Infine, quando le accompagni in cassa, prendi il prodotto dall'espositore, ponilo nelle mani della cliente e spiegale l'offerta attiva al momento.

Stop.

Non ci sarà nessun "secondo me", o "io preferisco fare così".

Si fa così e basta.

Vedrai che lo accetteranno e che i risultati arriveranno.

La cosa migliore che tu possa fare è quella di standardizzare le procedure mettendole per iscritto.

Ciò che dovrai fare è creare una sorta di **libro delle procedure** che aggiornerai di volta in volta sulla base delle situazioni impreviste che possono capitare.

Il libro delle procedure dovrà essere stampato e fatto studiare ad ogni dipendente del tuo salone, magari sin dalla fase della prova post-colloquio.

Nel libro delle procedure inserirai anche il modo in cui reagire ad eventuali problemi che possono insorgere, ad un cliente che non vuole pagare o ad un imprevisto. Come è capitato una volta, potrà capitare altre volte.

Tu, allora, prendi nota e aggiorna il libro.

In questo modo, almeno in linea teorica, tutti i tuoi dipendenti saranno in grado di gestire il negozio anche in caso di tua assenza.

Mi raccomando: prendi seriamente in considerazione l'opportunità di creare questo libro delle procedure, perché rappresenta un ottimo modo per far funzionare alla perfezione il tuo salone.

Devi però considerare un aspetto molto importante relativo alla mentalità del dipendente italiano tipico: se a parità di stipendio devono fare qualcosa in più, stai tranquillo che non lo farà!

Quando ti ho parlato della selezione del personale ti ho spiegato che se vuoi costruire un team vincente devi avere alle tue dipendenze delle persone motivate e incentivate.

Parlando di vendita di trattamenti e di prodotti questa affermazione è ancor più vera.

Una dipendente può anche applicare le procedure alla perfezione, ma se non ci mette entusiasmo e motivazione i risultati non arriveranno. E se i risultati, non arrivando, non creano alcuno svantaggio concreto per la dipendente, allora stai pur tranquillo che le tue vendite non decolleranno mai.

Fissa degli obiettivi, sia di gruppo che individuali, e prometti dei premi per il loro raggiungimento.

Dimostra di essere un titolare che pretende tanto ma che è in grado di riconoscere il merito e di premiarlo.

Condividi i risultati ottenuti con tutto il team. Parla dei problemi del salone di acconciature, quando ci sono, e dei risultati positivi, quando si ottengono. Vedrai che riuscirai a creare, con l'andare del tempo, una squadra vincente.

E una squadra vince tanto più lavora condividendo i risultati ottenuti.

Non proporre premi individuali, perché possono creare invidie e gelosie, ma proponi premi reali e invitanti (denaro, viaggi, eccetera) da condividere con il gruppo.

Ogni dipendente deve lavorare sapendo che quanto più il salone di acconciature presso cui lavorano migliora e cresce, tanto più ne guadagneranno loro stessi.

Infine, anche se è la parte più spiacevole di tutte, ci sono i **controlli**.

Se è vero che non devi assegnare premi individuali è anche vero che potrebbero crearsi situazioni nelle quali ci sarà chi farà il minimo indispensabile godendo poi dei risultati di gruppo.

Dovrai essere in grado di effettuare dei controlli e di richiamare i dipendenti che non si applicano. Basta anche solo una mela marcia in un team per mandare tutto a carte e quarantotto.

La mela marcia va prima incentivata, poi stimolata, poi ancora redarguita e, infine, allontanata.

So che è spiacevole farlo, ma ci sono attività che non ottengono risultati per colpa di una collaboratrice. Ne ho conosciute in prima persona.

I titolari, spesso, commettono l'errore di diventare troppo amici dei dipendenti e si fanno troppi problemi sia nel redarguirli quando sbagliano, sia nell'allontanarli quando è dimostrato che rappresentano un ostacolo alla crescita dell'attività.

Ho conosciuto situazioni nelle quali il mio metodo non poteva essere applicato, secondo quando affermava il titolare del negozio, perché la singola dipendente si rifiutava di cambiare il proprio modo di lavorare.

O altre nelle quali nonostante fosse palese l'incapacità di una dipendente, sentivo dire dal titolare cose del tipo: "poverina, si mantiene da sola, ha il figlio malato, ha la mamma sulla sedia a rotelle… eccetera".

Mi spiace, io capisco che il lato umano ha la propria importanza, ma non puoi permetterti di mandare tutto a quel paese perché una tua dipendente ha dei problemi! Anzi, a dirla tutta, se davvero questa persona ha dei problemi, sarà meglio che si dia da fare sul serio perché, altrimenti, a questi si aggiungerà quello della perdita del lavoro…

E se il problema è quello di non poter licenziare una persona senza rischiare una vertenza sindacale… mi spiace, ma ciò che devi fare è informarti con la tua commercialista sui rischi che corri e prepararti all'eventualità di rimborsare la dipendente licenziata senza giusta causa.

So che non è bello dirlo e so che magari non hai i soldi per affrontare una tale spesa, però devi prevederlo. Tieni sempre un fondo cassa dedicato ad eventuali risarcimenti dei dipendenti inefficienti.

Questa è la tua unica salvezza, se ti trovi in una determinata situazione.

Se le sorti del tuo salone di acconciature sono legate ad una dipendente inefficiente che non puoi permetterti di cacciare, allora ti invito a fare un semplice calcolo: sei proprio sicura che tirare fuori 4, 5 o 10 mila euro per un risarcimento non sia una spesa inferiore ai mancati guadagni che ottieni per colpa della dipendente stessa?

Se il tuo negozio è bloccato da questa (o da queste) persone, fa in modo di sbloccarlo, perché loro non cambieranno mai. Ci sono persone che possono diventare più brave lavorando meglio e con maggiori incentivi, ma ce ne sono molte che non lavoreranno mai con il giusto impegno e con passione.

Certe persone non le cambi. Pertanto, fai prima a cambiare loro, nel senso di sostituirle con altre dipendenti.

Vuoi imparare il Metodo dell'Hair Stylist di Successo?

Partecipa all'unico corso di marketing pratico che ti insegnerà a rendere unico e rinomato il tuo salone, senza balli, canti e abbracci collettivi.

Scopri l'offerta che ti è stata riservata e ricevi SUBITO i bonus esclusivi!

Clicca qui ==> www.corsohs.it

7. Il successo passa dai social

Ad oggi ognuno di noi ha a disposizione, sia nella vita privata che professionale una vasta scelta di strumenti, sempre accessibili, dai costi contenuti e facilmente fruibili, per farsi conoscere.

Mi riferisco a internet e a tutti i social networks che hanno invaso la rete e che permettono ogni giorno a chiunque ne faccia uso di amplificare la propria voce e visibilità anche a livello mondiale.

I social networks permettono un continuo scambio di informazioni, la nascita di relazioni sociali dapprima impensabili per barriere fisiche e geografiche e lo scambio perenne di interazioni umane produce inevitabilmente anche un flusso costante di interazioni commerciali.

La potenzialità di questi strumenti sta infatti nella loro risonanza mediatica, nella loro viralità e alla accessibilità a chiunque possegga un device connesso a internet, che sia cellulare, pc, tablet etc etc.

Per poter scegliere quali strumenti sono più adatti alle proprie esigenze vale la pena fare una breve panoramica per conoscere i punti di forza di ogni social network. Alla fine di questa panoramica mi soffermerò a parlare di quegli strumenti che a mio avviso sono indispensabili per la tua attività di imprenditore e che ti permetteranno di utilizzarli solo per il raggiungimento dei tuoi obiettivi commerciali.

Il primo social network che ha segnato una vera e propria rivoluzione a livello di interattività di relazioni sociali in internet è stato sicuramente Facebook, progetto nato in sordina da uno studente universitario di Harvard, Mark Zuckerberg, che mai avrebbe potuto immaginare la portata economica di una piattaforma sociale come Facebook.

Nato quasi 13 anni fa, negli ultimi 6 anni ha visto esplodere il suo valore commerciale perché ha saputo plasmarsi in base alle esigenze degli utenti che lo utilizzano.

Facebook, nato come semplice mezzo per ritrovare degli amici persi di vista, ha saputo cogliere l'innata propensione umana alla curiosità per le cose altrui, puntando con il tempo a diventare un punto di incontro non solo per le relazioni umane ma anche per le relazioni commerciali.

Quali sono i punti di forza di Facebook:

- numero degli utenti attivi
- possibilità di postare foto/video/immagini e testo scritto
- possibilità di stabilire relazioni dirette con utenti anche geograficamente lontani
- possibilità di stabilire relazioni economiche

Oltre a Facebook, negli ultimi anni sono stati sviluppati e hanno preso vita altre piattaforme social con intenti differenti ma che coinvolgono allo stesso modo milioni di persone a prendere parte a interrelazioni sociali in internet.

Sto parlando di **Twitter**, **Pinterest**, **Linkedin**, **Youtube** e **Instagram**.

Vediamo assieme cosa sono e i loro punti di forza.

Twitter, sviluppato nel 2006, fa parte di quella categoria di social network che promuove il testo scritto. Attraverso un testo di appena 140 caratteri (microblogging) si ha la possibilità di parlare di qualunque cosa ci venga in mente. Dal nostro stato d'animo, alle previsioni meteorologiche, dalla politica alla religione, dai servizi e prodotti che mettiamo in vendita fino alle ultime news.

Il tutto in tempo reale.

Twitter è diventato molto popolare soprattutto per la sua velocità e facilità d'uso. In contrapposizione a Facebook, questo social viene vissuto anche come uno strumento di giornalismo partecipativo. Ma ovviamente non viene utilizzato solo a tale scopo. Twitter lascia libera espressione a chiunque possegga un account con una pagina personale in cui con un "twitt" (cinguettio) posta il proprio pensiero su qualunque tipo di argomento.

Quali sono i punti di forza di Twitter:

- facilità d'uso
- rapidità di condivisione in tempo reale
- fonti di giornalismo partecipativo
- raccolta tematica attraverso i tag

Pinterest (nato nel 2010) a differenza di twitter basa tutta la sua popolarità sulla possibilità di creare interazioni tra gli utenti grazie a immagini, foto e video. La particolarità di questo social, sta nel fatto di creare delle vere e proprie bacheche in cui salvare solo le immagini/foto che appartengono ad una determinata categoria e che interessano singolarmente ad ogni utente.

Il suo stesso nome Pinterest deriva dall'unione delle parole inglesi pin (appendere) e interest (interesse).

Quali sono i punti di forza di Pinterest:

- condivisione di argomenti specifici
- creazione di bacheche di specifici argomenti (sorta di raccolti dati tematica)
- possibilità di interazione con altri social come Facebook, Twitter

LinkedIn, lanciato online per la prima volta nel 2003, nasce invece per soddisfare una necessità differente. Si propone infatti come il primo network a livello mondiale per i contatti professionali. Con LinkedIn infatti si creano relazioni basate sulle competenze professionali, poiché ogni account ha la possibilità di creare un proprio profilo basato sulle proprie attitudini professionali (vero e proprio curriculum lavorativo) e gestire le connessioni con altri utenti che lavorano nello stesso ambito.

Quali sono i punti di forza di Linkedin:

- possibilità di essere presentati a qualcuno che ci interessa a livello lavorativo attraverso un contatto mutuo e affidabile.

- possibilità di trovare offerte di lavoro, persone, opportunità di business con il supporto di qualcuno presente all'interno della propria lista di contatti o del proprio network.

- possibilità di pubblicare offerte di lavoro e ricercare potenziali candidati.

Youtube, nato nel 2005, è per eccellenza il social adatto per la condivisione di file multimediali audio e video (video sharing). Da qui sono nati personaggi famosi e influencer che hanno saputo sfruttare al massimo le potenzialità dei video, brevi o lunghi che siano.

Gli utenti che utilizzano Youtube, oltre a caricare video, file audio, videoclip, trailer, slide e tutto il materiale video di cui detengono i diritti di proprietà, possono anche commentare, votare e condividere i video.

Quali sono i punti di forza di Youtube:

- i video ad oggi sono i contenuti maggiormente fruiti dagli utenti che utilizzano internet

- possibilità di creare un canale personale/aziendale in cui caricare sono file attinenti alla propria realtà

- viralità dei contenuti che se apprezzati dal pubblico possono fare in breve tempo il giro del mondo

In ultimo andiamo a conoscere velocemente il social Network che negli ultimi anni ha visto esplodere il numero di utenti attivi al suo interno, grazie anche allo zampino di Facebook. Sto parlando Instagram.

Instagram, apparso online per la prima volta nel 2010, ha visto nel giro di pochissimi anni un vero e proprio boom di utenti attivi a livello mondiale. Entrato a far parte del mondo Facebook, che ha acquistato la piattaforma nel 2012, da la possibilità a tutti i suoi utenti di condividere foto e microvideo.

Quali sono i punti di forza di Instagram:

- facilità d'uso (soprattutto mobile)
- creazione e condivisione di foto e video anche attraverso altre piattaforme (twitter, facebook, ..)
- relazioni attive tra gli utenti
- facilità di aggregazione delle foto attraverso gli hashtag
- possibilità di stabilire rapporti commerciali attraverso la vendita di prodotti e servizi

Come hai potuto constatare dalla panoramica che ti ho fatto poco sopra, i social network hanno invaso la quotidianità di ogni persona che si affaccia al mondo di internet. Hanno creato e stravolto alcune abitudini quotidiane circa l'approccio ad alcuni tipi di bisogno.

Le relazioni umani sono mutate, non sono più solamente vis a vis o di reciprocità fisica ma l'interconnessione ha aperto le frontiere a rapporti anche a distanza, dove le barriere linguistiche, geografiche e di tempo hanno perso ogni loro criticità.

A loro volta questi tipi di relazioni hanno aperto le porte anche a tipi di rapporti commerciali fino a qualche anno fa impensabili. Il mercato di riferimento di ognuno di noi si è espanso in maniera globale.

Ad oggi ci possiamo interfacciare sia con realtà locali che con quelli globali, senza alcuna distinzione di trattamento. Questo ha portato a risolvere alcuni tipi di problemi ma ovviamente ha incrementato il tipo di competizione in ogni settore. Ad oggi la vera differenza a livello professionale la fa la specializzazione. Il tutto per tutti non funziona più e non porta alcun tipo di beneficio.

A questo punto del libro, avrai capito qual è il mio metodo e soprattutto avrai ben compreso quali sono le parti fondamentali per far sì che esso, applicato alla tua realtà imprenditoriale possa portarti dei vantaggi reali.

Oltre a capire il metodo ora devi anche imparare a distinguere quali sono gli strumenti che potrai utilizzare per attuare tutte le strategie che ti consentiranno di aumentare gli incassi all'interno del tuo salone.

Parlando di social network, avrai compreso anche tu che sono degli strumenti che assolutamente non puoi continuare ad ignorare e che le solite scuse "io non so come si usano" o "io non ho tempo da perdere dietro queste cose da ragazzini" non hanno più senso e soprattutto sono controproducenti per il tuo business. Il mercato in cui lavori si sta evolvendo alla stessa velocità con cui i social network hanno preso il sopravvento nelle nostre abitudini.

Quindi arrenditi alla tecnologia e passa al lato oscuro della forza Social!!!

Non temere perché cercherò di farti un po' di chiarezza e soprattutto, come ripeto costantemente, non fare tutto solo perché lo fanno gli altri.

Impara a distinguere cosa fa al caso tuo e sfruttalo affinché ti porti dei reali benefici.

Partiamo.

Tra i social che ho analizzato poco sopra, per il tuo settore ti suggerisco di iniziare a studiare l'utilizzo professionale di Facebook e Instagram.

Questi due social ti permettono di ottenere dei risultati che siano:

- reali

- misurabili in termini di costi

- misurabili in termini di clienti in target

- tracciabili (sapere da dove proviene il contatto)

Questi due social in Italia, in termini di utenti attivi (persone che passano il loro tempo su Fb e IG) hanno raggiunto delle quote impressionanti.

Il che vuol dire che i tuoi clienti attuali già li utilizzano e soprattutto che i tuoi potenziali clienti futuri li utilizzano.

Ma se vuoi utilizzare al meglio anche questi due strumenti senza perder tempo e soprattutto senza sprecare denaro, il modo migliore è imparare a farlo in maniera professionale.

Per quanto riguarda Facebook devi sapere che il modo migliore per ottenere dei risultati concreti è quello di scindere una volta per tutta la tua vita professionale da quella privata, non solo creando per il tuo salone una pagina apposita, ma anche ripulendo il tuo profilo personale e privato che andrà a diventare uno strumento di lavoro.

E' bene chiarirsi su una questione.

La pagina Facebook è lo strumento che serve, appunto, a creare una relazione tra il tuo salone e i tuoi clienti. Facebook riconosce solo questo come strumento unico per i tuoi fini di business.

Immagino tu abbia già la tua pagina Facebook. Se non l'avessi ancora, affrettati a crearla.

Le regole da seguire sono semplici:

- compilare ogni parte del form per andare a specificare tutte le informazioni necessarie ad identificare il tuo salone: nome, specializzazione, indirizzo del negozio, dati di contatto (mail, numero di telefono, link alle pagine social, link al sito/blog)

- postare costantemente contenuti ad alto valore per il tuo target (foto di lavori, video etc)

- sollecitare i tuoi clienti a rilasciare delle recensioni positive sulla tua pagina aziendale in modo poi da ripostare successivamente uno screenshot (foto dello schermo) delle recensioni da condividere sulla tua pagina

- rispondere sempre e tempestivamente a tutti i messaggi privati e ai commenti cercando di dare effettivo valore a ciò che si scrive

- fare promozioni a pagamento: questo perché solo al 4% dei tuoi follower appare ciò che posti sulla tua pagina, mentre con le inserzioni a pagamento la percentuale di persone in target raggiunte aumenta vertiginosamente.

L'ultimo punto è molto importante ai fini del nostro discorso.

Il 90% delle persone è convinta che se posta una cosa sulla propria pagina Facebook, tutte le persone che hanno messo "mi piace" la vedranno. NON E' VERO!

Solo il 4% circa, talvolta anche meno, vede ciò che pubblichi. Significa che se 1000 persone han messo mi piace, quando posti una promozione sulla tua pagina, questa sarà vista da meno di 40. Di queste 40, non più di 2 o 3 saranno potenzialmente interessate al contenuto.

Questo è il motivo per il quale le persone pensano che Facebook non sia utile per il loro business. Spesso mi scrivono titolari di saloni che dicono: "Michela, nessuno risponde alle mie promo su Facebook! Facebook quindi non funziona!". Purtroppo, non è così.

La realtà è che Facebook vive e prospera (il suo proprietario, Mark Zuckerberg, ha poco più di 30 anni ed è uno degli uomini più ricchi del mondo...) grazie alle inserzioni pubblicitarie.

E perché le persone dovrebbero spendere i loro soldi quando basterebbe pubblicare, gratis, sulle proprie pagine?

Infatti, non funziona così. Se Facebook consentisse a tutti di vedere ciò che pubblicano tutte le pagine seguite, oltre ad un immane confusione generata, non avrebbe alcun modello di business sostenibile. Non guadagnerebbe niente, in pratica. Ti sembra possibile?

Ecco, non lo è.

Se vuoi davvero raggiungere le persone che potenzialmente possono diventare tuoi clienti, allora DEVI imparare a usare le campagne di Facebook Ads, ovvero, devi investire del denaro.

Abbiamo già parlato, nel capitolo relativo all'acquisizione clienti, di come si utilizza Facebook Ads per questo fine.

Una domanda intelligente che potresti farmi è la seguente: "se devo pagare per trovare clienti su Facebook, a che serve avere una pagina, curarla con attenzione e chiedere ai miei clienti di seguirla?".

Ecco, ottima domanda!

La risposta è complessa ma è fondamentale che tu la comprenda.

La tua pagina Facebook deve diventare uno strumento indispensabile per comunicare con i tuoi clienti reali.

Che significa questo?

Significa che NON devi fare mettere i "mi piace" a tutti i tuoi contatti, amici, parenti, uomini, donne e animali domestici! Anzi, fare questo può essere un problema ed un errore!

Avere un alto numero di "mi piace" non serve a niente! Ne puoi avere un milione o 100, non cambia niente!

Ciò che fa davvero la differenza è avere una pagina nella quale ci sono DAVVERO solo:

- i tuoi clienti attuali;
- quelli che sono stati clienti;
- quelli che hanno messo "mi piace" in modo spontaneo e, quindi, prima o poi potrebbero diventare tuoi clienti.

La tua pagina deve diventare una sorta di lista clienti, attuali, passati e futuri, per poi utilizzarla in modo davvero efficace.

Come utilizzare in modo efficace la tua pagina Facebook

Nel momento in cui la tua pagina sarà davvero diventata la bacheca della tua attività, una sorta di database dei tuoi clienti presenti, passati e futuri, ecco come la devi utilizzare per il tuo salone.

1. Come target per le tue campagne;
2. Come strumento di customer care (assistenza clienti);
3. Come bacheca di intrattenimento.

Come target per le tue campagne

Siccome devi rassegnarti all'idea di dover investire in Facebook Ads (mi spiace, ma davvero non ci sono alternative), è bene che ti anticipi una verità inconfutabile:

il problema principale delle campagne è la selezione del target.

Puoi creare la miglior campagna della storia della pubblicità mondiale ma se non hai selezionato il giusto target, è molto difficile che tu abbia successo.

Certo, mi dirai che ti basta selezionare, ad esempio, tutte le donne (se sei titolare di un salone per donne) che abitano nel tuo quartiere per non sbagliare.

E io ti rispondo che questo può andare bene per un piccolo paese di provincia ma non in una città medio-grande. Neanche in un quartiere di 10.000 abitanti!

Avere un target molto grosso significa avere molto denaro da investire. Se non ce l'hai, allora le cose si complicano.

Ma, ancor più importante di tutto, è il problema relativo a chi è già cliente e chi non lo è.

Seguimi con attenzione perché il concetto è importantissimo.

Come ti ho spiegato in tutto il libro, le promozioni che devi fare per i nuovi clienti sono diverse da quelle che fai per chi è già cliente. Per i nuovi clienti ti servono delle promozioni molto aggressive e sulle quali quasi non guadagni nulla.

Ma il problema è: come faccio a evitare che le promozioni vengano viste da chi è già cliente?

Questo è un bel problema, perché anche se tu scrivi che quell'offerta è riservata ai nuovi clienti, chi già è cliente potrebbe risentirsi e pensare: "perché loro possono spendere 10 euro e io devo spenderne 20?". E, soprattutto, corri il rischio di far percepire i tuoi servizi come di poco valore. E questo NON deve capitare!

Per evitare che ciò accada ecco arrivare in tuo soccorso la pagina Facebook.

Quando andrai a creare le tue inserzioni pubblicitarie per far conoscere le tue promozioni per attirare nuovi clienti, ESCLUDERAI dal pubblico le persone che hanno messo "mi piace" alla tua pagina.

In questo modo, chi è già cliente, non vedrà la promo riservata ai nuovi clienti e non si potrà risentire per l'eventuale disparità di trattamento.

Ecco perché devi fare in modo che tutti i tuoi clienti mettano "mi piace" alla tua pagina Facebook. Non per una questione di numeri ma per una questione di strategia.

Allo stesso modo, il target dei fan della tua pagina lo puoi usare in modo opposto.

Alcuni titolari che hanno iniziato a lavorare con Facebook Ads, mi scrivono di avere difficoltà nel creare alcune promozioni. Io chiedo i dettagli e poi scopro che si tratta di promozioni molto complesse, di vendite di prodotti o di trattamenti speciali.

I nuovi clienti è difficile che prenotino trattamenti costosi o comunque complessi se non conoscono chi li propone.

Meglio riservare certe offerte a chi è già cliente o fan. Per farlo, hai due strade:

1. tramite la tua mailing list;
2. tramite le inserzioni sponsorizzate su Facebook Ads.

Nel secondo, usi Facebook Ads ma andrai a utilizzare come target, ossia come pubblico SOLO le persone che hanno messo "mi piace" alla tua pagina o, per sfruttare una nuova opzione appena rilasciata, le persone che "hanno interagito" con la tua pagina negli ultimi mesi.

Non solo eviterai che vedano le tue offerte i non clienti, che potrebbero non fidarsi perché ancora non ti conoscono, ma risparmierai un sacco di soldi!

Il motivo è presto detto: se i "mi piace" della tua pagina sono qualche migliaio, per far conoscere a tutti la tua promozione potrebbero bastare poche decine di euro!

Questo è importante: per creare campagne di acquisizione clienti devi investire dei budget rilevanti, per le singole offerte destinate ai tuoi clienti puoi anche solo fare brevi lanci per poche decine di euro!

Quindi, usare i "mi piace" della tua pagina renderà le tue inserzioni molto più efficaci e molto meno costose, oltre ad evitarti spiacevoli discussioni con chi è già cliente e vede le promozioni per i nuovi clienti.

Come strumento di customer care (assistenza clienti)

Lo sai che, anche per quanto mi riguarda, sempre più clienti mi contattano per problemi o richiesta di informazioni tramite la mia pagina Facebook?

Mi scrivono un messaggio chiedendomi informazioni, chiarimenti, consigli o mettendomi al corrente di un loro problema relativo ad un acquisto di un mio prodotto. Io, o qualcuno del mio staff, rispondiamo in tempo quasi reale e questo rende molto felici i clienti.

Se hai una pagina Facebook molto attiva puoi usarla per fare assistenza clienti.

Puoi dire ai tuoi clienti che possono effettuare le loro prenotazione anche tramite essa.

Puoi fornire assistenza in caso di problemi.

Perché funziona?

Beh, semplice, perché Facebook lo usano tutti e lo usano in modo rapido e ovunque si trovino poiché tutto avviene tramite il cellulare!

Come bacheca di intrattenimento

Le pagine attive sono anche quelle che divertono e coinvolgono di più.

Sii sempre presente sulla tua pagina. Posta contenuti divertenti e informativi.

Se c'è una notizia di attualità che riguarda il tuo settore e che può interessare i tuoi clienti, postala.

Se hai dei prodotti nuovi, parlane.

Condividi i selfie e le foto dei tuoi clienti, i loro mini video e tutto quel che può creare un bel clima.

Questo servirà a coinvolgere maggiormente i tuoi clienti ma servirà anche, e questo è molto importante, a risvegliare i tuoi clienti dormienti, quelli che da un po' non si fanno vedere o quelli che hanno messo "mi piace" ma non hanno mai prenotato.

Infatti, questi ultimi due tipi di persone saranno indotte a pensare: "però, ci si diverte un mondo in quel salone! Vale la pena provare!".

Il tutto, nell'ottica, sempre più attuale ed efficace, che devi fare in modo che il tuo salone sia qualcosa di più che un semplice luogo in cui ci si taglia i capelli.

Deve diventare un luogo in cui le persone stanno bene, si divertono e ne escono trasformate, esteticamente e nello spirito.

Trasformare l'account Facebook personale in uno strumento da lavoro

Dicevamo, all'inizio di questo capitolo, che, oltre a creare una pagina per il tuo salone, puoi effettuare un'altra scelta importante per il tuo salone.

Questa scelta è relativa al tuo account personale che potresti decidere di orientare del tutto alla tua professione.

Parlo al condizionale perché non è una scelta obbligatoria. C'è chi è gelosa della propria privacy e non vuole mischiare lavoro e privato. E' una scelta del tutto legittima e non sarò certo io a dirti che è sbagliata.

Puoi continuare a usare Facebook in modo personale e privato, scrivendo tutto ciò che vuoi, senza dover rendere conto a nessuno.

Potresti però fare una scelta diversa ed è quella che ho fatto, ad esempio, anche io.

Un tempo avevo un account personale pieno di amici e parenti e nel quale parlavo di ciò che mi andava, e in cui pubblicavo le foto delle mie vacanze come delle considerazioni del tutto personali relative alle cose che mi accadevano o che capitavano nel mondo.

Poi ho visto che tanti titolari di saloni e centri estetici mi chiedevano l'amicizia sul profilo personale e io mi trovavo a disagio: "accetto o non accetto? E, se accetto, è giusto che le mie clienti conoscano i miei gusti, la mia vita privata, cosa faccio durante le vacanze, eccetera eccetera?".

Ho risolto pensando che la mia professione fosse più importante del pubblicare le foto delle mie vacanze e dell'esprimere i miei pareri su questioni relative a politica o sport e ho creato un account personale in cui sono solo Michela Ferracuti, quella del metodo dell'Hair Stylist di Successo.

In questo modo, ho iniziato a comunicare con molti miei clienti e potenziali clienti anche in modo privato e ho scoperto che molte persone leggono ciò che scrivo nel profilo personale e non ciò che pubblico nella pagina.

Anche in questo caso vale il discorso che non tutte le persone con cui hai stretto amicizia vedranno ciò che pubblichi ma, di sicuro, sono molte di più, percentualmente, rispetto a quelle che vedono i post della tua pagina.

Pertanto, usare in modo professionale il tuo account personale di Facebook può portarti dei vantaggi. Molte persone vedranno i tuoi post, le tue promo, le tue idee.

Certo, non potrai pensare di sostituire le inserzioni della pagina con quelle del profilo (anche per tutti i motivi che ti ho esposto prima), ma si tratta comunque di una possibilità che puoi sfruttare.

Questo significa però che dovrai cambiare il tuo modo di "vivere" Facebook. Dovrai cercare di non pubblicare cose che possono urtare la sensibilità dei tuoi clienti (ti faccio un esempio molto calzante che riguarda più gli uomini che le donne: se usi in modo professionale il tuo account, evita di postare insulti sulla Juventus, per dirne una, perché ti inemicheresti i suoi tifosi e potresti perderli come clienti).

O dovresti evitare di esprimere giudizi relativi a questioni politiche, perché potresti scontrarti con chi la pensa diversamente da te.

Non ti dico di seguire questa strada, ma solo di valutarla. So per esperienza che utilizzare il profilo personale anche per fare business può rappresentare una buona scelta ma può anche creare dei problemi. Valuta la questione, poi decidi.

Come usare Instagram per il tuo salone

Passando ad Instagram, le regole base sono essenzialmente le stesse di Facebook.

Infatti, anche per Instagram bisogna distinguere l'account professionale da quello personale.

Una volta creato l'account professionale in Instagram è bene collegarlo a quello professionale che si ha su Facebook in modo da poter utilizzare gli *"Insight"* che altro non sono che dei dati statistici relativi alle performance del proprio account.

I dati statistici riguardo il tuo account Instagram saranno preziosi per l'impostazione e sviluppo della tua pagina. Tramite questi dati potrai capire se stai agendo nel migliore dei modi, se le persone che ti seguono sono in linea con il tuo target e, soprattutto, potrai capire in quali orari è meglio postare per ottenere risultati migliori.

Instagram, a differenza di Facebook, nasce essenzialmente per essere utilizzato da mobile (cellulare) e quindi deve essere versatile, pratico e di veloce utilizzo.

Le regole base per un corretto uso professionale sono:

- creare una biografia che specifichi fin da subito di cosa si occupa l'account. Quindi mettere in evidenza il nome del salone, la specializzazione e i dati di contatto. Ricordati che lo spazio nella biografia in Instagram è decisamente inferiore a quello che si ha a disposizione su Facebook, quindi sii stringato ma efficace. Less is more. Meno (e meglio strutturato) è meglio!

- postare con una certa regolarità foto qualitativamente belle. Questo purtroppo è un aspetto sottovalutato, ma non si deve dimenticare che Instagram è un'app prettamente visiva. L'immagine gioca un ruolo centrale. quindi occorre postare solo immagini belle e di alta qualità dei propri lavori o prodotti. Ricordati che alla base del tuo lavoro c'è la necessità di risolvere un problema: far sentire più belli i tuoi clienti.

- utilizzare correttamente gli ***hashtag*** nella descrizione delle foto. Gli hashtag sono delle etichette precedute dal simbolo # che identificano un determinato tema. La specificità degli hashtag ti permette di posizionarti all'interno di uno determinato argomento e quindi avere maggiore possibilità che il tuo post sia visto da persone interessate da quel tema.

- tenere alto il coinvolgimento dei tuoi followers creando post sponsorizzati a pagamento per la vendita di prodotti o servizi. Qui vale la stessa identica regola di Facebook. Se vuoi ottenere risultati garantiti a livello di visibilità in target dei tuoi post unica soluzione è quella di creare post sponsorizzati a pagamento. Infatti il post non sponsorizzati vengono visualizzati dai tuoi follower ma non da tutti.

- fidelizzare costantemente i propri follower tramite *call to action* (inviti a compiere delle azioni) o tramite *giveaways* (mini concorsi a premio). Come ti ripeto già da un po' all'acquisizione dei clienti va seguita un'azione fondamentale nel tuo processo di crescita aziendale, e cioè la fidelizzazione costante di nuovi e vecchi clienti. Se fai solo acquisizione e non lavori successivamente affinché questi tuoi nuovi clienti tornino ripetutamente presso il tuo salone per i tuoi servizi, avrai sprecato denaro, lavorando al ribasso e facendoti il mazzo inutilmente. Devi cercare di aumentare la conversione di nuovi e vecchi clienti in clienti fedeli e permanenti per sempre. Più sarà alta la percentuale di questi clienti fedeli e più le basi del tuo business saranno solide.

Come vedi anche per Instagram ci sono delle regole precise che se seguite in maniera corretta e professionale ti potranno:

- far accrescere la visibilità del tuo brand;
- aiutarti a trovare nuovi clienti in target;
- fidelizzare maggiormente i tuoi clienti vecchi e nuovi;
- creare interesse circa il tuo lavoro e i tuoi prodotti;
- coinvolgere i tuoi clienti intrattenendoli e coinvolgendoli, grazie allo scatto dei selfie e alla loro condivisione su Instagram.

Ora mi sembra già di sentirti pronunciare questa frase :" *Eh sì va bene e dove lo trovo il tempo per curare anche il mio account Instagram?*"

Curare i profili social richiede tempo e dedizione e soprattutto competenza se si vogliono ottenere dei risultati concreti.

Non aspettarti miracoli a breve tempo. Devi lavorare continuamente affinché i tuoi clienti abbiano in testa solo il tuo brand. E' un processo costante e lungo ma va fatto se vuoi lavorare nel giusto modo e non diventare uno dei tanti che corre il rischio di chiudere bottega dopo pochi anni.

Il mercato del lavoro e l'utenza di riferimento hanno subito soprattutto in questi ultimi anni un mutamento così rapido e in continua evoluzione che non puoi restare al palo.

O ti evolvi e sfrutti tutti gli strumenti che hai a disposizione o qualcuno lo farà al posto tuo e tu sarai costretto a chiudere e finire tra le fila di tutte quelle persone che passano le loro giornate a lamentarsi.

Come ti ho ripetuto più volte attraverso tutti i miei materiali, non ti basta più tirar su la serranda e aprire le porte del tuo negozio per veder entrare nel tuo negozio i clienti che bramano i tuoi servizi.

Il tuo negozio ad oggi deve avere più di una vetrina. Oltre a quella fisica, deve avere anche quella virtuale, che sia la pagina di Facebook o quella di Instagram.

Devi far conoscere il tuo brand e il tuo lavoro ai tuoi potenziali clienti che non passano direttamente davanti al tuo negozio.

Devi automatizzare la ricerca dei tuoi clienti andando a cercarli laddove sono più attivi e ricettivi.

Non devi pensare "*a me non piace usare Facebook o Instagram e allora non apro nessun account*". **Non devi pensare a quello che piace a te**.

Non essere egocentrico. Devi pensare a quello che interessa ai tuoi clienti e stampargli in testa il tuo negozio come il migliore per la risoluzione dei loro problemi. E questo lo puoi fare tramite una comunicazione efficace e continua. Devi essere la goccia che smussa la roccia.

Conclusioni

Siamo giunti alla conclusione di questo libro.

Rileggendolo, sono in preda ad un mix di sentimenti: soddisfazione immensa per essere arrivata alla fine dopo un lavoro lungo mesi, e un filo di amarezza dovuto all'impossibilità di inserire in un libro da fruire come un manuale, tutto quel che ho appreso nel corso degli anni e che voglio condividere con le mie lettrici (e lettori... per fortuna i titolari di negozi di acconciature sono anche uomini...).

Ma una cosa, nel corso degli anni, ho imparato: se si va alla ricerca della perfezione, il rischio è quello di non arrivare mai ad una conclusione.

Un manuale di marketing pratico, come questo, è inevitabilmente un "work in progress", come dicono i miei colleghi che usano una parola di italiano e 4 o 5 di inglese o di linguaggio tecnico incomprensibile ai più.

Questo significa che il mio libro, come il blog, e come tutto il mio metodo, è in costante divenire, in costante aggiornamento.

Questa è la seconda edizione e conto, ogni anno, di aggiornare il libro introducendo nuovi capitoli, approfondendone altri ed eliminandone magari altri ancora.

Non lo faccio, e non lo farò, solo per continuare a vendere copie, ma perché, così come insegno ai miei clienti e ai miei studenti, nessuno può mai considerarsi arrivato e pensare di non aver bisogno di imparare ancora.

Man mano, infatti, che proseguo con i miei studi, e man mano che lavoro a contatto con i miei clienti titolari di saloni, metto a punto nuove strategie che sono pronta a condividere attraverso il blog, le email, i miei corsi e, appunto, il mio libro.

Ci sono strategie che apprendo a mia volta a qualche corso e che decido di testare nei saloni che seguo direttamente come consulente, che dunque sperimento sul campo e miglioro sulla base dei risultati che ottengo. Queste strategie, una volta, appunto, testate e collaudate in pratica nella realtà di uno o più negozi di parrucchieri in ogni parte d'Italia, entrano a far parte del mio metodo.

Pertanto, continua a seguirmi, continua a leggere le email che scrivo, i post del mio blog che pubblico e continua a visitare la mia pagina Facebook: Hairstylist di Successo, che trovi a questo indirizzo:

https://www.facebook.com/hairstylistdisuccesso/

Ma non ho intenzione di lasciarti così, di chiudere in questo modo questo mio libro.

Intendo, prima di salutarci, chiarire ancora alcuni punti.

Il primo di questi è, in realtà, una risposta.

Una risposta alla domanda che ti sarai posta decine di volte mentre leggevi questo libro, ossia: "ma chi ha il tempo per farlo?", oppure, declinata nella versione: "ma chi è capace di farlo?".

Lo so, il tuo lavoro è già così complesso da farti pensare di non avere altro tempo da dedicare a qualcosa di astratto come il marketing.

La risposta credo di avertela data all'inizio di questo libro, e cioè: il tuo obiettivo deve essere quello di dedicare il tuo tempo lavorativo allo svolgimento delle attività strategiche, delegando quelle di routine e che possono essere svolte dalle tue collaboratrici o da personale esterno.

Tanto per riepilogare, le attività che dovresti svolgere tu in prima persona sono:

- coordinare tutte le attività del salone di acconciature;

- selezionare, formare e coordinare il personale;

- gestire l'amministrazione del salone di acconciature (con la collaborazione di un commercialista valido);

- coordinare, o curare in prima persona, le campagne di marketing online e offline;

- mettere a punto le strategie per la vendita di prodotti e trattamenti, da insegnare poi alle dipendenti;

Le attività che puoi delegare sono:

- le realizzazione dei servizi, specie di quelli base;
- la pulizia del negozio e delle vetrine;
- tutto ciò che non è previsto nell'elenco precedente.

Se ci pensi, già solo liberandoti dal dover lavorare in prima persona con i clienti per svolgere i servizi base, ti consente di avere molto più tempo da dedicare alle altre attività.

Si tratta, ovviamente, di un obiettivo che so bene non possa essere raggiunto nel volgere di qualche mese.

Non è che domani, finito di leggere il libro, entrate in negozio e decidete di non lavorare più, ok? Vorrei evitare poi di ritrovarmi qualcuno sotto casa per darmi una lezione...

Ciò che devi fare è ambire a raggiungere quel risultato. Ci vorrà del tempo, è inevitabile.

Ci vorrà del tempo per differenziarti dalla concorrenza specializzandoti in un servizio particolare.

Ci vorrà del tempo per poterti permettere del personale in numero adeguato.

Ci vorrà del tempo per selezionarlo e formarlo.

Ci vorrà del tempo per applicare le strategie di acquisizione clienti.

Ci vorrà del tempo per applicare le strategie di fidelizzazione clienti.

Ci vorrà del tempo per imparare a vendere prodotti e trattamenti.

Ci vorrà del tempo per far funzionare tutto nel migliore dei modi.

Ma se comincerai a lavorare avendo ben presente dove vuoi arrivare, allora ti assicuro che ci arriverai.

Perché, sia chiaro una volta per tutte, non puoi sperare di cambiare il tuo destino continuando a fare come hai sempre fatto.

Questa è una regola di vita, che vale per qualunque aspetto della tua esistenza.

Se sei in sovrappeso perché hai uno stile di vita sedentario e ti alimenti male, non succederà mai che una mattina ti sveglierai magra. Potrai diventare una donna in forma, ma solo se effettuerai un cambiamento nel tuo stile di vita.

Se, fino ad oggi, hai lavorato in un certo modo, e non hai ottenuto i risultati che stavi aspettando, non cambierà nulla, se non introdurrai un cambiamento nel tuo modo di lavorare.

Le strategie contenute in questo libro ti indicano la strada, il percorso che devi compiere per poter effettuare questo cambiamento.

Ci vorrà del tempo, dovrai studiare, dovrai sbagliare, dovrai lottare contro chi è contrario ai cambiamenti, a cominciare da tuo marito o da tua moglie per proseguire con il tuo socio e le tue dipendenti. Ma se lotterai, alla fine vincerai.

E concediti il giusto tempo. Pensare di partire da zero e mettere in pratica tutte le strategie contenute nel libro può sembrare impossibile. Procedere invece a piccoli passi è assolutamente fattibile.

Comincia a ragionare come un vero imprenditore e smetti di pensare a te stesso come ad un parrucchiere o una parrucchiera.

Una parrucchiera è una tua dipendente.

Tu sei un imprenditore.

Continua poi con il sistemare eventuali problematiche interne al tuo centro. Licenzia il personale restio ai cambiamenti e che ti crea più danni che vantaggi.

Prova a differenziare il tuo salone di acconciature rispetto alla moltitudine di attività uguali che ci sono non solo in tutta la città ma anche nel tuo quartiere.

Questo è l'unico modo per liberarti dalla guerra dei prezzi che erode tutti i tuoi margini di guadagno.

Inizia a lavorare sulle partnership, sulle collaborazioni con altre attività simili alla tua, per condividere la clientela.

Lavora sul passaparola mirato e incentivato. Fa in modo che ogni tua cliente abbia vantaggio nel presentarti un'amica.

Fatti fare, o rifare, il sito internet.

Verifica la tua presenza su Google.

Crea, o rivendica, la tua pagina su Google MyBusiness. E' gratis.

Crea la tua pagina Facebook.

Inizia a creare delle campagne su Facebook Ads, che oggi rappresentano il modo migliore e meno caro per trovare nuovi clienti.

Inizia a raccogliere i dati di TUTTE i tuoi clienti.

In particolare, raccogli gli indirizzi email e i numeri di cellulare.

Crea poi delle liste di clienti che potrai contattare via email e dei gruppi su WhatsApp.

Utilizza al meglio i social network, a cominciare da quello più funzionale per i saloni di acconciature: **Instagram**.

Infine, metti a punto le strategie di vendita di prodotti e servizi.

Crea delle offerte, delle promozioni, dei servizi di front-end, ossia quelli base, da proporre come incentivo per attirare nuovi clienti.

C'è tanto lavoro da fare, lo so.

Ma se procederai per punti, ti assicuro che ti sembrerà tutto molto più semplice e possibile.

Vedrai che, se non smetterai mai di crederci e di lavorare diversamente da come hai sempre fatto e seguendo, invece, il mio metodo, tra un anno o due ti guarderai indietro e ti accorgerai di aver completamente stravolto la tua vita.

Sarai finalmente il titolare di un salone di acconciature di successo e inizierai ad interrogarti circa la possibilità di aprire un altro centro da un'altra parte della città.

Non è fantascienza. Nell'ultimo anno, quattro mie clienti titolari di centri estetici e di saloni di acconciature hanno aperto il loro secondo punto vendita.

Per tornare al discorso iniziale di queste conclusioni, credo sia opportuno chiarire, per quanto riguarda le strategie di marketing, quali sono le cose che puoi fare da solo e quali quelle per le quali necessiti di un aiuto o di avvalerti di professionisti esterni.

Certo, la cosa migliore che potresti fare è assumermi come consulente.

Potrei seguirti personalmente, passare del tempo con te, vedere come lavori e iniziare a lavorare al tuo fianco occupandomi in prima persona della realizzazione delle varie strategie che costituiscono il mio metodo.

C'è però un problema:

Ti costerebbe troppo.

Non si tratta di spavalderia da parte mia, ma di una semplice constatazione.

Come racconto nel primo episodio del mio podcast "Hairstylist di Successo", (https://www.spreaker.com/user/hairstylistdisuccesso), quando ho iniziato a lavorare per i saloni di acconciature e i centri estetici accettavo di farlo praticamente gratis.

Poi un bel giorno mi sono resa conto di lavorare per troppe persone senza avere abbastanza tempo libero per me stessa, per la mia professione e per la mia famiglia. Così, ho deciso di non lavorare più per le attività troppo piccole.

Non si tratta di snobismo, ma di selezione. Siccome la parcella mediamente è del 30% del budget investito da parte del titolare, se il cliente spende meno di 1000 euro mensili (che rappresentano una quota molto elevata, tra l'altro...) la mia quota sarebbe di 300 euro.

Trattandosi di un lavoro molto impegnativo, mi ritroverei a dover gestire decine di clienti per poter arrivare ad un guadagno soddisfacente.

Ed è quello che mi era capitato, in effetti. Così, quando la mia "fama" ha iniziato a diffondersi e le richieste ad essere sempre più elevate ho preso due decisioni.

La prima è stata quella di accettare di lavorare solo per saloni che investono parecchie migliaia di euro in marketing ogni mese, in modo da poter guadagnare la stessa cifra di un tempo seguendo però molti meno clienti. (e vivendo decisamente meglio...).

La seconda è stata quella di decidere di mettere a disposizione anche delle titolari di piccoli saloni, il mio metodo. Grazie ai miei libri, al mio blog e ai miei corsi, tutti i titolari di saloni con poche decine di euro possono apprendere il mio metodo.

Oggi, pertanto, tu non puoi, probabilmente, permetterti di avermi come consulente, però puoi comunque imparare il mio metodo e applicarlo.

E non si tratta di un bluff. Quando ho pubblicato la prima edizione di questo libro, nonostante avessi spiegato di non poter acquisire nuovi clienti da seguire personalmente, in tanti hanno iniziato a chiedermi delle consulenze.

Ognuno ha avuto il suo rifiuto, seppure garbato e motivato. Non posso, mi spiace. Davvero non posso acquisire nuovi clienti, a meno che non si tratti di una catena di dieci punti vendita con budget da decine di migliaia di euro... per gli altri, ci sono i miei libri e i miei corsi.

Se non puoi avermi come consulente diretta, non devi affatto demordere ed arrenderti, anzi.

Hai il mio libro, e con esso una guida pratica al mio metodo, con tutte le strategie spiegate alla perfezione.

Chiaramente non basta.

Ci vuole la tua buona volontà, come ti ho detto prima, ma ci vuole anche tempo e competenza.

Ci sono cose che puoi fare da sola e altre che devi far fare a dei professionisti.

Presta attenzione ancora a questo punto, poi ti prometto che ti lascerò andare anche perché immagino che tu muoia dalla voglia di iniziare a trasformare il tuo salone di acconciature in un'attività di successo.

Ora ti spiego, per bene, quali sono le cose che devi imparare a fare tu e quali devi far fare agli altri. Non solo, ti spiegherò anche come trovare i professionisti adatti senza farti fregare.

C'è, soprattutto, la necessità, da parte tua, di frequentare un corso di marketing pratico che ti insegni un Metodo di marketing adatto al tuo contesto, ai tuoi clienti, alla tua concorrenza. Per scoprire quando ci sarà il mio prossimo corso, clicca qui: www.corsohs.it

Cose che puoi fare tu

1. **Le strategie di acquisizione clienti**. Non hai bisogno di nessun aiuto per imparare a creare delle campagne pubblicitarie su Facebook Ads. Stessa cosa vale per il passaparola mirato e incentivato, per le partnership, le collaborazioni e l'organizzazione di eventi. L'unica cosa che ti può servire è un grafico.

2. **Le strategie di fidelizzazione clienti**. Una volta che avrai imparato a iscrivere le persone nella tua lista, a creare la lista, a segmentarla e a inviare le email, potrai comunicare con tutte i tuoi clienti con un paio di click.

3. **Selezione del personale**. Non ti serve un'agenzia di selezione del personale. Scrivi un annuncio come ti ho insegnato a fare nell'apposito capitolo di questo libro e pubblicalo nei siti per la ricerca di personale. Non cercare un'amica ma una valida collaboratrice. Non smettere mai di cercare, per evitare di farti trovare impreparata nel caso in cui una dipendente si licenziasse.

4. **Formazione del personale e standardizzazione delle procedure**. Di sicuro dovrai iscrivere le tue dipendenti ai corsi di aggiornamento tecnici. Anzi, è meglio che mandi loro piuttosto che andarci tu in prima persona. Tu hai altro da fare. Ma per insegnare loro come trattare i clienti, come vendere i prodotti, come iscrivere le stesse alla tua lista clienti, basti tu. Prenditi del tempo per farlo. Ogni mese sottoponi le tue dipendenti a delle ore di formazione per apprendere il tuo metodo.

5. **Creazione di trattamenti speciali**. Questo è un punto delicato e riguarda più la parte "tecnica" della tua professione che quella di marketing. Pertanto, mi limito a darti dei suggerimenti. I trattamenti che vanno per la maggiore, quelli che danno maggiori margini di guadagno ai titolari che li applicano non sono quelli che ti vengono proposti dai fornitori, ma quelli personalizzati e creati ad hoc.

Studia i vari trattamenti che vengono proposti dai tuoi fornitori e dai tuoi concorrenti. Guarda su internet come vengono realizzati e con quali prodotti. Poi, creane di tuoi. So che si tratta di una cosa non per tutti, ma molte delle parrucchiere che conosco sono in grado di farlo.

Crea un tuo metodo. Assegnali un nome originale ed esclusivo. Utilizza dei prodotti acquistati in modo diretto e personalizzali. Falli "brandizzare" con il tuo marchio.

In questo modo, creerai dei trattamenti unici ed esclusivi che non avranno concorrenza.

Se nella tua città ci sono dei trattamenti che utilizzano molti negozi per la soluzione di un particolare tipo di problema, se tu arriverai con un trattamento esclusivo, di tua invenzione, unico ed inimitabile, allora farai il pieno di clienti, purché tu sappia comunicare in modo adeguato questa unicità.

Cose che devi far fare ad altri

1. **Il sito internet**. Conosco tuoi "colleghi" che, per risparmiare qualche centinaia di euro, hanno messo online dei siti web imbarazzanti, peraltro ospitati su spazi gratuiti e con domini del tipo: www.parrucchierasanbenedettodeltronto.blogspot.com. E per realizzare delle ciofeche simili hanno studiato mesi e mesi. Il tuo sito è troppo importante perché tu possa fartelo da solo o farlo realizzare dal cugino o dall'amico. Ci sono titolari di saloni che pur di risparmiare i soldi del sito si sono rivolti a degli amici "del mestiere" che, però, siccome avrebbero lavorato gratis, li hanno fatti aspettare per dei mesi.

Dai retta a me: metti in previsione una spesa di un cinquecento o seicento euro e fatti creare un sito da un'agenzia seria. Non rivolgerti alle più grandi e soprattutto diffida, come vedremo tra breve, di chi si propone senza essere stato cercato.

A chiunque tu decida di affidarti, chiedi un sito che sia realizzato in Wordpress e che sia facilmente aggiornabile senza l'intervento del tecnico. Fatti insegnare come si scrive un post, come si crea una pagina, in modo da non dover spendere centinaia di euro ogni volta che ti serve fare una modifica.

2. **La grafica**. In giro si vedono dei loghi imbarazzanti. Il logo è importante. Certo, non ti dico che devi spendere 2000 euro per un logo, ma fa in modo che sia bello e riproducibile ovunque.

Per applicare le tue strategie di marketing avrai bisogno di volantini, di immagini con delle promozioni da utilizzare su Facebook Ads e altro ancora. Il mio consiglio è quello di trovare un'agenzia grafica disponibile e valida (e anche economica!), che sia capace di darti quel che ti serve senza spendere ogni volta cifre assurde e senza che tu debba aspettare delle settimane.

Un volantino per una promozione non deve essere creato da un artista. Basta una persona che sappia utilizzare un programma di grafica. E che ci metta un paio di giorni per consegnarti il materiale.

3. **I contenuti**. Questo punto avrei potuto metterlo sia tra le cose che puoi fare da solo, sia tra quelle che devi far fare agli altri. Scrivere degli articoli per il tuo blog in cui parli dei trattamenti, dei prodotti che utilizzi, di come i tuoi servizi risolvono i problemi di cui soffrono i tuoi clienti, può essere un'impresa facile o impossibile. Dipende dalle tue capacità. Non tutti abbiamo la capacità di scrivere bene e di saper mettere per iscritto ciò che abbiamo nella testa.

Nonostante abbia scritto libri, realizzato corsi e scritto decine di articoli posso assicurarti che per anni ho avuto grandi difficoltà nello scrivere. Poi ho imparato, ma mi rendo conto che non tutti hanno il tempo e le capacità per farlo. Non c'è niente di male. Anche perché se hai studiato da parrucchiere non è detto che tu sia in grado di scrivere articoli per un blog.

Se non sei in grado di scrivere articoli completi ed esaustivi, non disperare. So per esperienza che chiunque sappia almeno leggere e scrivere può creare dei contenuti di marketing in grado di far spiccare le vendite di un salone SCRIVENDOSI tutto da solo.

L'importante è sapere COSA scrivere e COME scrivere. Tutto questo viene spiegato durante i nostri corsi dal vivo.

Per i video vale lo stesso discorso. Ti consiglio di imparare a girare da solo i tuoi video. O meglio, chiedi collaborazione ad una persona (amico, collaboratrice, moglie, marito...) per effettuare le riprese mentre tu effettui il servizio o il trattamento oggetto del video. Basta un cellulare di fascia medio-alta per realizzare video tecnicamente perfetti. Io giro i miei video con un iPhone 6s.

Un problema può essere quello dell'audio. Io ho risolto con un microfono a filo che si attacca al telefonino.

Le uniche difficoltà che puoi avere sono quelle relative al montaggio. Montare un video, oggi, è piuttosto semplice. Ci sono programmi di video editing addirittura gratuiti che svolgono efficacemente il loro lavoro. Però mi rendo conto di non poterti chiedere di imparare anche a montarti i video.

Anche in questo caso, cerca una persona che sappia fare video editing. Può sembrarti assurdo ma se chiedi ad un ragazzino, un nipote, un fratello in età adolescenziale o post-adolescenziale, quasi sicuramente ne troverai uno capace di montare i tuoi video e, addirittura, di arricchirli con il tuo logo in sovra impressione, di aggiungerci la musica e altri effetti speciali.

Se proprio non trovi nessuno, metti un annuncio in qualche sito web. Anzi, fai di meglio. Crea un volantino e attaccalo nella bacheca dell'università più vicina. Ti assicuro che riceverai un sacco di richieste.

Come riconoscere ed evitare le truffe

L'ultima cosa che voglio insegnarti è quella relativa a come evitare di venire fregati quando ci si rivolge ad un consulente o a un professionista che possa aiutarti nello svolgimento della tua professione.

La prima regola è molto semplice: non affidare i tuo lavori di grafica, la creazione delle tue campagne su Facebook o la realizzazione del tuo sito a chi si presenta in negozio senza appuntamento e vuole piazzarti il loro servizio o, peggio ancora, a chi ti fa chiamare da un call center.

Si tratta perlopiù di grosse agenzie o delle filiali di chi qualche anno fa si occupava di altro (tipo elenchi telefonici), e che ora ha fiutato l'affare del marketing online, delle consulenze e del posizionamento sui motori di ricerca e ci ha investito tutta la propria forza commerciale.

Ma i servizi che propongono sono di pessima qualità.

Spesso si presentano come "partner di Google" e ti promettono di portare il tuo sito in prima pagina sul popolare motore di ricerca.

Non crederci, non è vero!

Ti chiedono un costo annuale per i loro servizi quando, in realtà, un sito, una volta pagato, non richiede alcuna spesa annuale! (a parte il costo relativo al dominio, poche decine di euro l'anno).

E i loro siti sono tutti uguali. Prova a fare delle ricerche relative ai saloni della tua zona. Molti di loro si sono fatti fare il sito proprio da queste grandi agenzie. I loro siti sono pessimi e tutti uguali.

Non farti scegliere, ma scegli!

Se non conosci alcuna agenzia o persona capace di crearti un sito/blog in wordpress con una grafica carina e ottimizzato per i motori di ricerca, allora prova a cercare, su Google, alcune attività della tua zona (estetiste, parrucchiere, palestre) e segnati i siti che ti sembrano più carini e ben realizzati. Poi, vai a fondo pagina e cerca il nome dell'agenzia che lo ha realizzato. Infine, contattala e fatti fare un preventivo.

Se neanche così riesci a risolvere il dubbio, cerca tra le agenzie web della tua città. Poter avere un contatto fisico può esserti utile, se non altro perché potrai lamentarti in prima persona e dal vivo in caso di problemi e ritardi nella consegna...

L'importante è che sia sempre tu a decidere la strategia.

Questo è un punto fondamentale che devi comprendere una volta per tutte.

Nessuno ti chiede di diventare un esperto di marketing. Si tratta di una professione, impegnativa, dura e competitiva e tu non hai bisogno di diventare un professionista del settore.

Ciò che devi imparare a conoscere è **la strategia**.

Quando una persona mi dice: "ma io faccio la parrucchiera, non posso occuparmi anche di marketing!", io non le do immediatamente torto. Perché, in realtà, ha ragione.

Ma essendo il marketing una parte fondamentale del tuo lavoro, devi conoscerne la teoria.

Poi puoi anche non applicare le varie strategie in prima persona, delegandole a professionisti esterni o a collaboratori opportunamente formati. Ma dovrai essere sempre tu a indicare la direzione.

Immagino che nessuno possa fregarti quando si tratta di acquistare dei prodotti da un fornitore o un nuovo macchinario, giusto? Fa parte del tuo lavoro, anche se non sei tu che, materialmente, realizzi i prodotti o i macchinari.

Se invece spesso ti fregano quando si tratta di "pubblicità" è solo perché tu non ne capisci nulla. E questo non va bene.

Devi conoscere ciò che ti serve per aumentare e fidelizzare la clientela del tuo negozio, anche se poi, magari, non sei tu a creare direttamente le campagne pubblicitarie necessarie.

Quel che probabilmente ti è sempre capitato, finora, è che qualcuno si sia fatto avanti e ti abbia raccontato delle favole su come farti ottenere dei risultati. Tu, non capendoci niente, ti sei fidato e i risultati posso immaginarli.

Sai che ti serve un prodotto, un servizio, un'offerta di front-end che va diffusa su Facebook Ads e i cui risultati vanno costantemente valutati e misurati. E vanno misurati non in termini di: "ho speso tot, ho incassato tot"; ma sulla base di quanti clienti sono stati conquistati in modo definitivo.

Se si presentasse ora alla tua porta uno pseudo esperto pronto a proporti una fantastica strategia di marketing basata su volantini-manifesti-sponsorizzazione della Pro Loco tu saprai riconoscere la fregatura.

Allo stesso modo, tu ora sai che il tuo sito non deve essere uguale a tutti gli altri ma deve essere fortemente personalizzato, su piattaforma Wordpress, e da te aggiornabile. Quando si presenterà un sedicente agente degli elenchi telefonici per proporti un sito tu saprai rispondergli "no, grazie".

Così come saprai che il costo per il tuo sito è una tantum e non da corrispondere ogni anno e che questo non può essere superiore agli 800-1000 euro, salvo esigenze particolari (tipo una piattaforma di e-commerce per vendere direttamente i tuoi prodotti).

E saprai anche che il tuo sito si potrà posizionare su Google nel pacchetto "Local 3-Pack" grazie alla compilazione della scheda Google MyBusiness e alle recensioni che farai scrivere ai tuoi clienti. Il tutto, gratuitamente.

Quando un'agenzia ti chiamerà spacciandosi per "Partner di Google" e ti prometterà di portare il tuo sito al primo posto nel famoso motore di ricerca, non credergli! Nessuno ti può garantire quel risultato e tanto meno può farlo spendendo cifre alla tua portata.

Per posizionare il tuo sito al primo posto per ricerche tipo: "parrucchiere a *tuacittà*" o "salone di acconciature a *tuacittà*" e tutte le derivazioni possibili ti dovresti rivolgere a uno degli esperti SEO più importanti d'Italia, che lavorano con delle tariffe per te insostenibili. E, bada bene, loro non hanno bisogno di tampinarti telefonicamente per trovare clienti. Loro li trovano grazie alla loro professionalità e al loro lavoro.

Non è dunque importante che tu sappia realizzare il tuo sito, ma è indispensabile che tu sappia come deve essere fatto e a cosa ti serve.

Magari puoi non essere in grado di crearti da solo delle campagne su Facebook Ads (anche se, per esperienza, posso dirti che con un po' di pazienza chiunque può farcela), però saprai come queste devono essere gestite e quali risultati aspettarti.

Se qualcuno ti dirà: "ti faccio avere migliaia di mi piace su Facebook" chiudigli la porta in faccia. Dei "mi piace" su Facebook non sai cosa fartene. A te servono persone che prenotano appuntamenti in negozio e che lo facciano più di una volta.

Il resto è solo fuffa.

Credo che tu ora sia in possesso di praticamente tutto il bagaglio di conoscenza ti cui hai bisogno per trasformare il tuo negozio da parrucchiere in un salone di acconciature di successo.

Sicuramente certi passaggi di questo libro possono esserti sembrati complicati. È del tutto normale.

Leggi questo manuale più di una volta e inizia a lavorare da subito al cambiamento del tuo salone di acconciature.

Procedi a piccoli passi e vedrai che i risultati arriveranno.

E non smettere mai di aggiornarti e rimanere informato!

Così come frequenti, e fai frequentare alle tue collaboratrici, corsi di aggiornamento tecnico, allo stesso modo devi costantemente restare aggiornato sui cambiamenti che avvengono a livello di comunicazione e che può riguardare te e i tuoi clienti.

Fino al 2008 Facebook non esisteva, oggi rappresenta una fonte impareggiabile per creare campagne di acquisizione clienti.

Prima di Facebook c'era Google Adwords.

Prima ancora il sito web che, se ben realizzato e con contenuti di qualità, si posizionava ai primi posti nel motore di ricerca. In modo naturale, gratis.

Nel secolo passato i clienti ti trovavano sulle Pagine Gialle e non esistevano gli smartphone.

Oggi le persone prenotano viaggi, ristoranti e appuntamenti dal parrucchiere direttamente dal loro cellulare. E, per questo motivo, devi fare in modo di esserci laddove i clienti ti stanno cercando.

In questi mesi sta andando di gran moda anche Instagram, un social che sta riscuotendo grande successo specialmente tra le donne sotto i 50 anni.

Di sicuro nei prossimi anni ci saranno ulteriori cambiamenti.

Se vuoi evitare di farti trovare impreparato devi continuare a restare informato.

Però puoi ritenerti fortunato: essendo entrata in contatto con me, potrai delegare me allo studio delle nuove tendenze per far incrementare il fatturato e all'applicazione di nuove strategie vincenti.

Ti basta restare in contatto con me.

Puoi farlo mettendo "mi piace" alla mia pagina Facebook "Hairstylist di Successo":

===>> https://www.facebook.com/hairstylistdisuccesso/

O, ancora, puoi farlo leggendo gli articoli che pubblico sul mio blog:

===>> www.hairstylistdisuccesso.it

PS. prima di lasciarti, ti chiedo un ultimo **favore**.

Siccome, come ti ho spiegato, il sistema delle recensioni è indispensabile al fine di ottenere credibilità tra le potenziali clienti, ti chiedo di scrivere una recensione (possibilmente positiva! :)) a questo libro.

Puoi farlo direttamente sulla mia pagina Facebook:

https://www.facebook.com/hairstylistdisuccesso/

Oppure, se ti va (e fino al raggiungimento del limite dei 5000 amici), puoi chiedermi l'amicizia sul mio profilo Facebook personale:

(Cerca: Michela Ferracuti)

==>> https://www.facebook.com/profile.php?id=100011030596442

o, se hai acquistato questo libro in versione cartacea su Amazon, di farlo direttamente nella pagina di vendita del libro (cerca "Da parrucchiere a Hair Stylist di Successo" su Amazon).

Grazie mille!

Buon lavoro,

Michela Ferracuti

michela@michelaferracuti.it

Vuoi imparare il Metodo dell'Hair Stylist di Successo?

Partecipa all'unico corso di marketing pratico che ti insegnerà a rendere unico e rinomato il tuo salone, senza balli, canti e abbracci collettivi.

Scopri l'offerta che ti è stata riservata e ricevi SUBITO i bonus esclusivi!

Clicca qui ==> www.corsohs.it

www.ingramcontent.com/pod-product-compliance
Lightning Source LLC
Chambersburg PA
CBHW051632170526
45167CB00001B/153